T0194894

Sammlung Metzler
Band 322

Stefan Münker / Alexander Roesler

Poststrukturalismus

2., aktualisierte und erweiterte Auflage

Verlag J.B. Metzler Stuttgart · Weimar

Die Autoren

Stefan Münker, Studium der Philosophie, Germanistik und Kunstgeschichte in Hamburg und Berlin; Privatdozent an der Humboldt-Universität zu Berlin und Kulturredakteur für das Fernsehen. Veröffentlichungen zur Gegenwartsphilosophie und zu neuen Medien.

Alexander Roesler, Studium der Philosophie, Germanistik, Musikwissenschaft und Semiotik in Heidelberg und Berlin; Verlagslektor in Frankfurt am Main. Veröffentlichungen zur Semiotik, Erkenntnistheorie und zu philosophischen Fragen der Medien.

Bibliografische Information der Deutschen Nationalbibliothek
Die Deutsche Nationalbibliothek verzeichnet diese Publikation in der Deutschen
Nationalbibliografie; detaillierte bibliografische Daten sind im Internet
über http://dnb.d-nb.de abrufbar.

ISBN 978-3-476-12322-0
ISBN 978-3-476-01414-6 (eBook)
DOI 10.1007/978-3-476-01414-6

© 2012 Springer-Verlag GmbH Deutschland
Ursprünglich erschienen bei J.B. Metzler'sche Verlagsbuchhandlung
und Carl Ernst Poeschel Verlag GmbH in Stuttgart 2012
www.metzlerverlag.de
info@metzlerverlag.de

Inhalt

Vorwort zur zweiten Auflage

Der Poststrukturalismus ist eine bedeutende philosophische Strömung und ein in mancherlei Hinsicht umstrittenes Phänomen. Seine Vertreter – wie Jacques Derrida, Gilles Deleuze, Jean-François Lyotard oder Michel Foucault – sind weit über die Grenzen der Philosophie bekannt; ihre Ideen wirken auch heute in Wissenschaft und Kultur fort. Unsere Einführung will das Phänomen des Poststrukturalismus nachvollziehbar machen und seine wichtigsten Vertreter, ihre Ideen und ihre Texte vorstellen.

Nachdem wir in der Einleitung zunächst erläutern, was genau unter dem Begriff ›Poststrukturalismus‹ zu verstehen ist, stellt der erste Teil die Entstehung der poststrukturalistischen Philosophie vor dem Hintergrund der kritischen Abgrenzung vom französischen Strukturalismus vor. Eine Zusammenfassung der gemeinsamen philosophischen Grundüberzeugungen der Poststrukturalisten leitet dann über in den zweiten Teil, in dessen vier thematischen Kapiteln wir detaillierte Lektüren grundlegender Texte des Poststrukturalismus vorstellen und ihre Argumentationen immanent erläutern. Der dritte Teil gibt einen Überblick über die Rezeptions- und Wirkungsgeschichte des Poststrukturalismus und endet mit einem Ausblick auf gegenwärtige Perspektiven der poststrukturalistischen Philosophie.

Diesen Ausblick haben wir anlässlich der zweiten Auflage ergänzt und erheblich erweitert. Hinzugekommen sind vier neue Kapitel, die aktuelle philosophische Positionen vorstellen und kritisch diskutieren, die als Folgen der poststrukturalistischen Theorien entstanden sind und bis in die Gegenwart hinein wirken. Eine ausführliche und entsprechend aktualisierte Bibliographie am Schluss gibt Auskunft über ergänzende und weiterführende Literatur.

Die Texte der Poststrukturalisten gelten gemeinhin als besonders schwierige Lektüre. Wir haben uns bemüht, ihre Grundgedanken so einfach wie möglich darzustellen – und hoffen darauf, den Leser/innen dieser Einführung damit die unerlässliche Lektüre der Primärtexte zu erleichtern.

Stefan Münker und Alexander Roesler
Berlin/Castel Focognano/Frankfurt a.M. 1999/2012

Einleitung: Ein Plädoyer für die Differenz – der Poststrukturalismus im kulturellen und philosophischen Kontext seiner Zeit

›Poststrukturalismus‹ ist der allgemeine Titel für eine bestimmte Art, zu denken und zu schreiben, eine philosophische Haltung, die sich im Laufe der 1960er Jahre in Frankreich entwickelt hat. Die intellektuelle Landschaft in Paris und das Klima der philosophischen Debatten wurde damals beherrscht von zwei bedeutenden Denkrichtungen und ihren Protagonisten – dem **Existentialismus** um Jean-Paul Sartre und dem sogenannten **Strukturalismus**. Wie der Name ›Poststrukturalismus‹ bereits suggeriert, ist das Denken seiner Vertreter besonders durch ihre kritische Auseinandersetzung mit den Überzeugungen und der Methode der Strukturalisten geprägt. Das Spektrum poststrukturalistischer Positionen, die aus dieser Auseinandersetzung hervorgegangen sind, ist weit. Zu den Personen, deren Namen immer dann fallen, wenn man diese Positionen zuzuordnen versucht, gehören unter anderem so prominente Autoren wie Jacques Derrida (1930-2004), Jean-François Lyotard (1924-1998), Gilles Deleuze (1925-1995) und sicherlich (wenn auch, wie wir sehen werden, mit Vorbehalten) Michel Foucault (1926-1984). Zweifellos: Der Poststrukturalismus ist eine ebenso bedeutende wie populäre theoretische Bewegung. Er ist allerdings zugleich ein in mancherlei Hinsicht umstrittenes Phänomen. Die Debatten über poststrukturalistische Thesen wurden und werden von ihren Kritikern und Verteidigern stets mit großer Polemik geführt. Dieser Polemik verdankt sich zu einem nicht unwesentlichen Teil die große Popularität, die der Poststrukturalismus weit über fachwissenschaftliche Kreise hinaus genießt. Ein nicht weniger zentraler Grund dieser Popularität ist die Tatsache, dass es im kulturellen Kontext jenseits der akademischen Institutionen eine ganze Reihe von Entwicklungen gibt, die selbst durchaus als poststrukturalistisch beschrieben werden können.

Die Popularität des Poststrukturalismus allerdings geht einher mit einer kontinuierlichen Diskussion darüber, was und wen man im engen Sinn als poststrukturalistisch bezeichnen soll: Gehört der Psychoanalytiker Jacques Lacan dazu, der späte Roland Barthes? Sind die dekonstruktivistischen Literaturtheoretiker der sogenannten »Yale School« um Paul de Man Poststrukturalisten – oder ist der Poststrukturalismus am Ende ein spezifisch französisches Phänomen geblieben? Wohl keiner, den man ihm zurechnen kann – und somit niemand, den wir im Folgenden als Poststrukturalisten behandeln

werden – würde sich selbst Poststrukturalist nennen. Doch nicht nur
diese Zurechnung ist unklar – strittig ist zum Beispiel auch, ob wir
den Poststrukturalismus tatsächlich, wie bereits angedeutet, als kritische Überwindung des Strukturalismus verstehen sollen, oder ob wir
ihn nicht richtiger als dessen konsequente Fortsetzung beschreiben
müssen. Wenn er aber in Wirklichkeit eine Fortsetzung des Strukturalismus darstellt, dann läge es nahe, ihn mit Manfred Frank »Neostrukturalismus« (Frank 1984) zu nennen oder mit Richard Harland
»Superstructuralism« (Harland 1987).

   Die insgesamt so unklare Ausgangslage hat ihren schlichten
Grund darin, dass es so etwas wie den Poststrukturalismus tatsächlich gar nicht gibt. Anstelle einer bestimmten philosophischen
›Schule‹ mit festumrissenen Grenzen bezeichnet der Terminus eine
mehr oder weniger eindeutige Tendenz der Entwicklung von Teilen
der Philosophie und verwandter geisteswissenschaftlicher Disziplinen zwischen ca. 1965 und dem Ende der 1980er Jahre. Zu viele
zu verschiedene Versionen poststrukturalistischen Denkens »zerfäl-
len mithin die Einheit, die der Titel Poststrukturalismus suggeriert«
(Kittler 1980, 12). Es gibt folglich keinen Text oder vergleichbares
Material, welches man als das Programm oder Manifest des Poststrukturalismus bezeichnen könnte – wohl aber in der Form der
Werke unterschiedlicher Autoren verschiedene Programme des Poststrukturalismus, aus denen sich charakteristische Merkmale rekonstruieren lassen. Eine solche Rekonstruktion hängt durch die Wahl
der Werke und Autoren ganz entscheidend von Vorentscheidungen
ihres Verfassers ab; und die sind eben immer sowohl subjektiv als
auch perspektivisch. Überspitzt kann man deswegen sagen: *Über
den Poststrukturalismus schreiben heißt, ihn zu erfinden.*

   Das bedeutet natürlich nicht, dass es beliebig wäre, was man dabei als Poststrukturalismus beschreibt. Neben der notwendigen Ein-
grenzung auf bestimmte Autoren ist es die – von Fall zu Fall mehr
oder weniger starke und mehr oder weniger bewusste – Abgrenzung
vom Strukturalismus, deren Gründe man zusammenfassen kann,
um so theoretische Grundideen des Poststrukturalismus und programmatische Gemeinsamkeiten seiner Vertreter systematisch sichtbar zu machen. Eine derartige Zusammenfassung wird dem Phänomen des Poststrukturalismus allerdings noch nicht gerecht; als
theoretischer Bewegung mangelt es ihm dafür zu sehr an einer klar
identifizierbaren Theorie. Die schwierige Einheit des Poststrukturalismus, soweit sie sich aus seiner uneinheitlichen Erscheinungsweise
herstellen lässt, ist »die Einheit einer sich weiterentwickelnden Geschichte« (Harland 1987, 184). Was diese Geschichte wie ein roter
Faden durchzieht, ist neben einigen zentralen Thesen und kritischen

Intuitionen **ein unverkennbarer intellektueller Stil** (vgl. Merquior 1988, 2).
     Erst diese Verwebung theoretischer Grundannahmen mit einer spezifischen stilistischen Praxis macht es letztlich möglich, die Vielzahl verschiedener Versionen poststrukturalistischen Denkens als Ausdruck einer bestimmten philosophischen Haltung unter einen gemeinsamen Titel zu subsumieren. In eine stilistische Praxis nun kann man nicht systematisch einführen – man kann sie bestenfalls anschaulich und nachvollziehbar darstellen. Das gilt für Formen der individuellen Lebensgestaltung oder des kollektiven Auftretens ebenso wie für jede Art von Literatur – also auch für die wissenschaftliche Literatur poststrukturalistischer Autoren. Die Ausbildung ihres intellektuellen Stils allerdings ist selbst durchaus theoretisch und nicht ästhetisch motiviert, und die Motivation lässt sich entsprechend erläutern. Der charakteristische Denk- und Schreibstil als zentrales Merkmal der Poststrukturalisten ist zunächst der (nicht nur) literarische Ausdruck einer Abgrenzung von gewohnten Reflexionsweisen, etablierten Darstellungsformen, traditionellen Diskurspraktiken. Hinter dieser Abgrenzung freilich steckt mehr als das Streben nach Originalität: Die Bewegung der Differenzierung steht stellvertretend für ein allgemeines Plädoyer für die Differenz.
     Wer für etwas plädiert, bezieht zumeist gegen etwas Stellung. Im Falle des poststrukturalistischen Plädoyers für die Differenz haben wir es zugleich mit dem **kritischen Einspruch gegen totalisierende Tendenzen philosophischer Theorien** und ihrer allgemeinen Ansprüche zu tun. Ein Philosoph, in dessen Werk sich die systematische Ausbildung solcher totalisierender Tendenzen auf eine geradezu exemplarische Weise verfolgen lässt, ist Hegel. Seine Dialektik orientiert sich bekanntlich an einem Verständnis von Philosophie als eines Unternehmens, die Wirklichkeit – und gemeint ist: die ganze Wirklichkeit – begrifflich zu erfassen. Eine Theorie aber, die nichts unbegriffen lässt, kennt nichts mehr, was ihr fremd wäre, nichts, was außerhalb ihrer Reichweite läge – und diese Abgeschlossenheit demonstriert die Totalität des Hegel'schen Systems ebenso, wie sie immer schon den Einspruch seiner Kritiker hervorgerufen hat. Kaum ein poststrukturalistischer Text, in dem die kritische Auseinandersetzung mit Hegel nicht ihre Spuren hinterlassen hätte – wobei die Abgrenzung von Hegel den Poststrukturalismus nicht weniger charakterisiert als die Beschäftigung mit seiner Philosophie. So beschreibt beispielsweise Michel Foucault »unsere ganze Epoche« als geprägt durch die Anstrengung, »Hegel zu entkommen« – und fügt zugleich hinzu, wie wenig er an das Gelingen eines solchen Fluchtversuchs glaubt (*L'ordre du discours*,

1972; dt. *Die Ordnung des Diskurses*, 1974, 49f.; zu Hegel und Foucault vgl. Künzel 1985).

Die zentrale Bedeutung Hegels für die Poststrukturalisten ist
sicherlich nicht zuletzt auf seine Vermittlung in den französischen
Sprachraum durch Jean Hyppolite (1907-1968) und Alexandre Ko-
jève (1902-1968) zurückzuführen, deren Pariser Vorlesungen in den
1940er und 50er Jahren die meisten der späteren Poststrukturalisten
als Studenten verfolgt hatten. Neben Hegel standen mit Husserl und
Heidegger damals zwei weitere deutsche Philosophen im Zentrum der
theoretischen Diskussionen; gemeinsam prägten die drei H's entscheidend die Entwicklung der französischen Phänomenologie, die noch
um die Jahrhundertmitte die wohl wichtigste philosophische Strömung in Frankreich darstellte. Neben der späteren Abgrenzung vom
Strukturalismus ist die kritische Abkehr von phänomenologischen
Thesen und Methoden ein weiteres gemeinsames Merkmal aller poststrukturalistischen Autoren. Entscheidend ist an dieser Stelle zunächst
die Tatsache, dass in den absoluten Ansprüchen der spekulativen Dialektik Hegels eine Arroganz zum Vorschein kommt, die den Vertretern des Poststrukturalismus als ein typisches Merkmal der Moderne
gilt. Ihr Widerstand gegen die Überheblichkeit des neuzeitlichen Denkens und seiner Versuche, die Welt restlos zu rationalisieren, reiht die
poststrukturalistischen Ansätze ein in den Diskurs einer **kritischen
Selbstreflexion der Moderne**. Es ist insofern kein Zufall, dass mit
Jean-François Lyotard ein wichtiger Vertreter des Poststrukturalismus
im Jahr 1979 mit seinem Essay *La condition postmoderne* (dt. *Das
postmoderne Wissen*, 1986) die philosophische Debatte um die Postmoderne als ein sozio-kulturelles Phänomen angestoßen und in der
Folgezeit entscheidend mitgeprägt hat.

Die »großen Erzählungen« der Moderne, deren Krise Lyotard
in seinem Essay diagnostiziert, sind systematische Entwürfe umfas-
sender theoretischer Programme, die alle Bereiche der individuellen
Existenz und des gesellschaftlichen Zusammenlebens durchdrungen
haben. Im Rahmen ihrer kritischen Reflexion konkretisiert sich das
poststrukturalistische Plädoyer für die Differenz – das »Knistern des
Unstimmigen« (Foucault) – konsequenterweise auch als theoretische
Auseinandersetzung mit solchen gesellschaftlichen Gruppen, welche
die moderne Strukturierung der Gesellschaft an den Rand gedrängt
hat. Foucaults Arbeiten über die Geschichte des Gefängnisses oder
die Bedeutung des Wahnsinns stehen hierfür nicht weniger exemplarisch als die forcierte Entwicklung feministischer Ansätze etwa bei
Luce Irigaray oder Hélène Cixous. In vielen Fällen ist es zudem nicht
bei einer rein theoretischen Form der Auseinandersetzung geblieben: Lyotards Engagement für die linksradikale Zeitschrift *Socia-*

lisme ou Barbarie in den 50er und frühen 60er Jahren, Foucaults
Mitarbeit in der »Groupe d'Information sur les Prisons (GIP)« zu
Beginn der 70er Jahre oder Derridas Stellungnahmen gegen die süd-
afrikanische Apartheid in den 80er Jahren sind willkürlich gewählte
Beispiele für ein fortdauerndes politisches Wirken (freilich bei sich
wandelnder politischer Stoßrichtung) der Vertreter des Poststrukturalismus. Diese gesellschaftspolitische Positionierung ist auf den unmittelbaren historischen Kontext zurückzuführen, in dem die poststrukturalistische Bewegung ihren Anfang machte: Entstanden im Vorfeld
des Mai '68, reflektiert der anarchistische Gestus ihrer theoretischen
Positionen den rebellischen Geist der Kultur der 60er und 70er Jahre – und zumindest ansatzweise lassen sich Texte des Poststrukturalismus auch als philosophische Vorwegnahme der radikalen Forderungen der Studentenbewegung lesen, die ja gerade in Frankreich mehr
war, als eine nur studentische Bewegung.

Die tiefe Skepsis der Poststrukturalisten gegenüber jeglichen –
politischen wie philosophischen – Formen totalitärer Systeme und
ihren absoluten Wahrheitsansprüchen ist als Reflex ihrer sozio-
historischen Position zugleich ein Echo der Stimmen ihrer **phi-
losophischen Vorgänger**. Innerhalb des Diskurses der kritischen
Selbstreflexion der Moderne knüpft der Poststrukturalismus an jene
Tradition philosophischer Kulturkritik an, an deren Anfang das Werk
Friedrich Nietzsches steht. Kein Philosoph, dessen Reflexionen im
Denken der Poststrukturalisten tiefere Spuren hinterlassen hätte als
Nietzsche. In den für seine französischen Nachfahren so zentralen
Themen wie der Frage nach dem Subjekt, nach der Macht und ihrer Genealogie oder der Konstitution von Sinn reicht der Einfluss
teilweise bis ins sprachliche Detail. Dabei offenbart der poststrukturalistische Ansatz, die nietzscheanische Perspektive auf unsere
neuzeitlich-moderne Kultur fortzuschreiben, zugleich weitere Ver-
wandtschaften innerhalb der philosophischen Tradition unseres Jahrhunderts. In Frankreich darf als ein wichtiger Vorläufer nicht nur der
Ideen, sondern mehr noch des Stils der Poststrukturalisten der Dichter und Philosoph Georges Bataille (1897-1962) nicht unerwähnt
bleiben – ebenso wenig wie Pierre Klossowski (1905-2001), dessen
1969 erschienenes Buch *Nietzsche et le cercle vicieux* (dt. *Nietzsche
und der Circulus vitiosus deus*, 1986) die weitere Rezeption nachhaltig
beeinflusst hat.

In Deutschland wurden die Texte und Thesen der Poststrukturalisten lange Zeit, wenn überhaupt, so vorwiegend kritisch rezipiert.
Gleichwohl finden sich auch hier Autoren, deren Theorien eine thematische Nähe zu denen des Poststrukturalismus aufweisen. Martin
Heidegger und seinen Einfluss haben wir schon erwähnt; sein Kon-

trahent Theodor W. Adorno ist ein Beispiel für einen weiteren ver-
wandten Geist. Adornos Philosophie, auf die Lyotard immer wieder explizit Bezug nimmt, wird vom gleichen kritischen Einspruch
gegen theoretische Absolutierungen und Totalisierungen motiviert.
Das Plädoyer für die Differenz mündet in seiner *Ästhetischen Theorie* in der impliziten Forderung, »dem Heterogenen Gerechtigkeit
widerfahren« zu lassen (Adorno 1970, 285). Diese Aufforderung,
dem Anderen, Nichtidentischen gerecht zu werden, könnte als Motto auch über dem poststrukturalistischen Engagement stehen – weswegen Michel de Certeau für den Poststrukturalismus den Terminus der »Heterologie«, der Lehre vom Anderen, geprägt hat (vgl.
Pefanis 1991, 4).

Vom Anderen zu reden, ist eine schwierige Sache. Ist damit etwas
gemeint, was sich von allem, das wir kennen, gänzlich unterscheiden soll, so stellt sich die Frage, wie wir dies dann noch verstehen
könnten. Die theoretische Beschreibung eines solchen schlechthin
Anderen nimmt nicht selten die Form einer mystischen Beschwö-
rung an. Ansätze dazu finden sich auch in den Schriften des Poststrukturalismus; das hat ihren Autoren immer wieder den Vorwurf
der Irrationalität eingebracht. Programmatisch allerdings zielen die
poststrukturalistischen Überlegungen nicht allgemein auf »das Andere schlechthin« – sondern auf ein konkretes Anderes bestimmter
Strukturen (nicht nur) philosophischer Erläuterungen zu theoretischen Themen, beispielsweise der Sprache und ihrer Rationalität.
»Die Kritik des Logozentrismus«, so Derrida dazu in einem Interview, »ist vor allem eine Suche nach dem ›Anderen‹« – und zwar,
so fügt er hinzu, »dem Anderen der Sprache« (Kearney 1982, 123).
Die Absicht, das Andere als den von theoretischen Strukturen ausgeschlossenen Rest zu rehabilitieren, lässt sich reformulieren als die
Intention, den blinden Fleck der jeweiligen Theorie aufzudecken –
und so Aspekte ihres Gegenstandes zu beleuchten, die diese in ihrer
Orientierung an zentralen Begriffen an die Peripherie verdrängte. Die
entsprechende Methode ist die der Dezentrierung von strukturell-ge-
ordneten theoretischen Beschreibungen.

Neben der »Kritik des Logozentrismus« ist es in besonderem
Maße ihre **radikale Dezentrierung des modernen Subjektbegriffs**,
der die Poststrukturalisten ihre Popularität verdanken. Berühmt
geworden etwa ist die Wette, mit der Foucault 1966 sein theoretisches Hauptwerk *Les mots et les choses* (dt. *Die Ordnung der Dinge*,
1974) beendet – nämlich, dass als Resultat der kritischen Einsicht
»der Mensch verschwindet wie am Meeresufer ein Gesicht im Sand«
(ebd., 462). Die Polemik dieser Prophezeiung ist nicht zu übersehen
– und so ist es auch kaum verwunderlich, dass gerade die poststruk-

turalistische Verabschiedung des neuzeitlichen Subjekts auf schärfste Kritik gestoßen ist. Zum Vorwurf der Irrationalität gesellte sich der Vorwurf der Inhumanität. Beide Vorwürfe allerdings, das werden wir sehen, greifen entschieden zu kurz – auch wenn die Kritiker des Poststrukturalismus (zu deren wichtigsten Jürgen Habermas, Manfred Frank, Jacques Bouveresse und John Searle gehören) an einigen Stellen zurecht auf Schwachpunkte der kritisierten Argumentationen aufmerksam machen konnten. Darauf werden wir am Ende dieser Einführung zu sprechen kommen.

1. Die verrückte Mitte. Geschichte und Idee des Poststrukturalismus – eine systematische Rekonstruktion

Jedes Sprachspiel hat seine eigenen Regeln, jeder Diskurs seine spezifische Terminologie. Das gilt in einem besonderen Maße für wissenschaftliche Diskurse; die häufige und manchmal durchaus eigensinnige Verwendung bestimmter Begriffe ist ein recht sicheres Indiz, das die Teilnehmer eines Diskurses von denen eines anderen, möglicherweise konkurrierenden unterscheidet. So ist in den meisten Fällen auch die Entstehungsgeschichte philosophischer Denkrichtungen wie die theoretischer Schulen überhaupt gebunden an die Entwicklung, ja Erfindung eines alternativen Vokabulars, das einen Ausschnitt der Welt auf eine neuartige Weise zu beschreiben erlaubt. Freilich: Theorien sind kein statisches Phänomen. Im Laufe ihre Geschichte verselbständigt sich – gerade in besonders erfolgreichen Fällen – nicht selten das Vokabular den Intentionen seines Erfinders gegenüber. Das war so bereits bei Platons Begriff der ›Idee‹. Manchmal allerdings ist es auch umgekehrt – und das Vokabular, das einer erfand, generiert eine Theorie, an die er nicht dachte. Das war bei den Ideen von Ferdinand de Saussure der Fall, der gemeinhin als Gründungsvater des Strukturalismus gilt.

1.1 Die Vorgeschichte: Idee und Methode des Strukturalismus

1.1.1 Ferdinand de Saussure und die Geburt des Strukturalismus

Zwischen 1906 und 1911 hielt der Schweizer Linguist Ferdinand de Saussure (1857-1913) in Genf insgesamt drei Vorlesungen über die Grundlagen der Sprachwissenschaft. Seine Gedanken zur Begründung einer allgemeinen strukturalen Linguistik, die Saussure in diesen Vorlesungen vorstellte, hat er selber allerdings nicht systematisch ausgearbeitet. Dies blieb seinen Hörern Charles Bally und Albert Sechehaye vorbehalten, die anhand ihrer Vorlesungsmitschriften die implizite Theorie rekonstruierten. Das Ergebnis ist der 1916 als Buch posthum publizierte *Cours de linguistique générale* (dt. *Grund-*

fragen der allgemeinen Sprachwissenschaft, 1967). Die Schwierigkeiten, die sich daraus ergeben, sind offenkundig: Wir können eigentlich nie wirklich sicher sein, ob die unter seinem Namen veröffentlichte Theorie tatsächlich die ursprünglichen Thesen Saussures auch adäquat wiedergibt. Das aber ist, wir werden es später noch sehen, ein Interpretationsproblem, mit dem wir es nicht nur bei Saussure zu tun haben – und das wir hier zunächst vernachlässigen können (als allgemeine Einführung zu Saussure vgl. Culler 1976; Gadet 1990; Jäger 2007; Harris 1987; Holdcroft 1991).

Die Intention des *Cours* ist es, eine scheinbar ebenso schlichte wie unverfängliche Frage zu beantworten: »Wie ist eine einzelne Sprache aufgebaut, und wie muß sie beschrieben werden?« (Bierwisch 1966, 80). Diese Fokussierung auf den Aufbau einer einzelnen Sprache zielt auf die **Beschreibung allgemeiner sprachlicher Strukturen**, und so nimmt die Antwort dann auch den Weg einer methodischen Differenzierung dieser Strukturen. Saussure unterscheidet zunächst das, was wir gemeinhin unter ›Sprache‹ verstehen, in drei Kategorien: in *langage*, *langue* und *parole*. Der Neologismus *langage* ist kaum zu übersetzen; was Saussure damit meint, ist die menschliche Fähigkeit zu sprechen. Dieser übergreifenden Sprachkompetenz gegenüber bezeichnet der Terminus *langue* die Sprache als normatives, durch allgemeine Regeln und verbindliche Konventionen strukturiertes virtuelles »System von Zeichen« (*Grundfragen*, 18). Die *parole* bezeichnet schließlich die Sprachverwendung als Akt der individuellen Ausübung der eigenen Sprachkompetenz gemäß der allgemeinen Regeln des Sprachsystems; kurz: die konkrete Aktualisierung des virtuellen sprachlichen Codes. Die Sprachkompetenz »als Ganzes genommen, ist vielförmig und ungleichartig; verschiedenen Gebieten zugehörig, zugleich physisch, psychisch und physiologisch, gehört sie außerdem noch sowohl dem individuellen als dem sozialen Gebiet an« (ebd., 11); als Gegenstand der allgemeinen Sprachwissenschaft, deren Aufgabe es sein soll, »die Kräfte aufzusuchen, die *jederzeit* und *überall* in allen Sprachen wirksam sind« (ebd., 7; Hervorhebung von uns), kommt sie für Saussure nicht in Frage. Das freilich gilt auch für die pragmatische Verwendung der Sprache, die von Individuum zu Individuum und von Sprachgemeinschaft zu Sprachgemeinschaft sich unterscheidet und in dieser Veränderbarkeit dem wissenschaftlichen Anspruch Saussures auf zeit- und raumübergreifende Erkenntnis zuwiderläuft. Das einzige Objekt der strukturalistischen Linguistik ist demzufolge die *langue*, das kodierte Regelsystem der sprachlichen Zeichen als »das im Gehirn eines jeden Einzelnen niedergelegte soziale Produkt« (ebd., 27) in seiner vermeintlich unveränderlichen Objektivität.

Im Zentrum der Saussure'schen Untersuchung des sprachlichen Zeichensystems steht seine **Beschreibung der Struktur des kleinsten bedeutsamen Elements** dieses Systems, des Zeichens selbst. Jedes Zeichen, so der *Cours*, ist zusammengesetzt – und zwar derart, dass es »eine Vorstellung und ein Lautbild« (ebd., 77) in sich vereinigt. Der Begriff ›Lautbild‹ meint dabei gerade nicht denn artikulierten Laut, das gesprochene Zeichen, sondern dessen intrapsychische Vergegenwärtigung. Um diesen zeicheninternen Zusammenhang von Vorstellung und Lautbild terminologisch zu präzisieren, führt Saussure die Begriffe *signifié* für die »Vorstellung« (dt. das Bezeichnete, das Signifikat) und *signifiant* für das »Lautbild« (das Bezeichnende, der Signifikant) ein. Man solle sich, sagt Saussure (ebd., 134), das Zeichen als ein Blatt Papier vorstellen, dann sei dessen eine Seite das Signifikat, die andere der Signifikant; sie lassen sich nicht voneinander trennen, ohne das Zeichen zu zerstören. Doch so untrennbar beide Seiten des Zeichens miteinander verbunden sind, so wichtig bleibt zugleich ihre Differenz. Aus dem reziproken Zusammenspiel von Signifikat und Signifikant leitet dann Saussure die gerade für die Wirkungsgeschichte seiner Theorie entscheidenden weiteren Bestimmungen des Zeichens ab.

Obwohl Signifikat und Signifikant untrennbar miteinander verbunden sind, ist ihr Verhältnis zueinander doch in einem wesentlichen Sinn zufällig, beliebig: Es gibt »keinerlei innere Beziehung« (ebd., 79), die eine bestimmte Vorstellung mit einem bestimmten Lautbild verknüpfen würde. Worte wie »Schloß« sind ein Beispiel dafür; hier verweist ein Signifikant auf verschiedene Signifikate (»Gebäude«, »Vorrichtung zum Abschließen«). Ein anderes Beispiel, das auch Saussure zitiert, ergibt sich aus der Tatsache, dass wir nicht nur in einer, sondern in vielen Sprachen miteinander reden können; die Frage, ob wir für den Signifikaten »Brot« das deutsche Wort »Brot« oder etwa das französische Wort »pain« verwenden, ist eine Frage des Kontextes, nicht des Sinns. Daraus folgt der erste Grundsatz der allgemeinen Sprachwissenschaft: die **Arbitrarität (Beliebigkeit) des Zeichens** (vgl. Garcia 1997).

Diese wesentliche Beliebigkeit des Zeichens nun bedeutet keineswegs, dass die interne Beziehung von Signifikat und Signifikant gänzlich beliebig wäre. Wir können schließlich nicht willkürlich darüber entscheiden, ob wir eine Vorstellung mit dem einen oder lieber mit einem anderen Lautbild verbinden möchte – täten wir es doch, so wäre dies das Ende jeder Kommunikation. Die Kritik der Idee einer natürlichen Beziehung von Signifikat und Signifikant führt Saussure zu der wichtigen Einsicht der konventionellen Konstitution sprachlichen Sinns. Ein Zeichen sinnvoll zu verwenden, heißt einer konventionellen Regel zu folgen, würde Ludwig Wittgenstein sagen (über das Verhältnis von Saussure und Wittgenstein vgl. Harris 1988). Das Zeichen, sagt Saussure, ist »seiner Natur nach sozial« – und das heißt eben auch, dass es »in einem gewissen Maß vom Willen der Einzelnen oder der Gemeinschaft unabhängig« ist (*Grundfragen*, 20). Richtig verstanden, bedeutet die Beliebigkeit des Zeichens dann entsprechend präziser, »daß es unmotiviert ist, d.h. beliebig im Verhältnis zum Bezeichneten« (ebd., 80).

Weil es keinen außersprachlichen Grund gibt, der das Verhältnis von Signifikat und Signifikant bestimmen und so die Bedeutung eines Zeichens festlegen würde, muss sich die Konstitution sprachlichen Sinns sprachintern erläutern lassen. Nicht die Referenz der Zeichen, also ihr Bezug auf etwas Außersprachliches, zählt, sondern ihre Relation, genauer: die Differenz der Zeichen zueinander. Entscheidend ist der *Wert*, wie Saussure sagt, der durch diese Differenz festgelegt wird. Sie ist auf den beiden Ebenen des Zeichens, des Signifikanten wie des Signifikats, wirksam. Die Art und Weise, wie wir das Wort »Brot« verwenden, ist sowohl bestimmt durch die Art und Weise, wie sich der Signifikant »Brot« von Signifikanten wie »Boot« oder »Schrot« unterscheidet, als auch durch die Abgrenzung des Signifikats »Brot« von anderen Signifikaten wie »Brötchen«, »Kuchen«, oder »Croissants«. Der sprachliche Sinn ist daher Ergebnis der Differenzierungen in einem System.

Saussure stellt als Konsequenz seiner nur negativen Festlegung der Bedeutung sprachlicher Zeichen fest, dass es »in der Sprache [...] nur Differenzen ohne positive Einzelglieder« (ebd., 143) gibt. Die Sprache wird dadurch zu einer Form, die von einer bestimmten Substanz unabhängig ist. Wichtig sind die Differenzen, unwichtig dasjenige, was different gesetzt wird. Dieser Gesichtspunkt wird dem Strukturalismus ermöglichen, die Bestimmungen von Saussure aus dem Kontext der Sprache herauszulösen und auf andere Bereiche zu übertragen.

Wir müssen uns die Struktur des sprachlichen Zeichensystems vorstellen als ein **Netz von Signifikanten**, die auf mannigfache Weise miteinander verwoben sich wechselseitig bestimmen. So beliebig die Zusammensetzung eines Zeichens in Bezug auf das ist, was es bezeichnen soll, seinen Referenten, so unbeliebig ist die Stellung eines Signifikanten innerhalb des sprachlichen Netzes aller Signifikanten. Auf eine zunächst paradox anmutende Weise begründet so der Grundsatz der Arbitrarität zugleich die Unveränderlichkeit der Zeichens. Diese Unveränderlichkeit ist allerdings nur eine, für Saussures Theorie freilich entscheidende, weitere Eigenschaft des Zeichens. Denn natürlich verändern sich Zeichen bzw. ihr Sinn zumindest in dem Maße, in dem sich Sprachen entwickeln – mit der Zeit. Die Veränderlichkeit der Zeichen, Resultat des temporalen Charakters der Sprache, drückt sich aus durch »Verschiebung[en] des Verhältnisses zwischen dem Signifikat und dem Signifikanten« (ebd., 88). In ihrer Untersuchung des sprachlichen Zeichensystems eröffnet sich für die Wissenschaft damit eine doppelte Perspektive: Sie muss die Sprache zum einen im Hinblick auf die historische Genealogie ihrer Strukturen beschreiben, und sie muss zum anderen die Gesamtheit des strukturellen Beziehungsgeflechts der Sprache zu einem bestimmten Zeitpunkt analysieren. Diesen beiden Perspektiven versucht Saussure, durch die Differenzierung in diachronische und synchronische Beschreibungen der Sprache gerecht zu werden – wobei er seine strukturalistische Linguistik zugleich im Sinne der Synchronie auf eine Analyse des statischen Zustands des Systems der Sprache reduziert.

Diese Reduktion ist bei Saussure eine weitere methodische Konsequenz des Anspruchs auf objektive im Sinne von zeit- und raumtranszendierender Erkenntnisse; sie ist aber zugleich für den Strukturalismus insgesamt charakteristisch – und sie hat ihm von verschiedenen Seiten den Vorwurf eingebracht, »haarsträubend ahistorisch« zu sein (so Eagleton 1994, 89). An dieser Stelle können wir zunächst einige allgemeinere Konsequenzen zusammenfassen, die sich aus Saussures Überlegungen ergeben und die seine strukturalistischen und poststrukturalistischen Interpreten auf unterschiedliche Weise weiterentwickelt haben.

Das wichtigste gemeinsame Merkmal des Strukturalismus und seiner Nachfolger ist bereits angelegt in der **Konzentration auf die interne Relation ihrer Strukturelemente**, die Saussure zur Erläuterung der Sprache vornimmt. Hieraus folgt die Unterstellung einer »Unhintergehbarkeit der Struktur« (Frank 1984, 12). Diese Unterstellung ist äußerst folgenreich: Zwei zentrale Implikationen haben wir bereits in ihrer linguistischen Version kennengelernt. Zum einen bedeutet die These, dass sich der Sinn sprachlicher Zeichen einzig durch die (sprachinterne) Differenzierung ihrer Elemente konstituiert zugleich die **methodische Ausgrenzung des (sprachexternen) Referenten**. Und zugleich folgt aus der Feststellung, dass diese Konstitution gerade in ihrer sozialen Verankerung weitgehend vom bewussten Willen des individuellen Sprechers unabhängig ist, **der tendenzielle Ausschluß des Subjekts**. Saussure wendet sich damit explizit gegen die Bewusstseinsphilosophie, den sog. Mentalismus, d.h. gegen eine philosophische Überzeugung, die davon ausgeht, dass wir erst im Geiste (lat. *mens*: der Geist) einen Gedanken fassen, und diesen danach zum Zweck der Kommunikation

durch das Medium Sprache ausdrücken (vgl. *Grundfragen*, 132f).
Diese Auffassung hat der Philosophie lange Zeit dabei geholfen, die
zentrale Rolle des Subjekts zu begründen. Die Dezentrierung des
Subjekts, die sich in Saussures konträrer These ankündigt, ist als
Schritt aus diesem philosophischen Paradigma ein erster Beitrag zur
Verrückung der Mitte, die für den Strukturalismus wie auch den
Poststrukturalismus dann zu einem zentralen Anliegen wird.

Die Wirkung seiner Vorlesungen, die Saussure kaum vorausahnen
konnte (vgl. Scheerer 1980), verdankt sich einer Verallgemeinerung seiner Grundgedanken über den Horizont der reinen
Sprachwissenschaft hinaus; die Richtung dieser Verallgemeinerung ist allerdings in seinen eigenen Überlegungen schon angedeutet – und zwar sowohl in seinem Umgang mit als auch in seiner Haltung gegenüber der Sprache (vgl. Raggiunti 1990). Mit
beidem steht Saussure nicht allein: Sein systematischer Umgang
mit der Sprache repräsentiert Tendenzen der wissenschaftlichen For-
malisierung sprachlicher Zusammenhänge, die um 1900 die Entwicklung der philosophischen Logik – bei Frege, Peano, Whitehead/
Russell u.a. – beherrschten. Doch Saussure ist eben kein Logiker,
sondern Linguist. Das Besondere seiner strukturalistischen Formali-
sierung ist auch die Tatsache, dass sie keine Reduktion auf logische
Gesetze anstrebt, sondern **Gesetzmäßigkeiten der normalen Sprache** untersuchen will. In dieser Untersuchung nun ist als Konsequenz der Einsicht in die konventionelle Konstitution sprachlichen
Sinns eine Erweiterung auf nicht länger rein linguistische Fragen
zumindest bereits angelegt; Fragen, zu deren Klärung Saussure in
Vorwegnahme der Semiotik eine zukünftige **Wissenschaft der
»Semeologie«** skizziert – »eine Wissenschaft, welche das Leben der
Zeichen im Rahmen des sozialen Lebens untersucht« (*Grundfragen*,
19). Hinter dieser Skizze der Semeologie steckt eine Haltung gegenüber der Sprache, die charakteristisch ist für den vielleicht wichtigsten philosophischen Paradigmenwechsel im 20. Jahrhundert, den
sogenannten »linguistic turn«. Diesen Begriff hat zuerst Richard
Rorty in seiner Anthologie *The Linguistic Turn. Recent Essays in Philosophical Method* (1967) eingeführt, um das Denken von Philosophen wie Wittgenstein, Austin, Quine und anderen zu charakterisieren, die davon ausgehen, dass sich viele theoretische und praktische
Probleme am besten auf dem Weg einer Analyse ihres sprachlichen
Ausdrucks erörtern lassen.
    Durch eine Analyse der Sprache aus der Perspektive des erweiter-
ten Kontextes sozialer Zeichensysteme, so Saussure, »wird man nicht
nur das sprachliche Problem aufklären, sondern ich meine, daß mit

der Betrachtung der Sitten und Bräuche usw. als Zeichen diese Dinge in neuer Beleuchtung sich zeigen werden« (ebd., 21). Damit aber hat Saussure die Anwendung seiner Ideen auf andere geistes- und kulturwissenschaftliche Bereiche gewissermaßen als strukturalistische Methode bereits vorprogrammiert. Diese Anwendung ist das Kennzeichen des Strukturalismus in unserem Sinne – d.h. des Strukturalismus, von dem die Poststrukturalisten sich kritisch abgrenzen. Neben denjenigen, die das genuin linguistische Projekt Saussures auf ihre Weise fortsetzten wie Roman Jakobson (1896-1982) im Rahmen der **Prager Schule** des Strukturalismus oder Louis Hjelmslev (1899-1965) innerhalb der **Kopenhagener Schule**, lassen sich hier so unterschiedliche Autoren nennen wie der Anthropologe Claude Lévi-Strauss (1908-2009), der Semiotiker Roland Barthes (1915-1980), der Psychoanalytiker Jacques Lacan (1901-1981) und der Philosoph Michel Foucault (1926-1984). Der Strukturalismus, der sie verbindet, ist der Versuch, »alles unter linguistischen Gesichtspunkten noch einmal neu zu durchdenken« (Jameson 1972, VII); seine Vertreter zeichnen sich durch eine Betrachtungsweise aus, die in den unterschiedlichsten Bereichen strukturale Analysen durchführt – auf der Basis der These, dass alle Bereiche strukturiert sind wie die Sprache. Darin artikuliert sich ein starker und problematischer Anspruch, durch dessen Einlösung die strukturalistische Methode letztlich das gesamte Spektrum aller Wissenschaften durchdringen und gewissermaßen neu ordnen müsste (vgl. dazu Wahl 1973, 8f.). Obschon seine Vertreter selber zum Teil diesen Anspruch tatsächlich erhoben haben, ist es doch der Bereich der Humanwissenschaften, auf den sich die Karriere des französischen Strukturalismus im Wesentlichen beschränkt hat und auf den wir uns in der folgenden Zusammenfassung der zentralen Beispiele ausschließlich konzentrieren können.

1.1.2 Claude Lévi-Strauss und die Anthropologie

1949 erschien in Paris das Buch *Les structures élémentaires de la parenté* (dt. *Die elementaren Strukturen der Verwandtschaft*, 1993), mit dessen Erfolg die Karriere des Strukturalismus begann. Sein Autor, Claude Lévi-Strauss (1908-2009), hatte mit immensem empirischen und theoretischen Aufwand eine Vielzahl verschiedener Kulturen und ihre höchst unterschiedlichen Arten untersucht, die Verwandtschaftsbeziehungen ihrer Mitglieder zu regeln. Seine **strukturalistische Methode** orientierte sich übrigens nicht direkt an Saussure – der in diesem Buch gar nicht erwähnt wird –, sondern an der Pho-

nologie, die u.a. von dem russischen Sprachwissenschaftler Nikolai
Trubetzkoy und Roman Jakobson im Anschluss an Saussure entwickelt worden ist (vgl. Walitschke 1995; Gasché 1970). Dem Aufwand entsprach der ambitionierte Anspruch des Verfassers: Lévi-
Strauss ließ sich leiten von der Überzeugung, dass sich hinter den
divergierenden und auf den ersten Blick willkürlichen Regelungen
binnenkultureller Verwandtschaftsverhältnisse eine strukturelle Ordnung verbirgt, die Auskunft gibt über die Natur des Menschen – als
soziales Wesen, denn bereits das Vorhandensein von Regeln, so Lévi-
Strauss, ist ein untrügliches Zeichen für den Übergang von einer
rein natürlichen zu einer vergesellschaftlichten Weise des menschlichen Zusammenlebens (als allgemeine Einführungen vgl. Backès-
Clément 1970; Cressant 1970; Dumasy 1972; Oppitz 1975; Pace
1983; Reinhardt 2008; de Ruitjer 1991; Sperber 1973; Biographie
in Lévi-Strauss/Éribon 1996).

Die entscheidenden Einsichten verdankt Lévi-Strauss seiner Deutung des allgemein verbreiteten, wenn auch unterschiedlich restrik-
tiv gehandhabten Inzestverbots. Als eine universale, soziale Regel
verbietet das Inzestverbot die Verbindung naher Verwandter – nur,
um »die Verbindung mit ferneren Frauen notwendig [zu] machen«
(Sperber 1973, 183). Die Herstellung von Verwandtschaftsverhält-
nissen wird zum Gegenstand einer »Transaktion« (Sperber), die Regeln, die ihnen zugrunde liegen, sind Tauschgesetze – und der
Tausch ist die »fundamentale Struktur aller Verwandtschaftssysteme«
(Schiwy 1984, 46; vgl. *Die elementaren Strukturen*, 634f.). Wenn
aber der Tausch das gesuchte Ordnungsprinzip darstellt, so lassen
sich die elementaren Strukturen der Verwandtschaft beschreiben als
Regeln richtiger Kommunikation. »Was bedeutet das anders«, so
Lévi-Strauss dazu noch einmal am Beispiel des Inzestverbots, »als
daß die Frauen selbst als Zeichen behandelt werden, die man *miß-
braucht*, wenn man nicht den Gebrauch von ihnen macht, der den
Zeichen zukommt und der darin besteht, *kommuniziert* zu werden?«
(ebd., 662). Das aber bedeutet nichts anders, als dass die »Heiratsre-
geln und Verwandtschaftssysteme [...] eine Art Sprache« (*Anthropologie structurale*, 1958; dt. *Strukturale Anthropologie I*, 1977, 74) darstellen; sie sind, so Lévi-Strauss präziser, »in einer *anderen Ordnung
der Wirklichkeit* Phänomene vom *gleichen Typus* wie die sprachlichen« (ebd., 46). Die Bedeutung, welche dadurch der Sprache im
Kontext des sozialen Lebens und seiner Regeln zukommt, lässt sich
kaum überschätzen: »Wer Mensch sagt, sagt Sprache; und wer Sprache sagt, sagt Gesellschaft« (*Tristes tropiques*, 1955; dt. *Traurige Tropen*, 1982, 385). Gleichwohl ist es wichtig, dass Lévi-Strauss die
Strukturen der Verwandtschaft nicht *als* sondern *wie* sprachliche

Strukturen deutet: Die Sprache wie andere Systeme der gesellschaftlichen Interaktion gehen seiner Theorie nach zurück auf eine universale Ordnung des symbolischen Denkens, welches in verschiedenen kulturellen Praktiken sich unterschiedlich artikuliert.

Diese universale Ordnung, so Claude Lévi-Strauss, ist in ver-
bindlichen Strukturen verankert, die dem Denken und Handeln der
einzelnen Individuen immer schon unbewusst zugrunde liegen. Der
Vergleich der strukturalistischen Anthropologie mit der Psychoanalyse Sigmund Freuds liegt hier nahe. Doch während Freud allgemeine Prinzipien des menschlichen Individuums im persönlichen Unbewussten zu lokalisieren sucht, ortet Lévi-Strauss allgemeine
Prinzipien der gesamten Menschheit in ihrem kollektiven Unbewussten (vgl. Nagel 1970). Durch die **Freilegung dieser unbewussten Prinzipien** soll die strukturalistische Untersuchung sozio-kultu-
reller Handlungen und Interaktionen zur Erkenntnis von objektiven
Gesetzen führen, durch deren Anwendung die Mitglieder unterschiedlicher Kulturkreise die natürlich vorgefundene Wirklichkeit in
eine begrifflich differenzierte Realität verwandeln.

Dazu dienen auch Mythen, die Lévi-Strauss in seinem vierbändi-
gen Werk *Mythologiques* (1964; dt. *Mythologica*, 1976) am Beispiel
der Mythen der Indianer Südamerikas einer strukturalen Analyse
unterzieht. Sein Grundgedanke bei dieser Analyse ist, die **Mythen in
Analogie zur Sprache** zu setzen. So wie der Sprachwissenschaftler
die *langue* rekonstruiert, die hinter der *parole* liegt, so rekonstruiert
der Ethnologe das mythische Denken, das hinter den Mythen steht.
Seine Methode besteht darin, die einzelnen Mythen in ihre kleinsten Einheiten, die sogenannten »Mytheme«, zu zerlegen. Diese Mytheme gewinnen ihren Sinn nicht durch den Inhalt, den sie zum
Ausdruck bringen, sondern allein durch die Stellung, die sie zu anderen Mythemen einnehmen; unverkennbar verbirgt sich dahinter
Saussures Gedanke, dass die Bedeutung eines Zeichens durch seine
Differenz zu anderen Zeichen bestimmt wird. Indem er die Mytheme nun derart untereinander in Beziehung setzt, isoliert Lévi-
Strauss eine Struktur, die sich im ersten Band der *Mythologica* am
Begriffspaar »roh« und »gekocht« ausrichtet. Die einzelnen Mythen,
so seine These, bringen diesen Gegensatz zum Ausdruck; er ist ihre
ordnende Struktur.

Hinter dem Begriffspaar ›roh‹ und ›gekocht‹ verbirgt sich nach
Lévi-Strauss allerdings ein viel größerer Zusammenhang, der durch
die Mythen thematisiert wird: die Differenz von Natur und Kultur.
Diese Differenz ist, so Lévi-Strauss in einem Interview, »eine Anti-
nomie des menschlichen Geistes: Der Gegensatz ist nicht objektiv,
es sind die Menschen, die das Bedürfnis haben, ihn zu formulieren«

(zit. nach Schiwy 1984, 145). Das mythische Denken ist demnach
eine ursprüngliche Weise, den Gegensatz von Natur und Kultur zu
denken und damit seine Formulierung erst zu ermöglichen. Die
Analogie von Sprache und mythischem Denken hat jedoch für das
Denken eine weitere Konsequenz. So wie der einzelne Sprecher nicht
bewusst die phonologischen und grammatikalischen Gesetze beim Sprechen anwendet, da er sonst den Faden seiner Gedanken verlieren würde, so »verlangt auch die Tätigkeit und der Gebrauch des mythischen
Denkens, daß seine Eigenschaften verborgen bleiben« (*Mythologica I*,
25). Das Denken, das Lévi-Strauss rekonstruieren möchte, muss den
Eingeborenen Zentralbrasiliens nicht als Bezugssystem bewusst sein.
Was er zeigen will ist nicht, »wie die Menschen in Mythen denken, sondern wie sich die Mythen in den Menschen ohne deren Wissen denken« (ebd., 26; vgl. Fleischmann 1970).

1.1.3 Jacques Lacan und die Psychoanalyse

Die strukturale Methode von Lévi-Strauss hat auch den Psychoanalytiker Jacques Lacan (1901-1981) angeregt. Wenn sich Verwandtschaftsverhältnisse und Mythen als Strukturen analysieren lassen, die
wie Sprache und Zeichen organisiert sind, dann bleibt es »uns überlassen, uns dieser Auffassung anzuschließen und den Niederschlag
der Sprachstruktur in der Psychoanalyse zu entdecken, wie es parallel zur Linguistik die Ethnographie bereits tut, wenn sie Mythen
nach einer Synchronie von Mythemen dechiffriert« (*Écrits 1*, 1966;
dt. *Schriften 1*, 1973, 127; als allgemeine Einführungen vgl. Borch-
Jacobsen 1999; Bowie 1994; Danis 1996; Dor 1992; Hammermeister; Lang 1986; Pagel 1991; Sarup 1992; Weber 1990; Widmer
1990; Žižek 2008; Biographie vgl. Roudinesco 1996).
    »Das Unbewußte«, so Lacan an einer anderen Stelle, »ist struktu-
riert wie eine Sprache« (*Le séminaire de Jacques Lacan. Livre XI: Les
quatre concepts de la psychanalyse*, 1973; dt. *Das Seminar von Jacques
Lacan, Buch XI. Die vier Grundbegriffe der Psychoanalyse*, 1987, 26):
dies ist die zentrale Formel, von der aus Lacan **die Freud'sche Psychoanalyse einer strukturalistischen Revision** unterzieht. Der
Grundgedanke ist erneut die These von Saussure, dass der Sinn in
einer Sprache durch die Differenzen erzeugt wird, in denen ihre Elemente zueinander stehen. Diese Einsicht überträgt Lacan auf das
Unbewusste und zieht daraus weitreichende Konsequenzen für die
Psychoanalyse. Zunächst gelingt ihm damit eine Verbindung, die in
der Freud'schen Theorie so nicht ausformuliert worden war. Bei
Freud sind einerseits die Träume der Königsweg zum Unbewussten,

andererseits spricht der Analysand in der Therapiesitzung aber nur über sie. Dem Analytiker dient also nicht direkt der Traum als Grundlage seiner Interpretation der Schwierigkeiten des Patienten, sondern dessen Einkleiden des Traumes in Sprache. Die Verbindung der Traumsymbolik mit der Sprache ist bei Freud nicht explizit theoretisch bedacht worden, und Lacan liefert mit seiner These eine Begründung nach, inwiefern die Traumsymbolik mit der Sprache zusammenhängt und die Therapie, die lediglich im Medium der Sprache vollzogen wird, dennoch eine Aufdeckung unbewusster Konflikte leisten kann. Unbewusstes und Sprache sind zwar nicht identisch, wohl aber gleich strukturiert, und deshalb kann sich das Sprechen bruchlos ans Unbewusste anschließen lassen (vgl. Heise, in: Taureck 1992, 60-81).

Das Ausbuchstabieren der zentralen Formel Lacans auf dem Hintergrund von Saussure zeigt auch, dass das wesentliche Moment der Struktur nicht das Signifikat (das Bezeichnete) ist, also die Bedeutung des Zeichens, sondern der bezeichnende Aspekt des Zeichens, der Signifikant. Zusammen mit anderen Signifikanten bildet der Signifikant die Struktur – es ist seine Position innerhalb der Struktur, seine Differenz zu anderen Signifikanten, die Sinn erst generiert. Dem Modell Saussures gegenüber wertet Lacan die Rolle des Signifikanten auf, der nun dem Signifikat übergeordnet ist. Sinn kommt zustande, nicht weil er als Wert innerhalb aller Elemente eines Systems durch Differenzen bestimmt wird, sondern weil der Signifikant artikuliert ist. »Das besagt, daß seine Einheiten [...] einer doppelten Bedingung unterworfen sind: Sie sind zurückführbar auf letzte differentielle Elemente, und diese wiederum setzen sich zusammen nach den Gesetzen einer geschlossenen Ordnung« (*Schriften 2*, 26). Die Signifikanten bilden untereinander eine Kette und erzeugen durch ihre Differenzen erst das Signifikat. Dadurch wird es dem Signifikanten nachgeordnet und von ihm abhängig. Trotzdem antizipiert das Signifikante »seiner Natur nach [...] immer den Sinn, indem es in gewisser Weise in seinem Vorfeld seine Dimension auftut« (*Schriften 2*, 27). Lacans Beispiele dafür sind Satzanfänge wie »Niemals werde ich ...«, die vor der signifikativen Wendung abbrechen. »Man kann also sagen, dass der Sinn in der Signifikantenkette insistiert, dass aber nicht ein Element der Kette seine *Konsistenz* hat in der Bedeutung, deren es im Augenblick gerade fähig ist.« (*Schriften 2*, 27).

Das Verhältnis von Signifikant und Signifikat dient Lacan auch dazu, Freuds Vorstellung von der **Verdrängung sprachtheoretisch zu reformulieren.** Saussure hatte im *Cours* dieses Verhältnis graphisch als einen Bruch dargestellt, bei dem an der Position des Nenners der

Signifikant steht und an der Position des Zählers das Signifikat. Da
nun das Signifikat bei Lacan sich erst als Effekt aus der Differenz
der Signifikanten untereinander ergibt, wird es von Lacan – indem
er den Bruch bei Saussure umdreht – als dem Signifikanten untergeordnet betrachtet. Den Strich des Bruchs interpretiert er dann als
eine grundlegende Barriere, die Signifikant als Zähler und Signifikat
als Nenner trennt: der Signifikant hält das Signifikat auf diese Weise
aus seinem Bereich entfernt, er drängt es weg. Trotzdem bleibt das
Signifikat in der gesamten Struktur vorhanden. Das Signifikat, sagt
daher Lacan, gleitet unaufhörlich unter dem Signifikanten (zu Lacan und der Philosophie vgl. Juranville 1990).

Signifikanten haben dadurch eine zentrale Rolle im Unbewussten
zugewiesen bekommen, und Lacan zieht daraus weitere Konsequenzen für seine psychoanalytische Theorie. Eine dieser Konsequenzen
besteht darin, die beiden Primärprozesse des Unbewussten, die
Freud als »Verschiebung« und »Verdichtung« bezeichnet hat, mit
den Mitteln der Sprachtheorie zu reformulieren. Er lässt sich dabei
– wie schon Lévi-Strauss – von dem Linguisten Roman Jakobson inspirieren. Für Jakobson gibt es zwei Grundoperationen der Sprache,
die entlang zweier Achsen verlaufen, dem Paradigma und dem Syntagma. Das Paradigma ist der Vorrat an ähnlichen Worten in einer
Sprache, die man unter ungefährer Wahrung des Sinns in einem bestimmten Satz austauschen kann; das ist das Prinzip der Metapher.
Das Syntagma ist die Abfolge von Worten in größeren Einheiten
wie z.B. in Sätzen, die durch die Sprache geregelt wird; das ist das
Prinzip der Metonymie. Die **Metapher** beruht auf Selektion und
Substitution aufgrund von Ähnlichkeit, auf der Möglichkeit, ein
Wort durch ein anderes zu ersetzen, die **Metonymie** dagegen auf der
Kombination von Worten zu größeren Einheiten, auf der Kontext-
bildung; das Wort wird nicht ersetzt, sondern durch weitere Worte
ergänzt. Lacan nimmt nun diese Unterscheidung auf und wendet sie
auf die Bewegung der Signifikanten an, als die zwei grundlegenden
Operationen der Signifikantenkette. Die Metonymie, für die Lacan
die Formel »Wort für Wort« (*Schriften 2*, 30) verwendet, entspricht
in seiner Deutung der Verschiebung: Die Bedeutung entsteht hierbei entlang der Kette der Signifikanten und ist nicht, wie bei Saussure, mit einem Signifikanten verbunden. Die Metapher, in Lacans
Formel »ein Wort für ein anderes« (*Schriften 2*, 32), entspricht der
Verdichtung, wenn z.B. die »Liebe« als »lachender Kiesel in der Son-
ne« bezeichnet wird. Durch den Austausch eines Signifikanten
durch einen anderen wird der ursprüngliche Signifikant verdrängt,
bleibt aber über das indirekte Bestehen seiner Bedeutung durch
Ähnlichkeit im neuen Signifikanten latent vorhanden. Beide Opera-

tionen zeigen Möglichkeiten, der Traumzensur zu entkommen, indem der latente Traumgedanke, wie es bei Freud heißt, im Trauminhalt zur Darstellung kommt.

Lacan entwirft auch eine neue **Theorie des Begehrens**. Aus dem Unbewussten kommen Triebe und Wünsche, die der Mensch erfüllt haben möchte. Als Säugling gelingt es ihm jedoch nicht, diese Wünsche deutlich zu artikulieren, da er nur über rudimentäre Ausdrucksweisen wie zum Beispiel Schreien verfügt. Indem der heranwachsende Säugling sprechen lernt, gelingt ihm zwar die deutlichere Artikulation seiner Wünsche, doch muss er Symbole benutzen, die in ihrer Allgemeinheit seine speziellen Wünsche nicht genau repräsentieren. Er tritt in eine symbolische Ordnung ein, die eine Zuordnung von Signifikat und Signifikant bereits geleistet hat, doch ist diese Zuordnung nicht seine eigene. Das Symbol steht nicht genau für die Sache, die das Kind begehrt, und folglich wird die Befriedigung des Wunsches nicht genau diejenige sein, die das Kind will. Das Begehren wird demnach nie wirklich gestillt, sondern immer am Laufen gehalten; es kommt zu einem fundamentalen Mangel. »Das Symbol stellt sich zunächst als Mord der Sache dar, und dieser Tod konstituiert im Subjekt die Verewigung seines Begehrens« (*Schriften 1*, 166).

Mit seiner **Theorie des Subjekts** knüpft Lacan einerseits an Saussure an, der die Sprache in ihrer sozialen Verankerung ja vom Individuum unabhängig machte, andererseits formuliert er damit einen Aspekt in der These Freuds aus, nach der das Ich nicht Herr im eigenen Hause ist. Das Subjekt, das spricht – das Kleinkind, das seinen Wunsch mit der bereits vorhandenen Sprache ausdrückt –, muss sich bei dieser Artikulation ganz der herrschenden Sprachordnung unterstellen und wird damit von ihren Wirkungen bemächtigt. Sein Begehren lässt sich nur innerhalb der vorgefundenen Sprache ausdrücken und wird dadurch in seinem Ausdruck ganz von ihr abhängig. Da aber diese Sprache das spezielle Begehren des Kleinkindes nicht auszudrücken vermag, kommt es zu einer Spaltung im sprechenden Individuum. Das Subjekt, das sein Begehren ausspricht, verfehlt sein eigentliches Begehren. Das Begehren, das artikuliert werden will, ist ein anderes als dasjenige, das artikuliert wird oder überhaupt artikuliert werden kann. Lacan spricht daher von einem Subjekt, das sein Begehren in Sprache fasst, einem bewussten Ich (frz. *moi*), und einem Subjekt, dessen Begehren nicht in einem sprachlichen Ausdruck aufgeht (frz. *je*). Dieses identifiziert er mit dem Freud'schen »Es«, das erstere mit dem Freud'schen »Ich«.

Damit löst er den zentralen Anspruch seiner Theorie ein, die unter dem Schlagwort »**Zurück zu Freud**« steht. Lacan möchte die Erkenntnisse von Freud mit Mitteln der Sprachtheorie reformulieren, um die Psychoanalyse auf ein neues Fundament zu stellen. In diesem Bemühen erweist er sich als Strukturalist und knüpft an Lévi-Strauss an, der mit dem gleichen Mittel dasselbe für die Ethnologie erreichen wollte.

1.1.4 Roland Barthes und die Semiologie

Die Anwendung der Erkenntnisse aus dem *Cours* von Saussure auch auf andere Gebiete als die Sprache führte Lévi-Strauss auf dem Feld der Ethnologie und Lacan auf dem Gebiet der Psychoanalyse aus. Es war daher nur eine Frage der Zeit, bis weitere Gebiete für eine strukturale Analyse entdeckt wurden. Der Kulturkritiker Roland Barthes (1915-1980) kann als derjenige gelten, der mit dem Gedanken einer **allgemeinen Semiologie** auf strukturalistischer Grundlage, wie sie Saussure vorschwebte, ernst gemacht hat. In gewisser Weise überbietet er dabei noch den Saussure'schen Gedanken, die »Sitten und Bräuche usw. als Zeichen« zu betrachten (*Grundfragen*, 21), indem nun prinzipiell alles zum Gegenstand einer strukturalen Analyse gemacht werden kann (als allgemeine Einführung vgl. Brown 1992; Culler 1983; Ette 2011; Kolesch 1997; Moriarty 1991; Rylance 1994; Biographie von Calvet 1993).

»Ein Kleidungsstück, ein Auto, ein Fertiggericht, eine Geste, ein Film, ein Musikstück, ein Bild aus der Werbung, eine Wohnungseinrichtung, ein Zeitungstitel – offenbar lauter bunt zusammengewürfelte Gegenstände. Was können sie miteinander gemein haben? Zumindest dies: Sie alle sind Zeichen« (Barthes: *Das semiologische Abenteuer*, 1988, 165).

Exemplarisch hat Barthes dies an der Mode durchgeführt und damit einen Gedanken von Lévi-Strauss aus der *Strukturalen Anthropologie* ausgeführt: »Die Mode – der willkürlichste und zufälligste Aspekt des sozialen Verhaltens – ist [...] für eine wissenschaftliche Untersuchung geeignet« (*Strukturale Anthropologie I, 72*). Um die Mode aber zum Gegenstand der Untersuchung zu machen, muss Barthes eine Umstellung des Saussure'schen Gedankens vornehmen: Anstatt wie Saussure die Linguistik als Teilgebiet der Semiologie zu verstehen, dreht Barthes dieses Verhältnis um. Die Semiologie wird Teilgebiet der Linguistik.

Den sachlichen Grund dafür sieht Barthes in seinem Untersuchungsziel. Es geht ihm in seinem Buch *Système de la mode* (1967; dt. *Die Sprache der Mode*, 1985) darum, die **Mode als einen Sinnzusammenhang** zu analysieren. Nun haben die einzelnen Gegenstände

der Mode – ein Rock, ein Schlips, ein Tuch – an sich selbst nicht
den Sinn, der für Barthes interessant ist. Sie sind einfach die Gegenstände, die sie sind, und ihren Sinn könnte man lediglich in ihrer
Funktion sehen. Das Sinnsystem, auf das es Barthes ankommt, soll
aber reichhaltiger sein; schließlich hatte bereits Saussure die »Semeologie« als Wissenschaft verstanden, »welche das Leben der Zeichen
im Rahmen des sozialen Lebens untersucht« (*Grundfragen*, 19).
Barthes ist daher nicht an den realen Objekten der Mode interessiert, sondern an der Bedeutung, die ihnen in der Sprache zugeschrieben wird. Folglich untersucht er, wie in den Modezeitschriften
über Mode geschrieben wird – er untersucht die geschriebene
Mode.

Die Sprache wird damit zur Grundlage aller Sinnzusammenhän-
ge, weil in ihr und durch sie Sinn für den Menschen kodiert wird.
Bestimmten Gegenständen wird in der Sprache ein Sinn zugeordnet,
den sie jenseits der Sprache nicht haben. »Der Mensch ist«, wie
Barthes schreibt, »verurteilt zur artikulierten Rede (frz. langage)«
(*Die Sprache der Mode*, 9) und keine Semiologie kommt an dieser
Tatsache vorbei. Die menschliche Sprache ist in ihrer Strukturierung
als System von Differenzen damit nicht mehr nur ein Modell des
Sinns, wie noch bei Lévi-Strauss oder Lacan, sondern auch seine
Grundlage. Möchte man eine Semiologie betreiben, die alle möglichen Gegenstände, wie z.B. eine Werbeanzeige, untersucht, muss
man sich darauf konzentrieren, wie über sie gesprochen wird. Jenseits der Sprache gibt es keinen Sinn. Die Semiologie beruht damit
auf der Sprache, und die Linguistik ist ihr vorgeordnet.

1.1.5 Michel Foucault und seine Archäologie

Bisher hatten sich die Strukturalisten im Wesentlichen auf eine Untersuchung der bedeutungskonstitutiven Rolle der Differenzen innerhalb der Strukturen eines bestehenden Systems beschränkt. Für
diese methodische Reduktion der Analysen auf einen statischen Zustand des Untersuchungsgegenstandes hat Saussure den Begriff der
»Synchronie« eingeführt – und dieser wiederum die Untersuchung
»diachronischer« Vorgänge der Entstehung und Entwicklung sprachlicher Systeme gegenübergestellt. Die Arbeiten von Michel Foucault
(1926-1984) bereichern den Strukturalismus zunächst, indem sie
ihn auf das Feld der Ideengeschichte ausdehnen und damit den Aspekt der »Diachronie« mit einbeziehen. Besonders in seinem Werk
Histoire de la folie (1961; dt. *Wahnsinn und Gesellschaft*, 1969) wird
deutlich, wie sich Foucault eine **strukturalistische Geschichtsschrei-**

bung denkt (vgl. Sloterdijk 1972). Das Thema des Buchs ist eine Geschichte des Wahnsinns, die sich nicht von der Psychopathologie oder der Psychiatrie leiten lässt, sondern von der These, dass der Wahnsinn durch eine ursprüngliche Trennung von Vernunft und Nicht-Vernunft entstanden ist. Wahnsinn wird demnach als ein Effekt verstanden, der aus einer Differenz entsteht, die ebenso wichtig für die Vernunft wie für den Wahn ist. Die Struktur, die durch diese Differenz erzeugt wird, »ist konstitutiv für das, was Sinn und Nicht-Sinn ist, oder vielmehr für jene Reziprozität, durch die sie miteinander verbunden sind. Diese Struktur allein kann über jene allgemeine Tatsache berichten, daß es in unserer Kultur keine Vernunft ohne Wahnsinn geben kann« (*Wahnsinn und Gesellschaft*, 12; als allgemeine Einführungen vgl. Dreyfus/Rabinow 1987; Jäger 1994; Kammler 1986; Kögler 1994; Marti 1988; Sarasin 2010; Rajchman 1985; Kammler u.a. 2008).

Das Material, auf das sich Foucault stützt, sind archivierte Dokumente und stammt nicht nur aus dem medizinischen Bereich, sondern zum Beispiel auch aus der Literatur. Diese Art der Geschichtsschreibung nennt Foucault »Archäologie«.

»Die Geschichte des Wahnsinns schreiben, wird also heißen: eine Strukturuntersuchung der historischen Gesamtheit – Vorstellungen, Institutionen, juristische und polizeiliche Maßnahmen, wissenschaftliche Begriffe – zu leisten [...] Sie muß versuchen, den ständigen Austausch, die dunkle, gemeinsame Wurzel und die ursprüngliche Gegeneinanderstellung zu entdecken, die ebensosehr der Einheit wie der Opposition von Sinn und Irrsinn einen Sinn verleiht« (ebd., 13).

Roland Barthes hat in einer Besprechung des Buches in der Zeitschrift *Critique* das Vorgehen von Foucault ausdrücklich als strukturalistisch gedeutet. Foucault bringe

»für jede Epoche an den Tag, was man anderswo die Bedeutungseinheiten nennen würde, deren Kombination diese Epoche definiert [...] Animalisches, Wissen, Laster, Müßiggang, Sexualität, Blasphemie, Ausschweifung, diese historischen Komponenten des Wahnsinnsbildes bilden so signifikante Komplexe nach Art einer historischen Syntax, die mit den Zeitaltern variiert; das sind, wenn man will, Klassen von Signifikaten, von riesigen ›Semantemen‹, deren Signifikanten selbst veränderlich sind, da der Blick der Vernunft nur ausgehend von seinen eigenen Normen, die aber selbst historisch sind, die Zeichen des Wahnsinns konstruiert« (zit. nach Schiwy 1984, 83).

Trotz dieser Vereinnahmung von Foucault für die Sache des Strukturalismus lassen sich auch in *Wahnsinn und Gesellschaft* bereits poststrukturalistische Motive finden, so dass sie nicht ganz Ausdruck und Umsetzung der reinen Lehre ist (s. Kap. 1.2.2; zu einer historischen Kritik an *Wahnsinn und Gesellschaft* vgl. Gauchet/Swain 1980).

Berühmt geworden ist Foucault mit seinem Buch *Les mots et les choses* (dt. *Die Ordnung der Dinge*, 1974) von 1966, in dem er seine **archäologische Methode** auf die Humanwissenschaften anwendet. Die geschichtliche Periode, die Foucault hier untersucht, erstreckt sich vom Ende des 16. Jahrhunderts bis ins 19. Jahrhundert mit Ausblicken in die Gegenwart; die Wissenschaften, die er untersucht, sind die Wissenschaften vom Leben, der Ökonomie und der Sprache. Anstatt aber eine Geschichte der Biologie, der politischen Ökonomie oder der Linguistik zu schreiben, vergleicht Foucault die Wissenschaften in einer bestimmten Epoche miteinander und stellt Isomorphien in ihrer Organisation fest. Er sieht »ein Netz von Analogien deutlich werden, das die traditionellen Nachbarschaften überschritt: in den Wissenschaften der Klassik findet man zwischen der Klassifikation der Pflanzen und der Geldtheorie, zwischen dem Begriff des gattungsmäßigen Merkmals und der Analyse des Handels Isomorpheme, die die außerordentliche Vielfalt der in Betracht gestellten Objekte zu ignorieren scheinen« (*Die Ordnung der Dinge*, 11).

Diese Isomorphien, so die Hauptthese des Buches, verdanken sich einem zugrundeliegenden System, das in einer bestimmten Weise organisiert ist und das Foucault »Episteme« nennt. Die Episteme strukturiert das Wissen und die Erfahrung ihrer jeweiligen Epoche und ist dem praktizierenden Wissenschaftler nicht bewusst. Obwohl Foucault nicht den Begriff der Struktur benutzt, lässt sich seine Episteme mit dem Strukturbegriff gleichsetzen, wie ihn z.B. Lévi-Strauss bei seiner Mythenanalyse verwendet hat. So wie sich die Mythen als Effekt einer zugrundeliegenden Struktur verstehen lassen, so sind die einzelnen Humanwissenschaften in ihrer Epoche ein Effekt der zugrundeliegenden Episteme.

Im Einzelnen charakterisiert Foucault die Episteme der Renaissance mit dem Begriff der »Ähnlichkeit«, die der Klassik mit dem Begriff der »Repräsentation« und die der Moderne mit dem Begriff des »Menschen«. Das Aufsehen, welches das Buch erregt hat, beruht darauf, dass Foucault über die Episteme der Moderne hinausgeht und seine eigene Untersuchung in das Feld anderer strukturalistischer Versuche einordnet. Aus dieser Perspektive heraus wird die Episteme des »Menschen« verabschiedet, wie der »Mensch« die »Repräsentation« und diese die »Ähnlichkeit« ablöste. So endet das Buch mit den berühmt gewordenen Worten: »Wenn diese Dispositionen verschwänden [...] dann kann man sehr wohl wetten, daß

der Mensch verschwindet wie am Meeresufer ein Gesicht im Sand«
(ebd., 462).

Foucaults frühe Arbeiten verdanken sich seiner Methode der »Archäologie«, einer speziellen Art der Geschichtsschreibung, die er in Anlehnung an den Strukturalismus entwickelt hat. Sein Buch *L'archéologie du savoir* (1969; dt. *Archäologie des Wissens*, 1974) ist der Versuch, diese Methode als ein theoretisches Programm zu reflektieren, ohne die Abhängigkeiten vom Strukturalismus allzu deutlich werden zu lassen. Dennoch teilt Foucault viele seiner Grundprämissen: Am deutlichsten zeigt sich das daran, dass auch die Archäologie im Wesentlichen Dokumente untersucht, genau wie Lévi-Strauss in seiner Mythenanalyse, und diese nicht mehr auf einen jenseits von ihnen liegenden Sinn interpretiert, sondern in ihrem Verhältnis zueinander untersucht; deshalb behauptet er auch von sich: »ich bin ein glücklicher Positivist« (*Archäologie*, 182). Von daher kann Foucault sagen, dass es ihm um die Beziehungen von Aussagen geht, deren Formen der Verteilung ihn interessieren und die als bestimmte Gruppen Diskurse bilden. Innerhalb der Diskurse formieren sich auf eine spezifische Art Diskursgegenstände (worüber der Diskurs spricht), Äußerungsmodalitäten (verschiedene Positionen, die Subjekte im Diskurs zugewiesen bekommen), Begriffe und schließlich Strategien (was der Diskurs als Möglichkeiten realisiert und was nicht). In seiner »Archäologie«, so könnte man sagen, ersetzt Foucault den Begriff der »Struktur« durch den des »Diskurses« und erreicht mit den Operationen, denen er den Diskurs dann unterzieht, eine Ausdifferenzierung der »strukturalen Tätigkeit«. Die Zerlegung der wesentlichen Elemente eines Untersuchungsgegenstandes in Oppositionen und Ähnlichkeiten, wie noch bei Lévi-Strauss, wird durch die Analyse der Beziehungen der Aussagen untereinander ersetzt (vgl. Kremer-Marietti 1976).

Die Archäologie hat sich von der Geschichtsschreibung, wie sie auch von Theoretikern um die Zeitschrift *Annales* herum praktiziert worden ist (vgl. Veyne 1992), inspirieren lassen und orientiert sich nicht mehr an den klassischen Begriffen der Geschichtswissenschaft. Ihr geht es nicht um Kontinuität, sondern um Diskontinuität, nicht um das Regelmäßige, sondern den Bruch, nicht um eine globale Geschichte, sondern um Serien, Ausschnitte und Grenzen. Auch das Subjekt taucht in ihr nicht als Motor und Macher der Geschichte auf, vielmehr verschwindet es im Diskurs – doch damit tritt die Archäologie aus ihrem unmittelbar strukturalistischen Rahmen bereits heraus (s. Kap. 1.2.2).

1.1.6 Fazit: Der Sinn der methodischen Konzentration auf Strukturen

Die Bewegung des Strukturalismus folgt dem sogenannten »**linguistic turn**«, der philosophischen Hauptidee des 20. Jahrhunderts, alles auf Sprache zurückzuführen. Die Grundüberlegung dabei ist einfach: weil alle unsere Erkenntnisse in Sprache ausgedrückt werden müssen, wird die Struktur der Sprache zur Voraussetzung von allem, was sich in ihr ausdrücken lässt. Als allgemeine kultur- bzw. geisteswissenschaftliche Methode lebt der Strukturalismus von der Ausweitung der sprachtheoretischen Überlegungen Saussures auf alle Sinnsysteme und geht sogar einen Schritt weiter, indem der Grundgedanke Saussures, dass die Differenzierung der Elemente untereinander Sinn generiert, zur Basis des Denkens selbst gemacht wird. Damit wird die Anordnung der Elemente innerhalb einer Struktur zur allumfassenden Grundlage, die nur noch der »**strukturalistischen Tätigkeit**« (Barthes) unterzogen werden muss.

Mit diesem Stichwort hat Roland Barthes das strukturalistische Vorgehen charakterisiert. Es »umfasst zwei typische Operationen: **Zerlegung** und **Arrangement**« (Barthes in: Schiwy 1984, 155). Das Untersuchungsobjekt wird in seine kleinsten Einheiten zerlegt, deren Differenzen untereinander den Sinn hervorbringen. Als Einheiten haben sie daher allein keine Bedeutung; erst ihr Zusammenhang in einer Struktur schafft diese Bedeutung. »Den gesetzten Einheiten muß der strukturale Mensch Assoziationsregeln ablauschen oder zuweisen; das ist die Tätigkeit des Arrangierens« (ebd., 156). Ziel ist es, »ein ›Objekt‹ derart zu rekonstruieren, daß in dieser Rekonstitution zutage tritt, nach welchen Regeln es funktioniert [...] Der strukturale Mensch nimmt das Gegebene, zerlegt es, setzt es wieder zusammen« (ebd., 154) – um es verständlich zu machen.

Diese Methode und ihre Anwendbarkeit auf verschiedene Gebiete hat den Erfolg des Strukturalismus begründet, stellt sie doch ein rational nachvollziehbar und geordnetes Verfahren bereit, mit dem Zusammenhänge begreifbar gemacht werden können, die in dieser Form vorher unbekannt waren. Damit erfüllt der Strukturalismus die Anforderungen einer Wissenschaftlichkeit, deren Fehlen den sogenannten Geisteswissenschaften, die nicht die Exaktheit der Naturwissenschaften aufweisen, oft genug zum Vorwurf gemacht wird. Der Strukturalismus nähert sich mit seiner Betonung von Form, Funktion, Struktur, Anordnung der Elemente etc. der Mathematik an und verspricht dadurch eine Objektivität, die andere Methoden, wie etwa die »Einfühlung« in der Hermeneutik, vermissen lassen. Die Ergebnisse, die eine strukturale Analyse zutage bringt, scheinen

dadurch besser gerechtfertigt zu sein; sie sind dem Anspruch nach
»wissenschaftlicher«.

Die Erfüllung dieses Anspruchs erreicht der Strukturalismus
durch zwei wesentliche Grundentscheidungen. Zum einen hat er
sich festgelegt, wie er »**Sinn**« verstehen möchte: als Effekt der Differenzierung von Einheiten, die an sich ohne Bedeutung sind. Alles,
was der Strukturalist auf dieser Basis leisten muss, ist, die entsprechenden Einheiten zu isolieren und in eine solche Ordnung zu bringen, dass eine neue Bedeutung, der eigentliche Sinn, aufgezeigt werden kann. Dieser steht aber nicht mehr hinter den Einheiten, die
ihn verdecken, sondern resultiert aus ihrer Anordnung. Als Effekt
einer vorgängigen Struktur aber erscheint der Sinn damit nicht länger als ein verborgenes Rätsel, das es zu entdecken gilt, sondern als
klare und nachweisbare Tatsache, die sich aus der Analyse einzelner
Strukturelemente und ihrer Relationen ablesen lässt.

Zum anderen verzichtet der Strukturalismus, wie auch die klassische Naturwissenschaft, auf die **Kategorie des Subjekts**, die in den
neuzeitlichen Humanwissenschaften eine zentrale Rolle gespielt hat.
Der Mensch muss mithin nicht mehr, zum Subjekt erhöht, die Rolle des Sinnstifters spielen und damit Erklärungslücken füllen, sondern kann, innerhalb der wissenschaftlichen Untersuchung der Entstehung von Sinnzusammenhängen, durch die Struktur ersetzt
werden. Der Strukturalismus zeigt dabei, dass auch das Subjekt ein
Effekt der Strukturen ist und über viel weniger Macht und Autono-
mie verfügt, als die Tradition ihm zugeschrieben hat. Auch hier ist
die Sprache das Paradigma: Das System der Sprache ist dem Sprechen des Einzelnen vorgängig. Das ist bei Saussure in der Gegen-
überstellung von »langue« und »parole« angelegt und von den Strukturalisten auf alle Sinnsysteme ausgeweitet worden. Diese
Ausweitung führt die Strukturalisten dazu, nach »invarianten Strukturen des menschlichen Geistes« (Frank 1984, 64) zu suchen. So
kommt es zur metaphysischen Erhöhung der linguistischen Aus-
gangsthesen. Anlässlich der zentralen Betonung der Struktur kann
man sogar von einem »Kantianismus ohne transzendentales Subjekt«
sprechen, wie dies Paul Ricœur in Bezug auf das Werk von Lévi-
Strauss getan hat, der ihm darin zustimmte (Lévi-Strauss: *Mythos
und Bedeutung*, 79).

Für den großen Erfolg des Strukturalismus ist darüber hinaus die
Tatsache nicht zu unterschätzen, dass er gerade in seiner formalen
Ausrichtung Anschluss an die Künste seiner Zeit gefunden hat – wie
zum Beispiel an die abstrakte Malerei und die serielle Musik. So be-
ruft sich z.B. Foucault auf den Komponisten Pierre Boulez und den
Maler Paul Klee (in: *Von der Subversion des Wissens*, 19f.). Diese Ver-

bindung haben die Strukturalisten selbst immer wieder betont, allen
voran Lévi-Strauss, der sogar sein Hauptwerk *Mythologica* anhand
musikalischer Formen strukturierte, da Mythos und musikalische
Werke beide Sprachen seien (*Mythologica I*, 31). Eine solche Nähe
zur zeitgenössischen Kunst ist ein Phänomen, das uns beim Poststrukturalismus wieder begegnen wird.

1.2 Die Entstehung des Poststrukturalismus aus der Kritik am Strukturalismus

So erfolgreich der Strukturalismus war, so stark wurde er auch kritisiert. Kritische Einsprüche kamen von außen, zum Beispiel von
Jean-Paul Sartre, der die methodische Reduktion auf die Untersuchung von Strukturen als ahistorisch kritisierte und sich vor dem
Hintergrund seiner eigenen, existentialistischen Position vor allem
gegen die in seinen Augen ebenso inhumane wie ideologische Verabschiedung des tätigen Subjekts wandte (Sartre in: Schiwy 1984,
212ff.). Kritisiert wurden zentrale Grundlagen und Konsequenzen
des Strukturalismus aber auch von seinen eigenen Vertretern. Hatte
die paradigmatische Ausrichtung an einem geschlossenen System
linguistischer Strukturen einerseits den wissenschaftlichen Anspruch
und Erfolg des Strukturalismus begründet, so stießen andererseits
die Strukturalisten im Zuge ihrer Analysen nun selber an die Grenzen dieser Systeme. Der Versuch, einem als totalitär empfundenen
Ausschluss durch die Grenzen der Systeme zu entgehen, setzt somit
bereits in den Arbeiten der Strukturalisten selber ein. Dieser Versuch
markiert den **Übergang vom Strukturalismus zum Poststrukturalismus** – und insofern dieser Übergang quer durch das Werk einzelner
Denker verläuft, ist ihre eindeutige Zuordnung zu entweder dem
Strukturalismus oder dem Poststrukturalismus zumindest problematisch. Über den Übergang vom Strukturalismus zum Poststrukturalismus entscheidet hier die Frage, ob und wieweit der entsprechende
Denker sich in einem jeweiligen Text kritisch oder affirmativ zu den
theoretischen Grundüberzeugungen des Strukturalismus verhält und
in welche Richtung er sie gegebenenfalls weiterführt.

1.2.1 Der späte Roland Barthes und der Übergang zum Poststrukturalismus

Der Übergang vom Strukturalismus zum Poststrukturalismus verdankt sich bei Roland Barthes dem Einfluss anderer, zumal jüngerer Zeitgenossen, zu denen er in seiner Autobiographie neben Jacques Derrida den Schriftsteller Philippe Sollers, seine Schülerin, die Psychoanalytikerin und Philosophin Julia Kristeva und auch Lacan zählt (*Roland Barthes par Roland Barthes*, 1975; dt. *Über mich selbst*, 1978, 158). Vielleicht trug auch seine nachlassende Begeisterung für die Lehre von der Bedeutungsstiftung der Oppositionspaare dazu bei, den strikten Binarismus, der aus Saussures Theorie der Differenzbildung der Elemente in einem System folgt. So schreibt Barthes in seiner Autobiographie *Über mich selbst*:

»Eine Zeitlang begeisterte er sich für den Binarismus; der Binarismus war für ihn ein wirkliches Liebesobjekt [...] Daß man alles mit einer einzigen Unterscheidung sagen könne, erzeugt in ihm eine Art Freude, eine nicht endende Verwunderung [...] Von der Semiologie sollte (ihn) das abbringen, was fürs erste deren Lustprinzip war: eine Semiologie, die dem Binarismus entsagt hat, geht ihn kaum noch etwas an« (ebd., 56f.).

Der Übergang von seiner strukturalistischen zur späteren poststrukturalistischen Position lässt sich bei Barthes an der Orientierung am »Text« statt am »Werk« ablesen: Dies ist die Umorientierung von einer geschlossenen Struktur (dem Text) zu einem offenen Prozess (dem Werk). Dazu hat ihn sicherlich die Lektüre von Derrida angeregt, denn »Sinn« erscheint bei Barthes nun nicht mehr als feste Zuordnung von Bedeutungen und Bedeutungsträgern, von Signifikat und Signifikant in einem Code: »Es geht nicht mehr darum, in der Lektüre der Welt und des Subjekts Entgegensetzungen zu finden, sondern Ausbrechen, Übertreten, Fluchten, Verschiebungen, Verlagerungen, Abgleiten« (*Über mich selbst*, 76). »Sinn«, so drückt Barthes einen bereits stark von Derrida inspirierten Gedanken aus, »gibt es, doch dieser Sinn läßt sich nicht ›erfassen‹, er bleibt fließend, in einem leichten Sieden erbebend« (ebd., 107). Die Struktur, durch deren Analyse ein solcher Sinn sich wenn schon nicht eindeutig erfassen, so doch wenigstens in seiner Bewegung beschreiben lassen soll, stellt sich für Barthes nicht länger als ein geschlossenes System dar – sondern als ein grundsätzlich offener »texte générale«.

Mit der Abwendung vom Strukturalismus tauchen auch **andere Themen** in den Schriften von Barthes auf. Dazu zählt z.B. der »Körper« und das »Begehren«, was sich dem Einfluss des *L'Anti-Oedipe* (1972; dt. *Anti-Ödipus,* 1977) von Gilles Deleuze und Félix

Guattari, aber auch Lacan verdankt. Beispielhaft ist hierfür das
Buch *Le plaisir du texte* (1973; dt. *Die Lust am Text*, 1974), in dem
Barthes nicht mehr streng theoretisch und systematisch, sondern
eher essayistisch den Beziehungen zwischen **Lust, Begehren und
Genießen** beim Lesen nachspürt und bewusst den Doppelsinn von
»Corpus« als »Text« und »Körper« in der Schwebe hält. Später dann
taucht das Thema »Macht« im Zusammenhang mit Sprache auf, was
sich wiederum seiner Lektüre der Schriften Foucaults verdankt, der
ab Anfang der 70er Jahre mit seiner »Genealogie« die Untersuchung
von Machtverhältnissen und ihrer Ausübung in den Mittelpunkt
seines Denkens stellt. In seiner 1977 unter dem Titel *Leçon* (dt. *Le-
çon/Lektion*, 1980) gehaltenen Antrittsvorlesung am Collège de
France stellt sich für Barthes der Zwang der Strukturen der Sprache
als geradezu »faschistoid« dar, dem er einen vermeintlich subversiven
Sprachgebrauch durch die Dichtung gegenüberstellt, die eine eigene
Sprache der Begierde kreiert. Aber auch das Thema der Macht verfolgt Barthes nicht weiter, sondern wendet sich in seinen letzten
Jahren verschiedenen Themen wie z.B. der Photographie zu.

Die Entwicklung Roland Barthes' vom Strukturalismus zum
Poststrukturalismus ist auch eine Entwicklung von dem Anspruch
strenger Wissenschaftlichkeit **zum freien und assoziativen, zum es-
sayistischen Schreiben**. Er kann dabei nicht wirklich zu den Theoretikern des Poststrukturalismus gezählt werden – dazu stehen seine
Texte ihrem philosophischen Gehalt nach zu sehr unter dem Einfluss anderer poststrukturalistischer Denker – sondern eher zu denjenigen, die poststrukturalistische Themen und Motive in litera-
risch-essayistischer Weise verarbeiten. Die Nähe zu Kunst und
Literatur wird von ihm zwar schon für die »strukturalistische Tätigkeit« reklamiert, doch kommt sie erst mit der Abwendung vom or-
thodoxen Strukturalismus zum Tragen. Daher kann man sagen, dass
sich Barthes im Sinne seiner Unterscheidung von 1960 (*Écrivains et
écrivants*; dt. *Schriftsteller und Schreiber*, in: *Literatur oder Geschichte*,
1969, 44ff.) von einem »écrivant« zu einem »écrivain« entwickelt
hat: Der »écrivant«, der Schreiber, übt eine Tätigkeit aus und
schreibt *etwas*. Der »écrivain«, der Schriftsteller, arbeitet mit der
Sprache und *schreibt.*

1.2.2 Michel Foucault – Zwischen Strukturalismus und Poststrukturalismus

Im Unterschied zu Roland Barthes, dessen Entwicklung vom Strukturalismus zum Poststrukturalismus hin verlief, ist Michel Foucault

vielleicht derjenige Philosoph, dessen Haltung Ende der 60er Jahre
am stärksten zwischen Strukturalismus und Poststrukturalismus
schwankte. Er selbst hat zwar das Etikett »Strukturalist« weit von
sich gewiesen, doch lassen sich strukturalistische Gedanken bereits
beim frühen Foucault finden (s. Kap. 1.1.5). Vielleicht verdankt
sich diese Ablehnung der Befürchtung, dass die Originalität des eigenen Ansatzes durch dessen Einordnung in den Kontext einer philosophischen Schule verkannt werden könnte (so Marti 1988, 57). Bestimmte Retuschen an frühen Werken verstärken diesen Verdacht: So
spricht Foucault in der ersten Auflage der *Naissance de la clinique* (dt.
Die Geburt der Klinik, 1988) von 1962 noch von einer »strukturalen
Analyse des Signifikats«. In der zweiten Auflage von 1972 ist dieser
Passus durch den Begriff der »Diskursanalyse« ersetzt worden.

   Trotzdem tritt Foucault auch als **Kritiker des Strukturalismus**
auf (vgl. Münster 1987). Beispielhaft ist hierfür *Die Ordnung der
Dinge*, die schon von ihrer diachronen, d.h. den geschichtlichen
Verlauf untersuchenden Anlage her eine implizite Kritik an der Tendenz zur starren und ahistorischen Verabsolutierung des Strukturge-
dankens vorbringt. Foucault zeigt ja gerade nicht eine Episteme, aus
der mittels geeigneter Transformationen die anderen Epistemai her-
vorgehen; dies wäre das Verfahren von Lévi-Strauss gewesen, wenn
es konsequent auf die Ideengeschichte angewendet worden wäre.
Anstatt eine Episteme als grundlegend und umfassend zu identifizieren, arbeitet Foucault vier Epistemai heraus, zwischen denen es allerdings keine Verbindung gibt. Der Übergang von einer zur anderen kann nur als Bruch beschrieben werden, als Effekt einer
Diskontinuität, die im Gegensatz etwa zur Ausweitung der Struktur
der Mythen auf eine universale Struktur des Geistes bei Lévi-Strauss
steht. Insofern Foucault Historiker ist, bezieht er den Saussure'schen
Gedanken der Diachronie auf die Struktur selbst, im Gegensatz zum
Strukturalismus, der gerade dadurch erfolgreich war, dass er sich auf
eine synchrone Betrachtung beschränkte. Als Episteme, die sich um
die Verabschiedung des »Menschen« herum organisiert, ist der
Strukturalismus bei Foucault selbst ein Abschnitt in der Ideengeschichte und kann daher keinen absoluten Anspruch seiner Ergebnisse behaupten. Die diskontinuierliche Geschichte des Denkens
wird daher »von jeglichem transzendentalen Narzißmus« (*Archäologie des Wissens*, 289) befreit. Eine Befreiung, die Foucault bewusst
als Seitenhieb auf Lévi-Strauss verstanden wissen wollte.

   Die Betonung der Diskontinuität in der Abfolge der Epistemai
verbindet Foucault mit der Verabschiedung des Subjekts, und darin
zeigt sich eine poststrukturalistische Weiterentwicklung dieses Themas. In der *Archäologie des Wissens* sagt Foucault:

»Die kontinuierliche Geschichte ist das unerläßliche Korrelat für die Stifter-funktion des Subjekts [...] Aus der historischen Analyse den Diskurs des Kontinuierlichen machen und aus dem menschlichen Bewußtsein das ur-sprüngliche Subjekt allen Werdens und jeder Anwendung machen, das sind die beiden Gesichter ein und desselben Denksystems« (ebd., 23).

Der Versuch der Archäologie, eine neue Art der Geschichtsschrei-bung zu praktizieren, speist sich hier bereits teilweise aus poststruk-turalistischen Motiven. Die Ablehnung einer totalen Geschichte, die alle Entwicklung aus einem Prinzip herleitet, gehört dazu, die Ver-abschiedung der Rolle des Subjekts, das in den Diskursen aufgeht ebenfalls, sowie die Betonung des Ausschlusses, der durch einen Diskurs erfolgt.

Dieses Motiv taucht bereits ganz früh in *Wahnsinn und Gesell-schaft* auf und hat sich als eines der grundlegenden Theoreme des Poststrukturalismus erwiesen. Jede Abgrenzung eines Begriffes wie »Vernunft« ist notwendig immer auf sein Gegenteil, den »Wahn-sinn«, bezogen und kann nicht von ihm abgetrennt werden. Gleich-zeitig stellt diese Bezogenheit immer eine Hierarchie her, bei der ei-ner der Begriffe als der schlechte, falsche, abgeleitete, unwesentliche abgewertet wird. Diese Abwertung ist die Bedingung dafür, dass der erste Begriff seine Stärke gewinnt, von der aus er seinen Ausschluss überhaupt erst vollziehen kann. Ohne sein Gegenteil jedoch wäre er nie das, was er von sich behauptet. Diese Struktur, die sich in vielen Variationen durch die unterschiedlichsten poststrukturalistischen Texte zieht, kann zum ersten Mal in diesem frühen Werk von Fou-cault gefunden werden.

Trotz seiner insgesamt ambivalenten Haltung kann man sagen, dass sich Foucault ab der *Ordnung der Dinge* immer mehr vom Strukturalisten zum Poststrukturalisten entwickelt hat. Ein zentraler Antrieb dabei war sicherlich ein Problem, das *Die Ordnung der Din-ge* implizit gestellt, aber nicht beantwortet hatte: Wie kommt es, dass eine Episteme durch eine andere abgelöst wird? Ein historisches Denken, das radikal alles dem geschichtlichen Verlauf unterwerfen möchte und jegliches Postulieren einer überhistorischen Struktur als Transzendentalismus ablehnt, muss sich zu dieser Frage äußern. Es kann nicht beim schlichten Feststellen einer Abfolge stehen bleiben. Außerdem wird die Position unverständlich, von der aus Foucault spricht. Von der schon folgenden Episteme aus? Und wenn ja, mit welchem Recht kann seine Position Wahrheit für sich beanspruchen, wenn es doch keine transhistorische Gültigkeit gibt, wenn Wissen Effekt einer Episteme ist, die in der Geschichte immer wieder abge-löst wird von einer anderen Episteme? Diesen Fragen hatte sich Foucault schon in der *Archäologie des Wissens* gestellt, doch ist er erst

mit seinem neuen Entwurf einer »Genealogie« zu einer Antwort gekommen (s. Kap. 2.3). Mit dieser Antwort hat Foucault sich soweit
vom Strukturalismus distanziert, dass er als Poststrukturalist bezeichnet werden kann.

1.2.3 Jacques Lacan und die schwierige Grenzziehung zwischen Strukturalisten und Poststrukturalisten

Am schwierigsten einzuordnen ist Lacan. Poststrukturalistisch an
seiner Theorie ist seine Thematisierung des Subjekts als Effekt der
Sprachstruktur, sein Stil, der in einer konsequenten Weigerung,
Thesen zu formulieren, die Bewegung der Signifikanten nachzeichnen und bei der Lektüre erfahrbar machen will, sowie die These,
dass sich der Sinn einer beliebigen Äußerung nie festhalten lasse, da
die Signifikanten dem Signifikat übergeordnet sind und durch die
beiden Operationen der Metonymie und der Metapher jegliche Bedeutung immer wieder verschoben wird. Was uns später bei Derrida
(s. Kap. 2.1) wieder begegnen wird, drückt Lacan in diesem Zusammenhang so aus: »Tatsächlich gibt es keine signifikante Kette, die,
gleichsam an der Interpunktion jeder ihrer Einheiten eingehängt,
nicht alles stützen würde, was sich an bezeugten Kontexten artikuliert, sozusagen in der Vertikalen dieses Punktes« (*Schriften 2*, 28).
    Obwohl Lacan mit dem Hinweis auf die Verschiebungen im Ver-
hältnis von Signifikat und Signifikant ganz poststrukturalistisch das
Gleiten des Sinns bemerkt, gibt es immer wieder Versuche in seiner
Theorie, dieses Gleiten aufzuhalten, die Bewegung gewissermaßen
zu arretieren – und darin bleibt er wiederum Strukturalist. Er bemüht sich gleichsam, die verrückte Mitte wieder zu besetzen. Einer
dieser Versuche ist die Einführung des Begriffs »Steppunkt«, »durch
den der Signifikant das Gleiten der Bedeutung, das sonst unbe-
grenzt wäre, anhält« (*Schriften 2*, 180). Die Funktion des Steppunk-
tes besteht nach Lacan in seinem diachronen Aspekt, »insofern nämlich der Satz seine Bedeutung erst mit seinem letzten Term fixiert,
wobei ein jeder Term in der Konstruktion der übrigen antizipiert
wird und umgekehrt deren Sinn dadurch, dass er auf sie zurück-
wirkt, besiegelt« (ebd.). Dies aber klingt nun eindeutig so, als ließe
sich der Sinn doch fixieren und besiegeln – und widerspricht damit
der eigenen, schon poststrukturalistischen Überzeugung der Unmöglichkeit, einen solchen »letzten Term« je fixieren zu können.
    Die Idee eines festgestellten Sinns findet sich bei Lacan auch in
seiner Rede vom »vollen Sprechen«, das mit dem Gedanken einer
Wahrheit verbunden ist, um die es in der Psychoanalyse gehe:

»[E]s handelt sich in der psychoanalytischen Anamnese nicht um Realität, sondern um Wahrheit; denn es ist die Wirkung des vollen Sprechens, die Kontingenz des Vergangenen neu zu ordnen, indem es ihr den Sinn einer zukünftigen Notwendigkeit gibt, wie sie konstituiert wird durch das bißchen Freiheit, mit dem das Subjekt sie vergegenwärtigt« (*Schriften 1*, 95).

Solche Passagen vertragen sich gleichfalls nur schlecht mit der poststrukturalistischen Grundauffassung, wonach Sinn immer flüchtig und Wahrheit daher durchgängig ein problematischer Begriff ist. Besonders das »volle Sprechen« hat entsprechend auch die Kritik von Derrida herausgefordert, der in einem Interview dahinter natürlich die alten metaphysischen Themen der »Präsenz«, »Abgeschlossenheit« etc. vermutet (Derrida in: *Positions* 1972; dt. *Positionen*, 1986, 158ff.).

Ein anderer Versuch Lacans, die strukturalistische Methode gegen die eigene Überzeugung zu retten, ist seine **Theorie des »Phallus«**, den er als einen besonderen Signifikanten unter allen anderen Signifikanten auszeichnet. Der Phallus »ist der Signifikant, der bestimmt ist, die Signifikatswirkungen in ihrer Gesamtheit zu bezeichnen, soweit der Signifikant diese konditioniert durch seine Gegenwart als Signifikant« (*Schriften 2*, 126). Diese Auszeichnung des Phallus als ausgezeichnetem Signifikanten verträgt sich wiederum nur schlecht mit der poststrukturalistischen Idee, dass es innerhalb des bedeutungskonstitutiven Spiels der Differenzen einen ersten oder letzten bedeutungstragenden Signifikanten sowenig geben kann, wie außerhalb der Signifkantenketten ein sinnstiftendes Signifikat. Auch diesbezüglich ist Lacan entsprechend heftig kritisiert worden, unter anderem wiederum von Derrida in dessen Buch *La carte postale. De Socrate à Freud et au-delà* (1980; dt. *Die Postkarte. Von Sokrates bis Freud und Jenseits, 2 Bände,* 1982 und 1987, Bd. 2, 185-281), der den »Phallogozentrismus« der Lacan'schen Psychoanalyse angreift und damit seine Kritik an der abendländischen metaphysischen Logosauffassung als eine Kritik an der zentralen Stellung des Phallus bei Lacan explizieren kann.

Wenn die Schriften von Barthes, Foucault und Lacan es auch verbieten, ihre Autoren eindeutig entweder als Strukturalisten oder als Poststrukturalisten zu bezeichnen, so ermöglicht die kritische Wende, mit der sich jeder von ihnen gegen bestimmte methodische Grundannahmen des Strukturalismus wendet, das Auftauchen des Poststrukturalismus. Vor diesem Hintergrund wollen wir nun dessen Grundideen zusammenfassen.

1.3   Die Philosophie des Poststrukturalismus

Der französische Strukturalismus ist weniger eine Theorie als eine
Methode. Die »strukturalistische Tätigkeit« (Roland Barthes), das
haben wir gesehen, besteht im Wesentlichen darin, bestimmte Ausdrucksweisen menschlichen Denkens und Handelns als Manifesta-
tionen zugrundeliegender, allgemeiner Strukturen zu interpretieren.
Wie jede wissenschaftliche Vorgehensweise birgt allerdings auch die
strukturalistische Methode theoretische Annahmen. Die kritische
Auseinandersetzung mit dem Strukturalismus, aus der im Laufe der
1960er Jahre der Poststrukturalismus hervorgeht, ist vor allem eine
Auseinandersetzung mit den theoretischen Voraussetzungen und
Implikationen des Strukturalismus. Eine solche Auseinandersetzung
mit den offenen oder verdeckten Grundannahmen einer Theorie
fällt in das Tätigkeitsfeld der Philosophen. Die Abgrenzung zu dieser philosophischen Perspektive findet sich explizit bei Lévi-Strauss,
wenn er über seine Arbeit schreibt: »Der Ethnologe fühlt sich nicht
wie der Philosoph genötigt, die Tätigkeitsbedingungen seines eigenen Denkens zum Prinzip der Reflexion zu erheben [...]« (Lévi-
Strauss: *Mythologica I*, 24). In diesem Sinn handelt es sich beim
Poststrukturalismus im Gegensatz zum Strukturalismus weniger um
eine wissenschaftliche Methode als um eine Philosophie. Vor dem
Hintergrund der Entstehungsgeschichte des Poststrukturalismus als
Kritik am Strukturalismus lassen sich nun die Grundzüge der Philosophie des Poststrukturalismus zusammentragen – einer Philosophie, die gewissermaßen den kleinsten gemeinsamen Nenner der
nicht nur unterschiedlichen, sondern teilweise gegensätzlichen Positionen der poststrukturalistischen Autoren darstellt.

Rekapitulieren wir kurz: Die allgemeinen Strukturen, die den
Strukturalisten zufolge allen Bereichen des menschlichen Denkens
und Handelns zugrunde liegen, sind die Strukturen der Sprache,
deren Beschreibung sie der linguistischen Theorie von Ferdinand
de Saussure entnehmen. Die Geschichte des französischen Strukturalismus lässt sich auch erzählen als die Geschichte einer sukzes-
siven Ausweitung der Saussure'schen Linguistik und ihrer Terminologie auf alle Bereiche der Kulturwissenschaften in den 50er
Jahren. Mit der Anwendung der strukturalistischen Methode auf
Ethnologie, Semiologie, Philosophie und Psychoanalyse vollziehen
die französischen Theoretiker in der Nachfolge von Claude Lévi-
Strauss den sogenannten »linguistic turn« (Richard Rorty), das heißt
die **Hinwendung zur Sprache als dem grundlegenden Erklärungs-
modell**, die vor allem von der sprachanalytischen Philosophie in den
angelsächsischen Ländern angestoßen wurde und zu jener Zeit be-

ginnt, sich auf alle Disziplinen der Geisteswissenschaften auszuwir-
ken. Die Pointe der strukturalistischen Version der linguistischen
Wende ist jene Bewegung, mit der die Strukturalisten die Aufmerksamkeit vom sprechenden Subjekt auf die Struktur der gesprochenen Sprache richten. Die Struktur der Sprache erscheint ihnen nicht
nur allgemein und theoretisch »unhintergehbar« (Manfred Frank),
sondern zugleich jeder individuellen Praxis der Sinnstiftung und Bedeutungszuschreibung immer schon vorgängig. Die Konsequenz
daraus lautet: **Sinn ist ein Effekt der Struktur.**

Die zentrale Bedeutung, welche die strukturalistische Methode
der Struktur der Sprache zukommen lässt, bedeutet zugleich eine
theoretische Dezentrierung des Subjekts. Durch die implizite Abkehr von der Bewusstseinsphilosophie vollziehen die Strukturalisten
zunächst einen ersten – mehr oder weniger bewussten – Schritt aus
dem Paradigma der abendländischen Metaphysik. Jeder weitere
Schritt jedoch, den die Strukturalisten unternehmen, um ihre Idee
der Struktur der Sprache als Grundlage allen Sinns menschlichen
Denkens und Handelns zu präzisieren, ist ein Schritt zurück in die
Metaphysik. Mit dieser kritischen Einsicht beginnt der Poststrukturalismus.

Um die Grundidee der Philosophie des Poststrukturalismus zu
verstehen, muss man sein ambivalentes Verhältnis zum Strukturalismus verstehen: Man muss erklären können, was die Poststrukturalisten der strukturalistischen Methode entgegenhalten – und was sie
gleichwohl noch mit dem Strukturalismus verbindet. Denn der
Poststrukturalismus ist *kein* Antistrukturalismus; vielmehr haben seine Vertreter die gerade noch einmal angeführte Konsequenz der
strukturalistischen Art und Weise, die Welt zu beschreiben, ebenfalls
zur Prämisse ihrer Theorien gemacht: Die These, wonach Sinn immer ein Effekt, ein Resultat sprachlicher Strukturen ist, bildet die
gemeinsame Überzeugung aller Poststrukturalisten. Das aber bedeutet auch, dass die **Einsicht der prinzipiellen Unhintergehbarkeit der
Sprache** und ihrer Struktur tatsächlich eine von Strukturalisten *und*
Poststrukturalisten geteilte Überzeugung darstellt. Der Poststrukturalismus gibt mithin die Idee der Struktur nicht einfach auf; ja, man
könnte sogar sagen, er radikalisiert sie zunächst noch einmal: *Alles*,
so lautet die radikalisierte Version, **ist Struktur** – und *nirgends* **hat
sie ein Zentrum** oder eine Grenze. Dieser Zusatz freilich ist entscheidend, beschreibt er doch in nuce dasjenige poststrukturalistische Verständnis sprachlicher Strukturen, das mit der strukturalistischen Methode nicht länger vereinbar ist.

Lévi-Strauss hat das implizite Telos der strukturalistischen Methode ausgesprochen. Es geht um nicht weniger als die Aufdeckung

der invarianten, immer und überall gültigen Gesetze menschlichen Denkens und Handelns schlechthin. Um diesem Anspruch gerecht werden zu können, mussten die Strukturalisten ihren Analysen die Annahme zugrunde legen, dass sie es jeweils mit geordneten Strukturen mehr oder weniger geschlossener Systeme zu tun hatten. Denn nur ein um die Ordnung seiner Struktur zentriertes, zumindest nicht prinzipiell offenes System würde es erlauben, klar definierbare Zuordnungen der einzelnen Elemente – in der Terminologie des Strukturalismus: von Signifikat und Signifikant – vorzunehmen und damit den Sinn, den die Struktur generiert – konkret: durch den differentiellen Prozess der Abgrenzung der Signifikanten voneinander – eindeutig zu identifizieren. Die Poststrukturalisten teilen die Ansicht, dass Sinn durch die bedeutungskonstitutive Differenzierung sprachlicher Zeichen entsteht. Sie weisen bei der strukturalistischen Deutung der sprachlichen Sinnstiftung jedoch auf zwei Probleme hin: *Einerseits* nämlich sind in einer Sprache prinzipiell unendlich viele Differenzierungen möglich; damit wiederum werden immer wieder neue Sinnzusammenhänge denkbar, die es *andererseits* unmöglich machen, Sprachen zu Systemen abzuschließen. Dies aber führt zu der kritischen Einsicht, »daß die Sprache eine sehr viel weniger stabile Angelegenheit ist, als die klassischen Strukturalisten gedacht hatten« (Eagleton 1994, 112). Der Vorwurf, der sich daraus gegen den Strukturalismus ergibt, ist also nicht, dass dessen Vertreter nach Strukturen Ausschau halten – sondern, dass sie dies im Vertrauen auf die illusorische Annahme tun, Strukturen besäßen Zentren, um die herum sie sich organisierten und von denen aus sie in ihrem internen Regelwerk verständlich und beherrschbar würden. Damit führt der Poststrukturalismus den Prozess der Dezentrierung weiter, der mit der strukturalistischen Verschiebung des Subjekts begann. Hatte der Strukturalismus das Subjekt als Mittelpunkt und Garant einer wahren und vollständigen Erkenntnis durch sein Konzept der Struktur ersetzt, so weist der Poststrukturalismus bereits die Idee der Möglichkeit einer solchen Erkenntnis zurück durch seine Beschreibung der Unabgeschlossenheit und Offenheit sprachlicher Strukturen. Wenn bereits die sprachliche Struktur die Bedeutungsbewegung so in Gang hält, dass das Subjekt nicht als ihr Meister darin auftaucht, dann lässt sich dieser Gedanke auf alle Strukturen ausdehnen – vorausgesetzt, sie gleichen der Sprache. Tatsächlich teilt der Poststrukturalismus auch diesen Gedanken des Strukturalismus, dass jede Struktur wie die sprachliche Struktur gebildet ist. Was dann für das Subjekt in Bezug auf die Sprache gilt, muss auch für alle anderen Strukturen gelten. Folglich wird die Subjektkritik im Poststrukturalismus auch auf die Bereiche Geschichte, Macht und Begehren ausgeweitet.

Die Sprache, wie sie von den Poststrukturalisten gesehen wird, ist zu verstehen als ein offenes System, innerhalb dessen prinzipiell endlose Prozesse der Bedeutungszuschreibung ohne Relation zu definiten Fixpunkten ablaufen. Gerade in den sprachlichen Unschärfen, den Verschiebungen von Sinn und Bedeutung und dem insgesamt unkontrollierbaren Moment der sprachlichen Entwicklung zeigt sich das Lebendige der Sprache. Wäre sie ein geschlossenes System mit eindeutig definierten Verweisungszusammenhängen zwischen den einzelnen Elementen, könnte die Sprache sich nicht ändern – ja, im Grunde wäre innerhalb einer solchen Struktur jede Form sprachlicher Kommunikation letztlich unmöglich. Diese Feststellung führt zu einer entscheidenden Konsequenz: Die **Betonung des Unkontrollierbaren in der Sprache**, die laut Manfred Frank **als Minimalkonsens** der Poststrukturalisten gelten kann (vgl. Frank 1984, 35), ist nämlich nicht misszuverstehen als eine These, die sich kritisch gegen die Möglichkeit sprachlicher Verständigung richtet; sie wendet sich vielmehr zunächst nur gegen die Unterstellung einer restlosen Berechenbarkeit des sprachlichen Geschehens. Darin drückt sich auch der Perspektivenwechsel aus, durch den im Rahmen der poststrukturalistischen Auseinandersetzung mit den theoretischen Grundannahmen des Strukturalismus die Methode zur Philosophie wird: Während die Strukturalisten durch die Brille ihres Verständnisses der Strukturen auf die Welt schauen, richtet sich der kritische Blick der Poststrukturalisten auf die Brille selbst. Der Poststrukturalismus ist vor allem die Kritik an einer phantastischen Metaphysik: der Metaphysik der wissenschaftlichen Weltauffassung des Strukturalismus, die davon ausgeht, dass die starren Strukturen der Sprache zugleich die des Geistes und der Materie sind, kurz: die absolute Ordnung (vgl. Descombes 1989, 168). Für ein Verständnis des Poststrukturalismus ist diese Feststellung wichtig. Denn sie bedeutet auch, dass die Poststrukturalisten in ihrer Kritik dem Strukturalismus verbunden bleiben.

»Für den Strukturalismus«, so hat ihr Kritiker Gilles Deleuze einmal geschrieben, »gibt es immer zuviel Sinn« (*À quoi reconnaît-on le structuralisme?*, 1973; dt. *Woran erkennt man den Strukturalismus?*, 1992, 18) – und zwar deswegen, weil sie diejenigen Strukturen, die den Sinn erst erzeugen, selbst noch mit Sinn aufladen. Die Gegenthese, die Deleuze an der gleichen Stelle formuliert, lautet: »Es gibt zuinnerst einen Un-Sinn des Sinnes, aus dem der Sinn selbst resultiert.« Dieses Moment des Nicht-Sinnhaften, der Negativität beschreibt zunächst nichts anderes als die Tatsache, dass den bedeutungskonstitutiven Strukturen der Sprache kein weiterer, höherer Sinn zugrunde liegt.

Die unhintergehbaren sprachlichen Strukturen gelten den Poststrukturalisten dabei nicht nur, wie bereits den Strukturalisten, als jedem individuellen Akt der Sinnstiftung immer schon *praktisch vorgängig*; die Struktur der Sprache gilt den Poststrukturalisten zugleich als *theoretisch uneinholbar* in dem Sinne, dass wir sie nie eindeutig und vollständig beschreiben können. Damit aber ist eine wissenschaftliche Beschreibung aller verschiedenen Bereiche der kulturellen Lebenswelt mit den Mitteln der linguistischen Theorie unmöglich geworden, das strukturalistische Projekt gescheitert. Dies wiederum heißt, dass der Poststrukturalismus, auch wenn er dem Strukturalismus als dessen Kritik verbunden bleibt, keineswegs als konsequente Fortsetzung des Strukturalismus verstanden werden sollte, wie alternative Titel wie *Neo*strukturalismus (Frank) oder *Super*strukturalismus (Harland) nahelegen.

Struktur im Poststrukturalismus – das ist exemplarisch der »texte générale« des späten Roland Barthes, offen, unkontrollierbar, immer in Bewegung; ein **Spiel der Differenzen**, in dem in einer endlosen Kette von Signifikanten ein Zeichen auf ein anderes verweist. Die Bedingung der Möglichkeit einer objektiven und abschließenden Interpretation von Sinn und Bedeutung ist die Stillstellung dieser Bewegung, dieses Spiels. Die strukturalistische Beschreibung der Welt, welche diese Bedingung erfüllen muss, zeichnet, so Manfred Frank am Beispiel von Lévi-Strauss, »das Bild einer auf den absoluten Gefrierpunkt zutreibenden Menschengeschichte; ihr Ziel – der Wunschtraum des Strukturalisten – wäre der Kältetod« (Frank 1984, 65). Den Strukturalisten hat dies von verschiedenen Seiten zurecht immer wieder den Vorwurf einer unhistorischen Betrachtungsweise eingebracht.

Die Poststrukturalisten ergänzen diesen Vorwurf der Stillegung durch die Kritik an systematischen Ausschlussmechanismen durch die strukturalistische Methode. Der metaphysische Anspruch des restlos dechiffrierbaren Sinns aller kulturellen Phänomene wird dadurch erkauft, so der Vorwurf, dass es immer ein »Anderes« gebe, dass ausgeschlossen werden müsse, um die Totalität der Erklärung aufrecht erhalten zu können. An die Kritik am Ausschluss des methodisch inkompatiblen »Anderen« schließt der Poststrukturalismus sein Plädoyer für die Differenz an – ein Plädoyer, das nun als Stellungnahme für das Offene und Unkontrollierbare des Spiels zugleich zur Parteinahme für das *konkrete*, je ausgeschlossene Andere wird; sei dies wahlweise der »Nicht-Sinn«, das »Parasitäre«, der »Delinquent« oder der »Wahnsinn«.

Die Grenze zwischen Strukturalismus und Poststrukturalismus verläuft nicht gerade. In einigen Fällen, wie bei Foucault und Barthes, ist der Übergang zumindest an einzelnen Werken festzumachen; bei Lacan haben wir gesehen, dass die Zuordnung zum einen oder anderen Lager überhaupt nicht eindeutig zu vollziehen ist. Was für einzelne Vertreter gilt, gilt auch für einzelne Ideen und Thesen des Poststrukturalismus, die sich teilweise bereits in strukturalistischen Texten vorweggenommen finden. Ein Beispiel hierfür ist die zumindest tendenzielle Öffnung der strukturalistischen Tätigkeit ins Unendliche, mit der Lévi-Strauss in der Einleitung des ersten Bandes seiner *Mythologica* die poststrukturalistische Einsicht der prinzipiellen Unabschließbarkeit jeder Interpretation avant la lettre zu paraphrasieren scheint. Lévi-Strauss schreibt: »Für die Mythen-Analyse gibt es keinen wirklichen Abschluß, keine geheime Einheit, die sich am Ende der Zergliederungsarbeit fassen ließe. Die Themen verdoppeln sich ins Unendliche« (*Mythologica I*, 16f.) – und er fügt kurz darauf hinzu: »Wenn man nun fragt, wo sich der wahre Kern [des Mythos] findet, muß man antworten, daß es unmöglich ist, ihn zu bestimmen« (ebd., 33). Wenn es aber unmöglich ist, den Kern, das Zentrum zu lokalisieren, und die Analyse keinen Abschluss finden wird – muss dann der wissenschaftliche Anspruch des Strukturalismus nicht bereits hier verabschiedet werden? Die Antwort von Lévi-Strauss haben wir gesehen – in der Durchführung seiner Analyse setzt er alles daran, die den Mythen vermeintlich zugrundeliegenden Strukturen eben doch als Ausdruck allgemein gültiger Gesetze zu lesen. Nicht die Einsicht in die Unendlichkeit der Interpretation oder das **Fehlen eines Zentrums**, sondern die Frage, wie mit dieser Einsicht umgegangen wird, entscheidet dann über die Zugehörigkeit zu Strukturalismus oder Poststrukturalismus.

Jacques Derrida hat Lévi-Strauss deshalb den Vorwurf gemacht, die richtige Feststellung der Unabschließbarkeit der Analyse angesichts des endlosen Spiels der Differenzen nostalgisch in Form einer Trauerarbeit über den *Verlust* des Zentrums artikuliert zu haben – statt das *Fehlen* eines Zentrums positiv zu begrüßen (vgl. Derrida: *Die Schrift und die Differenz*, 434-441).

Derridas Auseinandersetzung mit Lévi-Strauss findet sich in dem Text *La structure, le signe et le jeu dans le discours des sciences humaine* (dt. *Die Struktur, das Zeichen und das Spiel im Diskurs der Wissenschaften vom Menschen*), der in seiner 1967 in Frankreich erschienen Aufsatzsammlung *L'écriture et la différence* (dt. *Die Schrift und die Differenz*, 1976) publiziert wurde, nachdem er ihn ein Jahr zuvor an der Johns Hopkins University im amerikanischen Baltimore als Vortrag gehalten hat. Derrida, der als einer der bedeutendsten Vertreter

des Poststrukturalismus gelten kann, publizierte im gleichen Jahr
1967 sein philosophisches Hauptwerk, die sprachphilosophische Arbeit *De la grammatologie* (dt. *Grammatologie*, 1983) sowie eine Untersuchung über Husserl, *La voix et le phénomène* (dt. *Die Stimme
und das Phänomen*, 1979/2003). Sein Text über *Die Struktur, das
Zeichen und das Spiel* stellt einen Schlüsseltext dar; er kann als erster
Beitrag zu einer systematischen Formulierung poststrukturalistischen Denkens gelten – und das Jahr 1967 in diesem Sinne als Ge-
burtsjahr des Poststrukturalismus. Derrida:

»Es gibt somit zwei Interpretationen der Interpretation, der Struktur, des
Zeichens und des Spiels. Die eine träumt davon, eine Wahrheit und einen
Ursprung zu entziffern, die dem Spiel und der Ordnung des Zeichens ent-
zogen sind [...]. Die andere [...] bejaht das Spiel und will über den Men-
schen und den Humanismus hinausgelangen, weil Mensch der Name des
Wesens ist, das [...] im Ganzen seiner Geschichte, die volle Präsenz, den
versichernden Grund, den Ursprung und das Ende des Spiels geträumt hat«
(*Struktur, Zeichen, Spiel*, in: *Die Schrift und die Differenz*, 441).

Eine ähnlich kritische Einschätzung des Humanismus ist uns bereits
in Foucaults ebenso berühmter wie berüchtigter Prophezeiung vom
Verschwinden des Menschen begegnet, die sein ein Jahr zuvor
erschienenes Buch *Die Ordnung der Dinge* beendet. Die klare Ge-
genüberstellung zweier Versionen, über Strukturen und ihre Interpretation nachzudenken, freilich ist neu – und der Beginn des Poststrukturalismus.
  Die Philosophie des Poststrukturalismus besteht in einer doppelten Bewegung. Sie wendet sich zunächst kritisch **gegen Tendenzen
der Totalisierung**, die der strukturalistischen Methode implizit zugrunde liegen – Tendenzen, denen die Vertreter des Poststrukturalismus später auch in anderen und älteren Texten der Geistesgeschich-
te von Platon bis heute nachspüren. In dieser Hinsicht bleibt der
Poststrukturalismus einerseits dem Strukturalismus verbunden –
und er nimmt andererseits jene Geste der **Verabschiedung der Metaphysik** wieder auf, welche die Philosophien des späten 19. und 20.
Jahrhunderts von Nietzsche (vgl. z.B. Behler 1988) zu Wittgenstein
(vgl. z.B. Staten 1984), Heidegger oder Adorno und anderen wie
ein roter Faden durchzieht. Zugleich ist die Philosophie des Poststrukturalismus auch der Versuch, auf der Basis seiner kritischen
Einsichten die Erforschung der bedeutungskonstitutiven und sinnstiftenden Strukturen der Sprache in verschiedensten Dimensionen
voranzutreiben, oder gar tendenziell über die Grenzen der Strukturen hinauszugelangen; exemplarisch etwa in den Bereichen des Ästhetischen oder des Libidinösen.

Die Poststrukturalisten vermeiden hierbei den kalten Blick der Analytiker; vielmehr ist ihr Versuch geprägt von der Anstrengung, der Bewegung der Zeichen gleichsam nachzugehen. Dieser Anstrengung verdankt sich die stilistische Eigentümlichkeit poststrukturalistischer Texte von Barthes, Foucault oder Lacan über Derrida zu Lyotard, Deleuze und Guattari. Der Zeichenbegriff der Poststrukturalisten pointiert dabei durchgängig die anarchistischen und kreativen, die unkontrollierbaren und poetischen Dimensionen des Zeichens. In dieser Hinsicht entfernt sich der Poststrukturalismus vom Strukturalismus – bis zu jenem Punkt, an dem die ehemaligen Vertreter der poststrukturalistischen Philosophie sich in ihren Texten aus dem Kontext der Kritik am Strukturalismus lösen und beginnen, unabhängig auch voneinander eigene Konzepte zu entwickeln. Die Philosophie des Poststrukturalismus kommt damit an ihr Ende.

2. Modelle poststrukturalistischer Philosophie

»Es kommt [...] der Tag, wo man das dringende Bedürfnis hat, die Theorie ein wenig auseinanderzuschrauben, den Diskurs [...], der sich wiederholt, verhärtet, etwas zu verschieben«. Der späte Roland Barthes, der diesen Satz geschrieben hat (in: *Die Lust am Text*, 94f.), hat damit nicht nur Derridas Methode der Dekonstruktion paraphrasiert, sondern zugleich das gemeinsame Anliegen der Poststrukturalisten formuliert. Das Bedürfnis, theoretische Diskurse »auseinanderzuschrauben« und »zu verschieben« übersetzen die Vertreter des Poststrukturalismus in ihre kritischen Lektüren strukturalistischer Vorgaben. Vor dem Hintergrund ihrer gemeinsamen Philosophie wenden sie sich dabei unterschiedlichsten Themen zu – und gelangen durchaus auch zu divergierenden Positionen. Aus dem breiten Spektrum der verhandelten Sujets treten einzelne Themen besonders hervor. Neben der ebenso grundlegenden wie naheliegenden philosophischen Auseinandersetzung mit der Sprache, der sich die Poststrukturalisten immer wieder von neuem gewidmet haben, handelt es sich dabei um die Themenkreise der Logik des Begehrens, der Konstitution von Macht und Geschichte – und schließlich den Bereich der Ästhetik.

Der folgende Teil stellt in seinen vier Abschnitten thematisch geordnet entlang zentraler Texte Argumentationen und Thesen der Hauptvertreter des Poststrukturalismus vor. In den Darstellungen exemplarischer Werke von Derrida, Deleuze, Lyotard und Foucault zeigen sich neben signifikanten Unterschieden doch immer wieder charakteristische Merkmale des poststrukturalistischen Denkens und seiner Philosophie, ja: gerade in den Divergenzen wird das gemeinsame Anliegen um so deutlicher.

2.1 Die Sprache, der Sinn und seine Verschiebung

Der französische Strukturalismus hat keine eigenständige Sprachtheorie hervorgebracht; er hat vielmehr eine vorhandene Sprachtheorie – die von Saussure – auf die Gebiete anderer Wissenschaften übertragen. Indem die Poststrukturalisten die theoretischen Voraussetzungen des Strukturalismus philosophisch reflektieren, gelangen sie zu Vorstellungen über die Sprache, die sich von denen Saussures absetzen, wenn sie auch auf ihn bezogen bleiben. Obwohl die einzelnen poststrukturalistischen Denker aus unterschiedlichen Motiven und mit unterschiedlichen Argumenten ihre jeweilige Sicht der Sprache darlegen, so kommen sie im Ergebnis doch zu ähnlichen Thesen. Man kann daher zumindest von einer **impliziten Sprachtheorie des Poststrukturalismus** sprechen, die sich vor allem in ähnlichen Grundannahmen ausdrückt, die allen seinen Vertretern gemeinsam sind. Ihrer Darstellung widmet sich dieses Kapitel.

Einer der zentralen Kritikpunkte am Strukturalismus betrifft dessen Festhalten an einem starren Modell, das die Zuordnung Signifikat-Signifikant wie ein feststehender Code ein für alle mal rigide reguliert. Wir hätten es demnach in einer Sprache mit von vornherein feststehenden Ausdruck-Bedeutungspaaren zu tun, die wir in der Rede jeweils aktualisieren würden. Kommunikation verliefe nach dieser Auffassung dann so, dass der Sprecher einen Ausdruck wählt, den der Hörer verstehen kann, da er ihn mit der gleichen Bedeutung versieht wie der Sprecher. Garantie für diese Bedeutungsgleichheit ist der Code als starres System, der jedem Gespräch vorausgeht, so dass die Sprecher ihn lediglich richtig anzuwenden haben. Die Sprache löst sich nach diesem Verständnis ganz im Code auf.

Die alltäglichen Missverständnisse in unserer Kommunikationspraxis zeigen jedoch sehr schnell die Grenzen dieser Auffassung. Wenn es tatsächlich so wäre, dass die Bedeutung von Ausdrücken eindeutig geregelt wäre, dann sollten sprachliche Missverständnisse eigentlich gar nicht erst auftreten. Darüber hinaus zeigt uns die Alltagspraxis Fälle, in denen jemand irrtümlich einen Ausdruck falsch verwendet, ohne dass wir ihn missverstehen. Auch Phänomene wie Ironie, Anspielungen etc. lassen sich nur sehr schwer mit dem Code-Modell erklären. Der Witz der Ironie zum Beispiel besteht ja gerade darin, die alltägliche Bedeutung der Ausdrücke in Frage zu stellen; in der ironischen Kommunikation wird noch ein anderer, gegenläufiger Sinn kommuniziert, der nicht vom Code erfasst wird, und der den codegesteuerten Sinn überlagert. Um dies zu erklären, muss das Code-Modell zumindest ergänzt werden.

Dem Code-Modell der Strukturalisten setzt der Poststrukturalismus die These entgegen, dass Sprache kein starres System ist. Je nach dem Kontext, in dem ein Ausdruck auftaucht, sind unendliche Sinnzusammenhänge denkbar, die mit dem einen Ausdruck erzeugt werden können – die Sprache lässt sich nicht zu einem festen System abschließen. Das bedeutet aber auch, dass die Sprache kein Zentrum hat, keinen Fixpunkt, an dem die Bedeutungsbewegung zu

einem Ende kommt und stillsteht. Die Differenzierung, die Saussure als das innere Wesen der Sprache bestimmt hat, macht an keinem
Punkt halt. Wenn die Differenzierung eine Bewegung ist, welche die
Absetzung von Signifikat und Signifikant bestimmt und damit den
Sinn produziert, dann wird sie nicht aus einem Zentrum heraus regiert, sondern ist allgegenwärtig wirksam. Man wird kein Signifi-
kanten-Signifikat-Paar finden, dessen Signifikat nicht in Frage gestellt, erweitert, nuanciert etc. werden kann. Der Sinn kommt
dadurch in Bewegung, ohne dass er innerhalb des sprachlichen Systems noch einen sicheren, unveränderbaren Halt hätte.

Die Absage an die Vorstellung, die Sprache habe ein Zentrum,
korrespondiert mit der Verabschiedung des Subjekts – denn gerade
diesem wurde in der Tradition immer die Rolle zugeschrieben, die
Sinneffekte kontrollieren zu können. Noch bei Husserl, mit dem
Derrida sich in seinem ersten Buch *Die Stimme und das Phänomen*
auseinandersetzt, verleiht der Sprecher seinen Ausdrücken Bedeutung, die vom Hörer ohne Rest verstanden wird. Die Unhintergehbarkeit der Sprache, die schon vom Strukturalismus propagiert worden ist, bekommt in diesem Zusammenhang eine neue Note.
»Unhintergehbarkeit« bedeutet im Poststrukturalismus zum einen,
dass es keine ideale Weise gibt, Bedeutungen vollständig zu übermit-
teln. Wenn es zu Missverständnissen kommt, dann kann diesen
nicht durch eine »verbesserte« Sprache abgeholfen werden, wie es
etwa der logische Empirismus in den 30er Jahren des 20. Jahrhunderts angestrebt hat. »Unhintergehbarkeit« heißt aber zum anderen
auch, dass der Mensch der Sprache unterworfen und ausgeliefert ist,
wenn er es mit Sinn zu tun haben will. Er steht nicht in ihrem Zentrum und kann den Sinn kontrollieren; er wird im Gegenteil von
der Sprache kontrolliert, wenn er es mit Bedeutungen zu tun hat –
egal ob im »einsamen Seelenleben«, wie es bei Husserl heißt, oder
im Gespräch mit anderen.

Dass der Sinn nie starr und eindeutig ist, sondern flüchtig und
unkontrollierbar, hat für den Poststrukturalismus auch damit zu
tun, dass Sinn immer auf den Nicht-Sinn bezogen bleibt, und zwar
aus einer Perspektive des Ausschlusses heraus. Damit der Sinn sinnvoll ist, muss er den Nicht-Sinn zurückweisen, ihn aus dem System
ausschließen. Mit diesem Vorgehen gelingt es scheinbar, den flüchti-
gen Sinn festzuhalten, doch nur zu dem Preis, diejenigen Elemente
ausschließen zu müssen, die hierbei stören. Ein Hauptanliegen der
Dekonstruktion von Derrida besteht genau darin, an Texten im Detail zu zeigen, wo das Ausgeschlossene gegen den Willen des Autors
wiederkehrt und die Festlegung des Sinns durcheinanderbringt oder
ganz und gar auflöst. Der Poststrukturalismus entwickelt daher ein

feines Gespür für das Ausgeschlossene, dem er zu seinem eigenen Recht verhelfen möchte. Die Idee eines Zentrums, eines vollständig kontrollierbaren Sinns, über den das Subjekt verfügt, ist auf den Ausschluss des jeweils Entgegenstehenden angewiesen. Ohne diesen Ausschluss würde eine solche Vorstellung als Illusion in sich zusammenbrechen. Genau das möchten poststrukturalistische Texte zeigen.

Wenn es ein vergebliches Bemühen ist, den Sinn festhalten und eindeutig bestimmen zu wollen, wie kann man dann philosophische Texte schreiben, in denen das eindeutig gesagt wird? An dieser Stelle kommt der eigentümliche **Stil der poststrukturalistischen Texte** zur Geltung. Sie verlegen sich nicht nur aufs Argumentieren, sondern wollen oft durch Wortspiele, Metaphern, literarische Formen und Figuren beim Lesen gleichsam performativ das nachvollziehbar machen, worum es thematisch geht. Die Grenzen von Literatur und Philosophie werden dadurch bewusst ins Fließen gebracht oder manchmal ganz beseitigt (s. Kap. 3.1). Die Schwierigkeit und »Unverständlichkeit« poststrukturalistischer Texte erscheint auf diesem Hintergrund als Versuch, die eigenen Thesen ernst zu nehmen – und nicht daran zu verzweifeln, sondern durch neue Ausdrucksformen den Sinn »am Laufen« zu halten.

2.1.1 Differenz und Verschiebung: Derridas Konzept der *différance*

Der Ausgangspunkt von Derridas (1930-2004) Überlegungen ist das Verhältnis der gesprochenen Sprache zur Schrift. In der gesamten abendländischen Philosophiegeschichte sieht er eine Diskriminierung am Werk, welche die Schrift der gesprochenen Sprache gegenüber abwertet. Das geschriebene Zeichen wird dem Lautzeichen gegenüber als sekundär angesehen, als bloße Verschriftlichung des vorangehenden Lautzeichens. Diese These ist nach Derrida falsch (vgl. als allgemeine Einführungen Engert 2009; Kofmann 1987; Lüdeman 2011; Norris 1987; Wetzel 2000; für biographische Angaben vgl. Bennington/Derrida 1994).

Seine Argumentation entfaltet er in Auseinandersetzung mit den unterschiedlichsten Denkern. Egal ob Platon, Aristoteles, Rousseau, Hegel oder Husserl, alle diskriminieren die Schrift zugunsten des gesprochenen Wortes. In dieser abwertenden Geste sieht Derrida ein wiederkehrendes Muster der Philosophiegeschichte, das er identifizieren und kritisieren wird. Zunächst aber werden wir den Argumentationsgang anhand seiner Kritik an Saussure nachzeichnen, weil er sich dabei deutlich als Poststrukturalist zu erkennen gibt. Einerseits nämlich übt er starke Kritik an Saussure, andererseits tut er dies aber auf dem Boden der Theorie Saussures selbst. Diese Eigenart, *mit* Saussure *gegen* Saussure zu denken, ist ein Merkmal der Dekonstruktion, desjenigen Lektüreverfahrens, das Derrida aus seiner Kritik entwickelt hat (zur Dekonstruktion s. auch Kap. 3.1).

Saussure gehört in die Reihe derjenigen, die der Schrift nur eine abgeleitete Funktion zusprechen. Derrida zeigt nun, dass diese Position allen anderen Bestimmungen, die Saussure vom Zeichen gibt, widerspricht. Sein Ziel ist der Nachweis, dass Phonem und Graphem, Laut und Buchstabe, auf einer Ebene liegen, dass also nicht das eine dem anderen vorgezogen werden kann, da beide sich als Signifikanten verstehen lassen. Dies folgt aus Saussures These von der Sprache als System von Differenzen, aus der Arbitrarität des Verhältnisses von Signifikant und Signifikat und aus der Definition des Zeichens.

Im *Cours* bestimmt Saussure das Zeichen als Einheit von Signifikat und Signifikant: »Ich schlage also vor, daß man das Wort *Zeichen* beibehält für das Ganze und *Vorstellung* beziehungsweise *Lautbild* durch *Signifikat* und *Signifikant* ersetzt« (*Grundfragen*, 78f.). Dass nun der Signifikant einseitig lediglich als *Laut*bild zu verstehen ist, geht aus der Intention des *Cours* nicht hervor. Das Lautbild bei Saussure ist nicht der tatsächlich gesprochene Laut, sondern dessen ideale Form, die es ermöglicht, ihn im Unterschied zu anderen Lauten wiederzuerkennen. Diese Bestimmung lässt sich aber ohne Verlust auch auf den Buchstaben oder allgemeiner auf ein Graphem übertragen. Auch der Buchstabe als Signifikant ist nicht der tatsächlich geschriebene Buchstabe, sondern dessen ideale Form, die ihn im System aller Buchstaben von den anderen unterscheidet. Auch das geschriebene Wort ist diejenige Einheit aus Signifikat und Signifikant, die Saussure für das gesprochene Wort reklamiert. Derrida weist daraufhin, dass dies im *Cours* daran deutlich wird, dass Saussure bei der Erklärung der lautlichen Differenz als Bedingung des sprachlichen Werts seine Beispiele der Schrift entlehnt (*Grammatologie*, 91) und verweist auf folgendes Zitat von Saussure: »Da man die gleichen Verhältnisse in einem anderen Zeichensystem, nämlich dem der Schrift, feststellen kann, nehmen wir dieses als Vergleichspunkt zur Aufklärung dieser Frage« (*Grammatologie*, 91, *Grundfragen*, 142). Die Vergleichbarkeit von Schrift und gesprochener Sprache besteht in dieser Hinsicht darin, dass Saussure Sprache nicht als Substanz versteht, sondern als Form, als ein System von Differenzen. Was auf der Signifikantenebene different zueinander ist, bleibt letztlich egal, und es ist genau dieser Gesichtspunkt, den die Linguis-

tik zu einer Semiologie ausweiten kann, einer Semiologie, die alle
möglichen Zeichensysteme untersucht, vom Flaggenalphabet bis hin
zur Mode. Der Differenzgedanke bei Saussure privilegiert daher keine besondere Substanz als Signifikant. Demnach kann die Stimme
der Schrift nicht vorgezogen werden.

Das gleiche folgt aus der postulierten Arbitrarität des Zeichens,
da sich »diese These ausschließlich mit den notwendigen Verhältnissen zwischen determinierten Signifikanten und Signifikaten« be-
schäftigt, »und allein diese Verhältnisse sollen von der Arbitrarität
geregelt werden« (*Grammatologie*, 77). Wenn die Beziehung Signifikant-Signifikat unmotiviert, d.h. nicht irgendeiner natürlichen Verbindung unterstellt ist, sondern auf einer Übereinkunft beruht,
dann kann es innerhalb unterschiedlicher Materialisierungen der Signifikanten keine Rangfolge geben. Wenn man »Zeichen als unmo-
tivierte Vereinbarungen betrachtet, müßte man jedes Verhältnis einer natürlichen Unterordnung, jede natürliche Hierarchie zwischen
Signifikanten oder Ordnungen von Signifikanten ausschließen«
(ebd., 78). Dennoch ordnet Saussure die Schrift der gesprochenen
Sprache unter.

Auch sein eigener Zeichenbegriff widerspricht dieser Unterordnung. Saussure betrachtet die Schrift als Abbild der gesprochenen
Sprache, als Zeichen für ihre Zeichen. Das Zeichen bei Saussure ist
aber gerade kein Abbild; dagegen wendet sich die These von der Arbitrarität. »Abgesehen davon, daß das Phonem das *Nicht-Abbildbare*
schlechthin ist, und dass nichts Sichtbares ihm *ähneln* kann [...], ist
[...] nicht [...] einzusehen, wie er [sc. Saussure] einerseits von der
Schrift sagen kann, sie sei ›Abbild‹ oder ›(bildhafte) Darstellung‹ der
Sprache, und wie er andererseits die Sprache und die Schrift als
›zwei verschiedene Systeme von Zeichen‹ (*Grundfragen*, 28) definieren kann« (*Grammatologie*, 79). Wenn die Schrift auch Zeichen ist
und nicht das gesprochene Wort abbilden kann, da es sonst kein
Zeichen mehr wäre, dann müssen der Schrift als Zeichen genau diejenigen Eigenschaften zukommen, die auch dem gesprochenen Wort
als Zeichen zukommen.

Derrida belässt es nicht dabei, Saussure einfach Inkonsistenz vor-
zuwerfen. Vielmehr folgt Saussure seiner Meinung nach einer langen
Tradition, in der die Schrift abgewertet worden ist. Den Grund für
diese Abwertung sieht Derrida in einem **Phonozentrismus**, dem, so
seine These, die gesamte abendländische Metaphysik huldige. Der
Phonozentrismus stellt das gesprochene Wort in den Mittelpunkt,
weil mit ihm als *Modell* der Sinn als *idealer* Sinn bestimmt werden
kann. Beim Sprechen nämlich vernimmt man sich selbst, scheinbar
ohne Hilfe durch eine vermittelnde Substanz. Solche »Gespräche

mit sich selbst« legen daher als Vorbild den Gedanken nahe, dass
der reine Sinn jenseits seiner materiellen Verkörperung zu haben
und folglich auch zu suchen wäre. Deshalb wird die Schrift abgewertet, da sie den reinen Sinn an Schriftzeichen heftet und damit
»verunreinigt«. Die Schrift erlaubt keinen direkten Zugang zum
Sinn; sie ist vielmehr ein Umweg über etwas dem Sinn Äußerliches,
über etwas, das zum Sinn dazukommt, das er aber eigentlich nicht
bräuchte.

Der Phonozentrismus geht mit demjenigen einher, was Derrida
Logozentrismus nennt. Das Wesen der »Stimme« steht »unmittelbar
dem nahe, was im ›Denken‹ als Logos auf den ›Sinn‹ bezogen ist,
ihn erzeugt, empfängt, äußert und ›versammelt‹« (ebd., 24). So ist
für Aristoteles das in der Stimme Verlautende ein Zeichen für die in
der Seele hervorgerufenen Zustände und das Geschriebene ein Zeichen für das in der Stimme Verlautende (*de interpretatione I*, 16 a 3)
– und damit ist er einer derjenigen, der die Schrift zugunsten des
gesprochenen Wortes abwertet. Der Grund dafür liegt darin, dass
für Aristoteles »die Stimme als Erzeuger der *ersten Zeichen* wesentlich und unmittelbar mit der Seele verwandt ist. Als Erzeuger des
ersten Signifikanten ist sie nicht bloß ein Signifikant unter anderen.
Sie bezeichnet den ›Seelenzustand‹, der seinerseits die Dinge in natürlicher Ähnlichkeit widerspiegelt oder reflektiert. Zwischen dem
Sein und der Seele, den Dingen und Affektionen bestünde ein Verhältnis natürlicher Übersetzung oder Bedeutung; zwischen der Seele
und dem Logos ein Verhältnis konventioneller Zeichengebung. Die
erste Konvention, welche ein unmittelbares Verhältnis zur Ordnung
der natürlichen und universalen Bedeutung hätte, entstünde als gesprochene Sprache. Die geschriebene Sprache hielte Konventionen
fest« (*Grammatologie*, 24).

Die Verbindung von Phonozentrismus und Logozentrismus, die
letztlich zwei Aspekte eines Gedankens sind, besteht darin, dass die
Stimme so verstanden wird, dass sie dem Sinn am nächsten ist. Die
Schrift, oder allgemeiner der Signifikant, käme hinzu und wäre an
der Sinnbildung nicht beteiligt; er wäre sekundär. Der Sinn, das Signifikat, wäre das erste, während die Schrift oder der Signifikant das
Nachgeordnete wäre, das als materielle Seite des Zeichens vom Sinn
abgetrennt und lediglich durch Konvention an ihn gebunden ist. Im
Signifikanten der Schrift ist daher der Sinn nicht anwesend, sondern
es wird nur auf ihn verwiesen. Derrida kann dem Logozentrismus
damit nachweisen, dass er Sinn als »Präsenz« denkt, als anwesend.

»Man ahnt bereits, daß der Phonozentrismus mit der historischen Sinn-Be-
stimmung des Seins überhaupt als *Präsenz* verschmilzt, im Verein mit all

den Unterbestimmungen, die von dieser allgemeinen Form abhängen und
darin ihr System und ihren historischen Zusammenhang organisieren (Präsenz des betrachteten Dinges als *eidos*, Präsenz als Substanz/Essenz/Existenz
[*ousia*], Präsenz als Punkt [*stigme*] des Jetzt oder des Augenblicks [*nun*],
Selbstpräsenz des cogito, Bewußtsein, Subjektivität, gemeinsame Präsenz
von und mit dem anderen, Intersubjektivität als intentionales Phänomen
des Ego usw.). Der Logozentrismus ginge also mit der Bestimmung des
Seins des Seienden als Präsenz einher« (ebd., 26).

Auf diesem Hintergrund stellt sich die **Abwertung der Schrift** als
eine Strategie dar, den Sinn als etwas Intelligibles vom Sinnlichen
fernzuhalten, das den Bereich der Schrift oder überhaupt jeglicher
Materialisierung des Sinns regiert. Das Signifikat soll als rein Intelligibles bestehen bleiben, »noch bevor es ›hinausfällt‹ und vertrieben
wird in die Äußerlichkeit des sinnlichen Diesseits. Als Ausdruck reiner Intelligibilität verweist es auf einen absoluten Logos, mit dem es
unmittelbar zusammengeht« (ebd., 28). Das jedoch ist nach Derrida
unmöglich.

Es ist unmöglich, weil Derrida die Sinnbestimmung ganz strukturalistisch mit Saussure als Effekt von Differenzen versteht. Die
Struktur des sprachlichen Zeichensystems ist ein Netz von Signifikanten, die sich wechselseitig bestimmen und in Differenz zueinander stehen. Das Signifikat zu einem Signifikanten erklärt sich aus
dessen Abgrenzung zu anderen Signifikanten. »Es gibt kein Signifikat«, folgert daher Derrida, »das dem Spiel aufeinander verweisen-
der Signifikanten entkäme«; »das Signifikat fungiert darin seit je als
ein Signifikant« (ebd., 17). Ein unsinnliches, ursprüngliches, präsen-
tes, ein »transzendentales« Signifikat kann es nicht geben, da es aus
der Differenzierungsstruktur der Signifikanten herausfallen würde
und mit ihr in keinerlei Beziehung stehen könnte. Es wäre nicht
mehr als Effekt der Differenz von Signifikanten beschreibbar. Das
aber ist der Fehler des Phonozentrismus. Er betrachtet den Signifikanten als sekundär, da »die Stimme dem Signifikat am nächsten«
(ebd., 25) ist, und folglich ist der Signifikant »nicht sinnbildend«
(ebd., 25).

Das widerspricht aber der fundamentalen These der Differenzierung als Voraussetzung der Sinnbildung, und an dieser These möchte Derrida festhalten: **Sinn ist ein Effekt der Differenzierung von
Signifikanten.** Für jegliche Struktur hat dies dann zur Folge, »dass
es kein Zentrum gibt, dass das Zentrum nicht in Gestalt eines Anwesenden gedacht werden kann, dass es keinen natürlichen Ort besitzt, dass es kein fester Ort ist, sondern eine Funktion, eine Art von
Nicht-Ort, worin sich ein unendlicher Austausch von Zeichen ab-
spielt«. Alles wird »zum System, in dem das zentrale, originäre oder

transzendentale Signifikat niemals absolut, außerhalb eines Systems von Differenzen, präsent ist. Die Abwesenheit eines transzendentalen Signifikats erweitert das Feld und das Spiel des Bezeichnens ins Unendliche« (*Die Schrift und die Differenz*, 424).

An diesem Punkt lässt sich Derridas Übergang vom Strukturalismus zum Poststrukturalismus festmachen. Er bleibt dem Strukturalismus verhaftet, da er die entscheidenden Bestimmungen von Saussure über die Sprache nicht aufgibt; in den Konsequenzen, die Derrida aus diesen grundlegenden Bestimmungen zieht, geht er aber über Saussure hinaus und befindet sich daher in einer Phase *nach* dem Strukturalismus. In Derridas Perspektive muss der Strukturalismus schon deswegen überholt werden, da er – trotz vieler Einsichten – immer noch der Metaphysik der Präsenz verfallen ist und die Möglichkeit eines transzendentalen Signifikats postuliert, von dem aus der Sinn als anwesend festgemacht und eindeutig bestimmt werden kann. Davon möchte er sich verabschieden, und was Derrida nun im Anschluss an seine Diagnose entwickelt, zählt zum poststrukturalistischen Teil seines Programms, im Sinn von: es kommt nach dem Strukturalismus. Nach der Destruktion die Konstruktion.

Die Aufbauarbeit beginnt Derrida in den 1960er Jahren damit, dass er eine »Grammatologie« entwickeln möchte, eine **Wissenschaft von der Schrift**, welche die Konsequenzen des Logozentrismus so weit es geht zu vermeiden sucht. Anstatt von der gesprochenen Sprache auszugehen, und die Schrift als ihr Derivat zu bestimmen, geht Derrida von der Schrift aus, um die Sprache zu bestimmen. Diese »erste Schrift«, diese »**Ur-Schrift**«, ist grundlegender »als jene, die vor dieser Wende als das ›einfache Supplement zum gesprochenen Wort‹ (Rousseau) galt« (*Grammatologie*, 18) und kann also nicht mit der Schrift im herkömmlichen Sinn verglichen werden. Vielmehr drückt sich in ihr die fundamentale Bedingung jeglicher Zeichenproduktion aus, ohne die auch die »herkömmliche« Schrift nicht funktionieren könnte. Trotzdem ist diese Ur-Schrift nicht ursprünglich, denn das hieße wieder, in den Bahnen der Metaphysik der Präsenz und des Logozentrismus zu denken und der Struktur ein Zentrum zu geben, das sie fundiert, aber nach dem Bisherigen nicht haben kann. Dass es ab hier nun kompliziert wird, liegt daran, dass nach Derrida unsere gesamte Sprache dieser Metaphysik unterstellt ist und wir nicht unabhängig von ihr sprechen können; dadurch schreiben wir dieses System immer weiter fort. Die ganze Dunkelheit von Derridas Werk liegt auch daran, dass er sich in seinen Texten bemüht, keine Aussagen zu machen, die unkritisch dem Logozentrismus unterstehen. Alle Begriffe, die er im Laufe der Zeit einführt, versuchen, keine Begriffe im herkömmlichen Sinn zu sein. Deshalb schwankt ihre Bedeutung.

Die Ur-Schrift ist also keine ursprüngliche Schrift. Das liegt daran, dass auch der Signifikant nicht fundamental oder primär sein kann. »Rechtmäßig kann der Signifikant dem Signifikat niemals vorausgehen, denn damit wäre er nicht mehr Signifikant und der Signifikant ›Signifikant‹ besäße kein einziges mögliches Signifikat mehr« (ebd., 36, Fn. 9). Streng genommen müssen also Signifikant und Signifikat gleichursprünglich sein, gerade so, wie es aus der Blattmetapher von Saussure auch folgen müsste: es kann kein Signifikat ohne Signifikant geben. Sie sind zwei Aspekte eines einzigen und doch unterschieden. Nicht nur kann der Signifikant nicht primär sein, es kann auch innerhalb möglicher Signifikanten kein *bestimmter* Signifikant primär sein, wie z.B. das gesprochene Wort. Mit seinem Begriff der »Ur-Schrift« möchte Derrida diesen Zusammenhang einfangen: »Die Urschrift wäre aber in der Form und in der Substanz nicht nur des graphischen, sondern auch des nicht-graphischen Ausdrucks am Werk. Sie soll nicht nur das Schema liefern, das die Form mit jeder graphischen oder anderen Substanz verbindet, sondern auch die Bewegung der *sign-function*, die den Inhalt an einen – graphischen oder nicht-graphischen – Ausdruck bindet« (ebd., 105).

Zur weiteren Klärung führt Derrida den **Begriff der** »**Spur**« ein, der sich aus der »Urschrift« ergibt: Noch bevor er mit einem Signifikanten in Verbindung gebracht würde, »impliziert der Begriff der Schrift (graphie) – als die allen Bezeichnungssystemen gemeinsame Möglichkeit – die Instanz der *vereinbarten Spur*« (ebd., 81). Mit diesem Wortpaar möchte Derrida zweierlei denken: einmal die Arbitrarität der Zuordnung Signifikat/Signifikant, die gerade nicht in der Natur der Sache begründet, sondern »unmotiviert« ist und daher auf Vereinbarung beruht. Der Begriff der »Spur« wiederum ist ein Verweis auf den Sinn, der nicht anwesend sein kann, da sonst die ganze Figur der Metaphysik der Präsenz verhaftet bliebe. »Die Unmotiviertheit der Spur muß von nun an als eine Tätigkeit und nicht als ein Zustand begriffen werden, als eine aktive Bewegung« (ebd., 88), da sie als Zustand eine feste Größe wäre, die als Zentrum der Struktur dienen könnte und an die man wieder Ansprüche an ihre Präsenz und den Stillstand der Verweisungsfunktion richten könnte. Im Begriff der »Spur« wird auch die Frage nach dem Ursprung thematisiert, den es natürlich nicht geben kann, da er wieder nur als Präsenz gedacht werden könnte. Der Ursprung ist, wie das Tier, das eine Spur hinterlassen hat, immer schon nicht mehr da, wenn wir die Spur wahrnehmen.

»Die Spur ist nicht nur das Verschwinden des Ursprungs, sondern besagt hier [...], daß der Ursprung nicht einmal verschwunden ist, daß die Spur immer nur im Rückgang auf einen Nicht-Ursprung sich konstituiert hat und damit zum Ursprung des Ursprungs gerät [...] Und doch ist uns bewußt, daß dieser Begriff seinen eigenen Namen zerstört und daß es, selbst wenn alles mit der Spur beginnt, eine ursprüngliche Spur nicht geben kann« (ebd., 107f). »In Wirklichkeit ist die Spur der absolute Ursprung des Sinns im allgemeinen; was aber bedeutet, um es noch einmal zu betonen, daß es einen absoluten Ursprung des Sinns im allgemeinen nicht gibt« (ebd., 114).

Paradoxe Formulierungen wie diese sind ein Beispiel für Derridas Versuch, dem Logozentrismus zu entkommen und in der Sprache der Metaphysik etwas auszudrücken, das sich gegen diese Sprache wendet.

Der Begriff ›Spur‹ schließlich läuft mit dem wohl prominentesten Neologismus Derridas, der **différance** zusammen: »Die Spur ist die *différance*, in welcher das Erscheinen und die Bedeutung ihren Anfang nehmen« (ebd., 114). Im Kunstwort »différance« versucht Derrida, die Konsequenzen aus dem Postulat der sprachlichen Struktur als System von Differenzen festzuhalten. Eine der Pointen dieses Begriffs ist die veränderte Schreibweise: statt das lexikalisch korrekte Substantiv »différence« zu verwenden, ersetzt Derrida das »e« durch ein »a«, was man allerdings im Französischen nicht hören, sondern nur an der Schreibweise sehen kann. Das Verb »différer« ist darin enthalten, das einmal die Tätigkeit bedeutet, etwas auf später zu verschieben, aber auch meint, nicht identisch, anders zu sein. Das »a« erinnert an das Partizip Präsens, das mehr die Aktivität des »différer« betont usw. In einem eigenen Aufsatz entfaltet Derrida ein ganzes Bündel an Konnotationen seines Begriffs, der natürlich kein richtiger Begriff sein will, da er sonst dem Logozentrismus verhaftet bliebe.

»Jeder Begriff ist seinem Gesetz nach in eine Kette oder in ein System eingeschrieben, worin er durch das systematische Spiel von Differenzen auf den anderen, auf die anderen Begriffe verweist. Ein solches Spiel, die *différance*, ist nicht einfach ein Begriff, sondern die Möglichkeit der Begrifflichkeit, des Begriffsprozesses und -systems überhaupt« (*La différance*, 1968; dt. *Die Différance*, in: *Randgänge der Philosophie*, 1988, 37).

Mit dem Begriff der *différance* beschreibt Derrida mithin die Bedingung der Möglichkeit von Sprache, welche durch Gegensatzpaare wie Sensibles-Intelligibles, Signifikant-Signifikat, Ausdruck-Inhalt usw. bestimmt wird. Gleichzeitig soll der Terminus *différance* deutlich machen, dass der Sinn immer aufgeschoben ist, nie präsent, nie ursprünglich, nie voll, nie fest. Es gibt kein reines und transzendentales Signifikat – das ist der Irrtum des Logozentrismus. Das Signifikat ist »ursprünglich und wesensmäßig [...] Spur«, es befindet »sich *immer schon in der Position des Signifikanten*« (*Grammatologie*, 129).

Die Struktur der *différance* hat Derrida auch an einem anderen Phänomen nachgewiesen, das für das Funktionieren des Zeichens wesentlich ist, an der *Iterabilität*. Ein Zeichen muss wiederholbar sein, sonst wäre es kein Zeichen, sondern ein einmaliges, regelloses Vorkommnis. Jedes einzelne Zeichen muss dann aber, um als sinnvoll verstanden werden zu können, als ein *bestimmtes* Zeichen erkennbar sein; es kann, so Derrida, »als Zeichen und als Sprache überhaupt nur insofern fungieren, als seine formale Identität es wiederzugebrauchen und wiederzuerkennen gestattet« (*Die Stimme und das Phänomen*, 103). Als wiederholtes Zeichen jedoch ist es vom ersten Zeichen durch die »Deformationen« verschieden, »die das, was man empirisches Ereignis nennt, ihm notwendigerweise zufügt« (ebd.). Die Iterabilität beruht damit auf einer Bewegung, die sowohl Identität wie auch Differenz voraussetzt und deshalb aus dem logozentrischen Begriffsrahmen herausfällt – dieser kann nicht etwas und sein Gegenteil zugleich gelten lassen.

Die Eigenschaft der *différance*, den Sinn immer aufzuschieben und seine Präsenz unmöglich zu machen, führt zu einer **Logik der Supplementarität**, die Derrida besonders im Werk von Jean-Jacques Rousseau aufgespürt hat. Da der Sinn niemals vollständig festgehalten werden kann, versucht das logozentrische Denken, den Aufschub dadurch ungeschehen zu machen, dass es die fehlende Präsenz ergänzt, in der Hoffnung, die Lücke, die der Aufschub hinterlassen hat, vollständig zu besetzen. Da es aber nach Derrida kein Entrinnen aus der Bewegung des Aufschubs geben kann, ist diese Logik dazu verdammt, die Ersetzungsbewegung immer wieder durchzuführen, da jedes weitere Supplement seinerseits ergänzt werden muss.

»Durch diese Abfolge von Supplementen hindurch wird die Notwendigkeit einer unendlichen Verknüpfung sichtbar, die unaufhaltsam die supplementären Vermittlungen vervielfältigt, die gerade den Sinn dessen stiften, was sie verschieben: die Vorspiegelung der Sache selbst, der unmittelbaren Präsenz, der ursprünglichen Wahrnehmung. Die Unmittelbarkeit ist abgeleitet. Alles beginnt durch das Vermittelnde, also durch das, was ›der Vernunft unbegreiflich‹ ist« (*Grammatologie*, 272).

Wenn es sich so verhält, wie kann man dann noch Philosophie betreiben? Derridas Antwort darauf ist zunächst allgemein sein Verfahren der Dekonstruktion, das von Heideggers Destruktion der abendländischen Metaphysik inspiriert worden ist, die, so der Vorwurf, das Sein immer als Seiendes gedacht habe. Die Dekonstrukti-

on entspricht dem, was Derrida am Beispiel seines Themas von der
Unterdrückung der Schrift durchgeführt hat. Da es laut Derrida
keine Möglichkeit gibt, jenseits der Metaphysik der Präsenz zu denken, geht es darum, das Scheitern ihrer Begriffe und Theorien vor-
zuführen, ihre »blinden Flecke« offenzulegen und die Hierarchien,
die sie etablieren möchte, zum Einsturz zu bringen – wie z.b. die
Vorrangstellung des gesprochenen Wortes vor der Schrift. Diese
Hierarchien funktionieren nur, weil etwas ausgeschlossen werden
muss aus der Untersuchung, weil etwas als bedeutungslos, unwichtig, untergeordnet etc. bestimmt werden muss, wie im Fall der Ausgrenzung der Schrift der materielle, sinnliche Aspekt jeder Sinnbildung. Trotzdem bricht dieses Ausgeschlossene immer wieder in den
Versuch ein, es aus der Theorie fernzuhalten. Am Beispiel der
Schrift haben wir dies oben gezeigt: So wie Saussure Sprache versteht, kann es ihm gar nicht gelingen, die Schrift auf eine konsisten-
te Weise als sekundär abzuqualifizieren. Dass er dies dennoch immer
wieder versucht, liegt daran, dass er dem Logozentrismus verhaftet
ist. Er *muss* die Schrift ausschließen, um die *Idealität des Sinns* im
gesprochenen Wort postulieren zu können, und das wiederum muss
er tun, um ein transzendentales Signifikat behaupten zu können,
das den Aufschub des Sinns zum Erliegen bringt.

Neben diesem Verfahren einer dekonstruktivistischen Lektüre
hierarchischer Strukturen philosophischer Texte wendet sich Derrida
verstärkt solchen Begriffen zu, die sich keiner Hierarchie einfügen,
»die nicht mehr innerhalb des philosophischen (binären) Gegensatzes verstanden werden können und ihm dennoch innewohnen, ihm
widerstehen, ihn desorganisieren, aber *ohne jemals* einen dritten
Ausdruck zu bilden, ohne jemals zu einer Lösung nach dem Muster
der spekulativen Dialektik Anlaß zu geben« (*Positions*, 1972; dt. *Positionen*, 1986, 90). Dazu zählt das »Pharmakon«, das sowohl »Heilmittel« wie auch »Gift« bedeutet, das »Hymen«, das weder »Vereinigung« noch »Trennung«, weder »Vollzug« noch »Unberührtheit«
bedeutet, das »Gramma«, das weder »Signifikant« noch »Signifikat«
ist usw. All diese Begriffe sind unentscheidbar, sind Scheineinheiten,
die etwas und seinen Gegensatz zugleich bezeichnen. Der Sinn ist in
ihnen nicht eindeutig, sondern springt hin und her, und das macht
sie zu Begriffen, die in gewisser Weise aus der abendländischen Metaphysik herausfallen.

Spezifisch für Derridas Philosophie ist neben der dekonstruktivistischen Lektüre von Texten und der Dekonstruktion von einzelnen
Begriffen schließlich auch seine Art zu schreiben. Wenn der Sinn
nicht von einem Zentrum aus regiert wird und nicht festgemacht
werden kann, wenn die Versuche des Logozentrismus, mit Hierar-

chien Ordnung zu schaffen, nur durch Ausschluss funktionieren können und letztlich sich selbst widersprechen, dann kann man es unternehmen, auf eine neue Art philosophische Texte zu schreiben; auf eine Art, die nicht den Forderungen der abendländischen Metaphysik genügen möchte. Zum Beispiel kann man zwei Texte auf einer Seite nebeneinanderstellen und schauen, ob sich zwischen ihnen Sinn ergibt (*Tympan*, 1972; dt. *Tympanon*, in: *Randgänge der Philosophie*, 1988; *Glas*, 1974). Man kann lautliche Ähnlichkeiten ausbeuten, die einen Zusammenhang herstellen, von dem die Metaphysik nicht gerade behaupten würde, dass er »in der Natur der Sache« liegt. So verwendet Derrida in *Glas* die französische Aussprache des Namens von Hegel, um einen Zusammenhang zu »Adler« (frz. *aigle*) herzustellen usw. (vgl. Rorty 1991 u. 1992).

Die Versuche Derridas, dem Logozentrismus zu entkommen, bedeuten aber nicht, dass er darauf verzichten will, zu argumentieren oder Begriffe wie den der »Wahrheit« ohne weiteres verabschiedet. Im Gegenteil: »es ist klar, dass es keineswegs darum geht, einen *Diskurs gegen die Wahrheit* oder gegen die Wissenschaft zu führen (das wäre unmöglich und absurd)« (*Positionen*, 117, Fn. 31). Man entkommt nicht der Metaphysik, sondern kann lediglich versuchen, langsam das philosophische Feld zu verschieben oder es für andere Weisen des Schreibens zu öffnen. In diesem Sinn spielt Derrida das Spiel der *différance*, bei dem der Sinn kein Halt findet, sondern immer aufgeschoben, nie »präsent« ist.

2.1.2 Differenz und Wiederholung: Deleuze und die Logik des Sinns

Derridas Sprachphilosophie ist ein Beispiel für **das poststrukturalistische Plädoyer für die Differenz**, weil er das Funktionieren von Zeichen und die Verschiebung des Sinns von einer grundsätzlichen Differenz aus denkt, deren besondere Eigenschaften der Begriff *différance* verdeutlichen soll: das Spiel der Zeichen und des Sinns, so haben wir gesehen, ist für Derrida gekennzeichnet durch die Struktur der *Iterabilität*, die als in eins gesetzte Bewegung von Identität und Differenz charakterisiert wird. Gilles Deleuze (1925-1995) geht – in seinem Werk *Différence et répétition* von 1969 (dt. *Differenz und Wiederholung*, 1997) – in gewisser Weise einen Schritt weiter als Derrida, da er die Differenz *an sich* denken möchte, ohne Beziehung auf die Repräsentation, die immer schon die Differenz der Identität, der Analogie, dem Gegensatz und der Ähnlichkeit unterwirft. Auch die Wiederholung möchte er von der Herrschaft der Re-

präsentation befreien und *als solche* denken. Beide Begriffe gehen
eine verwickelte Beziehung ein und Deleuze sieht seine Aufgabe darin, den Begriff der Differenz nicht auf eine bloße begriffliche Differenz und das Wesen der Wiederholung nicht auf eine begrifflose
Differenz zu reduzieren (vgl. als allgemeine Einführungen Badiou
1997; Balke 1998; Balke u.a. 2011; Hardt 1993; Jäger 1997; Mengue
1994; Ott 2010; Zourabichvili 1994).

Die Repräsentation weist bei Deleuze vier Hauptaspekte auf, die
sich negativ auf das richtige Verständnis von Differenz und Wiederholung auswirken; diese Aspekte wirken als »die vierfache Fessel der
Repräsentation« (*Differenz und Wiederholung*, 329), die auch als »die
vier Äste des Cogito« auftauchen, an denen die »Differenz gekreu-
zigt« wird (ebd., 180). Am Beispiel von Kant und der Lehre von
den Erkenntnisvermögen bestimmt Deleuze die »vierfache Zwangs-
jacke« (ebd.) so, dass die Differenz zum Gegenstand der Repräsentation »immer nur im Verhältnis zu einer begriffenen Identität, einer
beurteilten Analogie, eines vorgestellten Gegensatzes, einer wahrge-
nommenen Ähnlichkeit« (ebd.) wird. Die Differenz wird auf diese
vier Aspekte bezogen und kann ohne sie nicht gedacht werden. Damit aber verfehlt das Denken der Repräsentation die Differenz an
sich.

»Darum ist die Welt der Repräsentation durch ihre Unfähigkeit, die Differenz an sich selbst zu denken, gekennzeichnet; und ebenso durch die Unfähigkeit, die Wiederholung für sich selbst zu denken, da diese nur mehr
über die Rekognition, die Aufteilung, die Reproduktion, die Ähnlichkeit
erfaßt wird« (ebd.).

Schuld an dieser **Unterwerfung unter die Repräsentation** ist Platon,
der Urbild und Abbild trennen möchte, um Wesen und Schein bestimmen zu können. Dieser Versuch ist für Deleuze ausschließlich
moralisch motiviert, um den Zustand »ozeanischer freier Differenzen, nomadischer Verteilungen, gekrönter Anarchien« (ebd., 332f.)
verwerfen zu können (zu einer »biophilosophischen« Lesart von *Differenz und Wiederholung* vgl. Ansell-Pearson 1999). Die gesamte
Philosophiegeschichte sieht Deleuze seit Platon davon beherrscht,
Differenz und Wiederholung unter dem Begriff der Repräsentation
zu denken. Unter Berufung auf Vorläufer wie Leibniz, Kierkegaard
und besonders Nietzsche tritt Deleuze seine Befreiungsbewegung an.

Diese Geste der Verabschiedung der gesamten philosophischen
Tradition teilt Deleuze nicht nur mit Derrida: sie ist ein Merkmal
des gesamten Poststrukturalismus, inspiriert von Heidegger, welcher
der abendländischen Metaphysik insgesamt eine Seinsvergessenheit
attestierte, aber auch von Nietzsche. Deleuze verabschiedet die Phi-

losopiegeschichte aber nicht nur negativ, sondern verfolgt das positive Ziel, Differenz und Wiederholung so zu denken, dass das Einzelne, Individuelle, Singuläre nicht im Identischen aufgeht und damit seine Einzigartigkeit verliert. Er verteidigt das Singuläre gegen den Übergriff der Repräsentation, die es unter anderem in der Einheit des Begriffs auflöst. Auch in seinem Bemühen, allem Einzelnen sein Eigenrecht zurückzugeben, erweist Deleuze sich als Poststrukturalist.

In seinem Buch *Logique du sens*, das wie *Differenz und Wiederholung* 1969 erschienen ist (dt. *Logik des Sinns*, 1993), unternimmt es Deleuze, eine **Theorie des Sinns** aufzustellen, die in eine Auseinandersetzung mit der Psychoanalyse mündet. Das Buch besteht aus 34 Serien von Paradoxa, die nach Deleuze »die Theorie des Sinns bilden. Dass diese Theorie sich nicht von Paradoxa trennen läßt, ist ganz einfach zu erklären: Der Sinn ist eine nicht-existierende Entität und unterhält sogar ganz besondere Beziehungen zum Unsinn« (*Logik des Sinns*, 13). Deleuze führt diese Paradoxa ein und kommentiert sie, indem er sich auf das Werk von Lewis Carroll bezieht, der als Autor von *Alice im Wunderland* bekannt geworden ist, und auf die Philosophie der Stoiker. Beide nehmen eine Sonderstellung in der Geschichte des Denkens ein, Carroll, weil er die erste große Inszenierung der Sinnparadoxa vornimmt, die Stoiker, weil sie eine neues Bild des Philosophen einführen, das eng mit der paradoxen Sinntheorie verbunden ist. Sein ganzes Buch versteht Deleuze als »Versuch eines logischen und psychoanalytischen Romans« (ebd., 14). In unserer Darstellung konzentrieren wir uns auf den Aspekt des Sinns und lassen die Verbindung mit der Psychoanalyse unberücksichtigt.

Einem Satz können zunächst drei Dimensionen zugesprochen werden. Die erste nennt Deleuze »Bezeichnung« oder »Indikation«; sie ist die Beziehung eines Satzes zu einem äußeren Dingzustand. Hier ist auch die Wahrheitsbeziehung zu verorten, die in der Frage besteht, ob eine Bezeichnung tatsächlich von einem Dingzustand erfüllt wird. Die zweite Dimension ist die »Manifestation«. Dabei handelt es sich »um die Beziehung des Satzes zum sprechenden und sich ausdrückenden Subjekt. Die Manifestation erscheint also als der Aussage der Wünsche und Meinungen, die dem Satz entsprechen« (ebd., 30). Im Unterschied zur Bezeichnung, die vom Satz zu den Dingen verläuft, verläuft die Manifestation vom Satz zum sprechenden Subjekt, das im Satz Meinungen, Wünsche etc. ausdrückt. Die dritte Dimension schließlich ist die »Bedeutung«, bei der »es sich um eine Beziehung des Wortes zu *universellen oder allgemeinen* Begriffen und syntaktischer Verbindungen zu Begriffsimplikationen« (ebd., 31) handelt. Sie verweist nicht auf Dinge oder Subjekte, son-

dern bleibt in der Sphäre des Satzes selbst. Der Zusammenhang mit
den Begriffen und ihren Implikationen ist für Deleuze darin begründet, dass »sich die Bedeutung des Satzes so stets in dem ihr entsprechenden indirekten Verfahren einstellt, das heißt in ihrer Beziehung zu anderen Sätzen, aus denen sie gefolgert wird oder deren
Schlußfolgerung sie umgekehrt ermöglicht« (ebd.). Bezeichnung,
Manifestation und Bedeutung sind demnach Dimensionen des Satzes, die einmal auf Dinge, dann auf Subjekte und schließlich auf andere Sätze verweisen.

Mit dieser Unterscheidung dreier Dimensionen des Satzes taucht
nun das Problem auf, dass sich keine Rangfolge unter ihnen festmachen lassen kann. Keine kann den jeweils anderen als vorgeordnet
betrachtet werden, je nach Gesichtspunkt nimmt eine andere Dimension den ersten Platz ein. Dazu kommt, dass sich der Sinn nicht
auf eine dieser Dimensionen zurückführen lässt. Er muss daher, sagt
Deleuze, als »die vierte Dimension des Satzes« (ebd., 37) betrachtet
werden.

Ganz allgemein bestimmt Deleuze den Sinn als »das Ausgedrückte des Satzes« (ebd., 38). Er lässt sich nicht auf einen individuellen
Dingzustand zurückführen, nicht auf eine persönliche Meinung und
nicht auf universelle und allgemeine Begriffe. Vom Sinn kann man
noch nicht einmal sagen, dass er existiert; das »Ausgedrückte existiert nicht außerhalb seines Ausdrucks« (ebd., 40). Deshalb sagt Deleuze, dass der Sinn »insistiert« oder »subsistiert«. Als Ausgedrückter
ist der Sinn vom Satz unterschieden, als Attribut des Dings oder des
Dingzustandes aber auch vom Ding, da das Ding dem Sein zugehört, das Attribut jedoch nicht. Der Sinn vermischt sich nicht mit
dem Satz und nicht mit dem Dingzustand, den der Satz bezeichnet:
»Er ist genau die Grenze zwischen den Sätzen und den Dingen«
(ebd., 41). In dieser Hinsicht versteht Deleuze den Sinn auch als
»Ereignis«, allerdings »unter der Bedingung, das Ereignis nicht mit
seiner raum-zeitlichen Verwirklichung in einem Dingzustand zu ver-
mengen« (ebd.): »Das Ereignis nämlich, das ist der Sinn selbst« (ebd.).

Als diese Grenze vereinigt der Sinn nicht Satz und Ding, sondern
ist »gleichsam die Artikulation ihrer Differenz« (ebd., 44). Die Saussure'schen Schlüsselbegriffe der »Differenz« und der »Artikulation«
versteht Deleuze demnach in eigener Weise: Die Differenz besteht
zwischen Satz und Ding, während sie bei Saussure zwischen den Signifikanten untereinander und den Signifikaten untereinander auftaucht. Der Sinn ist für Deleuze Artikulation, während bei Saussure
Artikulation meint, dass ein unstrukturiertes Gebiet durch Diffe-
renzsetzung gegliedert wird. Deleuze ist auch darin Poststrukturalist,

dass er die Begriffe Saussures nicht einfach übernimmt, sondern weiterentwickelt. Er wendet sie nicht an, sondern führt sie fort.

Indem er seine Auffassung vom Sinn weiterdenkt, gelangt Deleuze zu vier Paradoxa. Das erste bezeichnet er als »**Paradox der Regression** oder der unbegrenzten Wucherung«. Es beginnt damit, dass der Sinn immer schon vorgängig ist, wenn irgend jemand spricht oder schreibt. Der Sinn ist eine Sphäre, die notwendig ist, damit ich Bezeichnungen vornehmen kann, damit ich Sätze äußern kann. Indem ich etwas bezeichne unterstelle ich, dass der Sinn bereits erfasst worden ist, dass er vorhanden ist; »ohne diese Voraussetzung könnte ich gar nicht beginnen« (ebd., 48). Daraus folgert Deleuze: »Ich sage nie den Sinn dessen, was ich sage« (ebd.). Der Sinn liegt immer *vor* der Äußerung, und wenn er von ihr ausgedrückt werden kann, dann nur, weil der Sinn vorgängig ist. Er wird also streng genommen nicht direkt ausgedrückt, sondern es verhält sich umgekehrt: weil der Sinn vorgängig ist, kann ich mit meinen Sätzen etwas bezeichnen und ausdrücken. Diese Bewegung kann man, was Deleuze an dieser Stelle allerdings nicht tut, als eine Verschiebung betrachten, die an die Verschiebung bei Derrida erinnert. Der Sinn als Ausdruck ist nur möglich, weil der Sinn dem Ausdruck vorhergeht. Nicht ohne Grund spricht Deleuze hier von einem Paradoxon.

Wenn ich auch nie den Sinn dessen sagen kann, was ich sage, »kann ich aber immer den Sinn dessen, was ich sage, zum Gegenstand eines« anderen Satzes machen, dessen Sinn ich dann wiederum nicht sage« (ebd., 48). Damit wird der Sinn eines Satzes zum Bezeichneten eines anderen Satzes. »Ich trete folglich in eine endlose Regression des Vorausgesetzten ein. Diese Regression zeugt gleichzeitig von der völligen Machtlosigkeit des Sprechenden und der vollkommenen Macht der Sprache« (ebd.). Was bei Derrida der unendliche Aufschub von Sinn war, der nie an ein Ende gelangte, ist bei Deleuze das »Paradox der unendlichen Wucherung«, das darin besteht, dass der Sinn dem Satz immer vorgängig ist und lediglich als Bezeichnetes eines weiteren Satzes thematisiert werden kann, wobei dessen Sinn dem gleichen Schicksal unterliegt und so fort. Interessanterweise verknüpft Deleuze diese These mit Reflexionen über die Macht der Sprache und die Ohnmacht des Sprechenden und stellt damit eine Verbindung zur poststrukturalistischen These von der Unterwerfung des Subjekts unter die Sprache her. Nicht das Subjekt ist Herr der Sprache, sondern die Sprache Herr des Subjekts. Dies zeigt sich an der Tatsache, dass ich als Sprechender der unendlichen Wucherung kein Ende bereiten kann, sondern ihr ausgeliefert bin.

Das zweite Paradox, das mit dem Sinn zusammenhängt, ist das
»Paradox der sterilen Verdoppelung oder der trockenen Wiederholung«. Es hängt damit zusammen, dass es trotzdem eine Möglichkeit
gibt, die Regression ins Unendliche anzuhalten, auch wenn diese
nicht besonders befriedigend ist: »nämlich den Satz zu fixieren«
(ebd., 51). Diese Fixierung stellt sich Deleuze als eine Art Verdoppelung vor, als ein »Double des Satzes«, was es nach dem ersten Paradox ja auch sein muss. Man kann sich dieses Double z.B. als den
gleichen Satz noch einmal vorstellen, als Wiederholung der gleichen
Worte. Das Paradox besteht darin, wie man eine rhetorische Frage
von Deleuze interpretieren kann, »daß man auf diese Dimension
nicht verzichten kann und dass man damit nichts anzufangen weiß,
sobald man sie erreicht hat« (ebd.). Alles, was man durch diese Verdopplung erhält, ist ein »ausgetrocknetes Phantom«.

Das dritte ist das »Paradox der Neutralität oder des Dritten Zustandes der Essenz«. Der Sinn ist »der Bejahung wie der Verneinung
gegenüber gleichgültig« (ebd., 53), er ist »ebensowenig passiv wie
aktiv«, und das führt dazu, dass »kein Satzmodus ihn affizieren«
(ebd.) kann. »Der Sinn bleibt strikt derselbe, ob sich die Sätze der
Qualität, der Quantität, der Beziehung oder der Modalität nach unterscheiden« (ebd.). Der Grund dafür liegt darin, dass diese Modi
die Bezeichnung betreffen, der Sinn aber ist von ihr unabhängig; er
ist ja gerade nicht der Gegenstand der Bezugnahme (wie z.B. die
Bedeutung in Abgrenzung vom Sinn bei Gottlob Frege, dem Ahn-
herrn der analytischen Philosophie). Er ist aber auch nicht der Satz,
sondern die Grenze von beiden. Die Modalitäten, die in den Sätzen
zum Ausdruck kommen, also wie etwas ist, von welcher Qualität,
wie viele es davon gibt, ob etwas notwendig, möglich oder wirklich
ist, all das betrifft nicht den Sinn, sondern das Verhältnis Satz-Ding-
zustand. Das aber fällt in die Dimension der Bezeichnung, wodurch
der Sinn neutral wird, da er nicht davon affiziert wird. Das heißt
dann auch, dass er der Aktivität und Passivität gegenüber neutral ist,
da auch diese Modi des Satzes der Bezeichnung unterstehen. Im
Werk von Carroll ist es z.B. egal, ob jemand sagt »ich sage, was ich
denke«, oder »ich denke, was ich sage«, da der Sinn in beiden Fällen
derselbe ist. Er ist immer »doppelter Sinn und schließt aus, dass es
einen richtigen Sinn oder eine richtige Richtung der Beziehung
gibt« (ebd.).

Schließlich gibt es noch das vierte »Paradox des Absurden oder
der unmöglichen Objekte«. Es beruht auf der Tatsache, dass es Sätze
gibt, die sehr wohl sinnvoll sind, aber widersprüchliche Objekte bezeichnen, wie z.B. »rundes Viereck« oder »unausgedehnte Materie«.
Ihre Bezeichnung bleibt zwar irreal, da es sich um unmögliche Ob-

jekte handelt, doch unterscheidet sich der Sinn solcher Sätze vom
Absurden und vom Unsinn. Obwohl das Unmögliche außerhalb der
Existenz steht, »insistiert [es] als solches im Satz« (ebd., 56).

Das grundlegende **Paradox**, »von dem alle anderen herrühren, ist
das **der unbegrenzten Regression**« (ebd., 57). Dieses untersucht Deleuze nun genauer, und zwar im Hinblick auf seine Entfaltung als
Serie. Die Regression oder Wucherung impliziert ja schon als solche
die Bildung einer Serie, die in zwei Richtungen verläuft: nach vorne,
da der Sinn dem Satz immer vorgängig ist, und nach hinten, da der
Sinn eines Satzes nie Gegenstand desselben, sondern immer nur eines nachfolgenden Satzes sein kann. Betrachtet man nun, was in
dieser Abfolge wechselt, dann stellt man eine eigentümliche Doppelung fest: Zunächst bezeichnet der Satz einen Dingzustand, drückt
aber noch für den nächsten Satz einen Sinn aus, den dieser dann bezeichnet. Dessen Gegenstand ist dann kein Dingzustand mehr, sondern der Sinn des vorgängigen Satzes. Die Doppelung besteht also
darin, dass die Bezeichnung des Satzes einmal der Sinn ist, ein anderes mal der Dingzustand. Vom Satz aus gesehen teilt sich die eine
Serie auf in zwei, die Serie der Dingzustände und die Serie des
Sinns: »Die serielle Form kommt notwendigerweise in der Simulta-
neität wenigstens zweier Serien zustande« (ebd., 57). Die Serienbil-
dung geht aber noch weiter. Man kann aus dieser Doppelung weitere Serien gewinnen, z.B. die Serie der Sätze und Dingzustände, die
Serie der Sätze und Sinne, die Serie der Sätze usw. »Die serielle
Form ist demnach im wesentlichen multiseriell« (ebd.).

Eine wesentliche Grundbedingung der beiden Serien besteht darin, »daß sie niemals gleich sind« (ebd., 58). Diesen Unterschied begreift Deleuze nun als Differenz zwischen Signifikant und Signifikat, doch versieht er die beiden Begriffe mit neuen Bedeutungen.
»Wir nennen ›signifikant‹ jedes Zeichen, insofern es in sich selbst irgendeinen Aspekt des Sinns aufweist; ›Signifikat‹ hingegen das, was
diesem Aspekt des Sinns als Korrelat dient, also das, was in relativer
Dualität mit diesem Aspekt bestimmt wird« (ebd.). Diese beiden
Begriffe versteht Deleuze als Platzhalter, die in unterschiedlicher
Perspektive mit wechselnden anderen Begriffen besetzt werden können, als Rollen, die unterschiedlich ausgefüllt werden. »Signifikant«
kann daher das Attribut eines Dingzustandes sein, zu dem der
Dingzustand mit seinen wirklich vorhanden Qualitäten das »Signifikat« ist. »Signifikant« kann der Satz in seiner Gesamtheit aus Be-
zeichnungs-, Manifestations- und Bedeutungsdimension sein, während »Signifikat« die bezeichnete Sache, das manifestierte Subjekt
oder der bedeutete Begriff dazu ist.

»Schließlich ist der Signifikant die einzige Ausdrucksdimension, die tatsächlich den Vorzug hat, nicht relativ zu einem unabhängigen Glied zu sein, da der Sinn als ausgedrückter nicht außerhalb des Ausdrucks existiert; und folglich ist das Signifikat nun die Bezeichnung, die Manifestation oder eben die Bedeutung im engeren Sinn, das heißt der Satz, insofern sich der Sinn oder das Ausgedrückte von ihm unterscheiden« (ebd., 59).

Im Verhältnis der beiden Serien zueinander gibt es nach Deleuze eine »paradoxale Instanz, die sich auf kein Glied der Serien, auf kein Verhältnis zwischen den Gliedern zurückführen läßt« (ebd., 61). Sie ist in beiden Serien vorhanden, sie ist zugleich Wort und Ding, Name und Gegenstand, und garantiert die Konvergenz der Serien, ihre Kommunikation. Auf sie richten sich die Glieder jeder Serie zunächst aus, doch da die paradoxale Instanz »sich unablässig im Verhältnis zu sich in den beiden Serien verschiebt« (ebd., 62), bewirkt sie, dass auch die Serien sich essentiell verschieben, dass »beide in fortwährendem und wechselseitigem Ungleichgewicht« (ebd., 61) gehalten werden. Das Ungleichgewicht selbst muss auch wieder ausgerichtet werden, und das heißt für Deleuze, »daß die eine der beiden Serien, die als signifikant bestimmte, einen Überschuß über die andere darstellt; es gibt immer ein Übermaß an Signifikantem, das sich einschleicht« (ebd.). Von der paradoxalen Instanz, die sich im Verhältnis zu sich verschiebt, muss dann gesagt werden, »daß sie niemals ist, wo man sie sucht, und dass man sie umgekehrt nicht dort findet, wo sie ist. Sie *fehlt an ihrem Platz*, sagt Lacan« (ebd., 62).

Diese Überlegungen werden von Deleuze mit literarischen Beispielen illustriert, und wie Lacan verweist auch er auf die Erzählung »Der entwendete Brief« von Edgar Allen Poe. Es geht darin um einen Brief, der gerade dadurch verborgen bleibt, dass er ganz offen daliegt. Lacan hat hier zwei Serien identifiziert, die aus unterschiedlichen Menschen und ihrem Verhältnis zum Brief bestehen, den sie entweder sehen oder nicht sehen (in: *Schriften 1*, 7-60). Der Brief organisiert diese Serien, da sich alle auf ihn beziehen, ob er nun sichtbar ist oder nicht, ob sie ihn haben oder verbergen wollen. Er wechselt den Besitzer, wenn er gesehen wird, und durchläuft so die gesamte Erzählung; er ist nie dort, wo er vermutet wird, und wo er ist, dort wird er nicht vermutet. In Analogie zu der Funktion dieses Briefes versteht Deleuze die paradoxale Instanz, von der er allerdings einräumt: »In Wahrheit gibt es kein seltsameres Element als dieses Ding mit zwei Seiten, mit zwei ungleichen und ungeraden ›Hälften‹« (ebd., 63).

Für Lacan, das wollen wir hier im Zusammenhang von Deleuzes »Versuch eines logischen und psychoanalytischen Romans« nur kurz erwähnen, ist diese paradoxale Instanz der grundlegende Mangel, der die Serien ausrichtet und für den er später den Signifikanten »Phallus« einsetzt. Dass nach Deleuze die paradoxale Instanz »sich unablässig im Verhältnis zu sich in den beiden Serien verschiebt«, liegt an seinem poststrukturalistischen Credo, dass es keine sich selbst identische Stelle geben kann, welche eine Struktur organisiert. Der feste Ort des Mangels und des Phallus bei Lacan muss noch durch eine Verschiebung in sich selbst instabil gemacht und einer Differenz unterworfen werden.

So, wie er die Begriffe »Signifikant« und »Signifikat« von der Differenz der zwei Serien her neu bestimmt, so bestimmt Deleuze den Begriff der »Struktur« nun vom »paradoxalen Element« her. In Anlehnung an Lévi-Strauss versteht er den Überschuss des Signifikanten über das Signifikat so, dass die Sprachelemente in ihrer Gesamtheit auf einen Schlag gegeben sein müssen, »da sie unabhängig von ihren möglichen differentiellen Beziehungen nicht existieren« (ebd., 71) – das ist soweit die Lehre des Strukturalismus. Das Signifikat aber »gehört zur Ordnung des Bekannten« (ebd.), und diese Ordnung befindet sich in einer fortschreitenden Bewegung.

Am Beispiel des Gesetzes macht Deleuze das Verhältnis deutlich: Das Gesetz gilt von vornherein für alle künftigen Fälle, auch wenn man diese noch gar nicht überblicken kann. Jeder künftige Fall hat demnach schon von vornherein seinen Platz unter dem Gesetz, er ist in ihm mitbedacht. Genauso bei der Sprachordnung: Egal was wir alles noch entdecken werden, wir werden es in unserer Sprache bezeichnen können. Insofern weist die Signifikanten-Serie einen Überschuss über die Signifikats-Serie auf. Hier sei ebenfalls kurz darauf verwiesen, dass dies die Deleuze'sche Version von Lacans These ist, wonach der Signifikant über dem Signifikat steht und das Signifikat sich einer nachträglichen Wirkung des Signifikanten verdankt.

Dieser Überschuss reißt bei Lévi-Strauss eine **Kluft zwischen Signifikant und Signifikat**, die seiner Meinung nach geschlossen werden muss. Um sie zu schließen, sucht er nach einem Zeichen, »das die Notwendigkeit eines supplementären symbolischen Inhalts markiert« (zit. nach *Logik des Sinns*, 73). Als Beispiele für solche Zeichen schlägt der Vater des Strukturalismus Wörter wie »Dingsda«, »irgend etwas«, »mana«, oder auch »Es« vor. Deleuze geht nun weiter und weist darauf hin, dass der Überschuss in einem Wechselverhältnis zum Fehlen steht und daher als etwas betrachtet werden kann, das sich in den beiden Serien unterschiedlich zur Geltung bringt. »Denn das, was in der Signifikanten-Serie als Überschuß vorkommt, ist buchstäblich ein leeres Feld, ein sich ständig verschiebender Platz ohne Besetzer; und was in der Signifikats-Serie Fehlen

ist, ist ein überzähliges Gegebenes ohne Platz, unbekannt, stets ver-
schobener Besetzer ohne Platz. Es ist dasselbe mit zwei Seiten«
(ebd., 73). Diese zwei Seiten sind jedoch nicht gleich, »wodurch die
Serien ohne Verlust ihrer Differenz kommunizieren« (ebd.).

Die Einheit aus Überschuss und Fehlen kann als die paradoxale
Instanz verstanden werden, die dafür sorgt, dass die beiden Serien
stets in Differenz stehen; sie ist der »Differentiant« (ebd., 74) der Seri-
en. Sie sorgt vor allem »für die *Sinn*stiftung in den beiden Serien, der
signifikanten und der signifikaten«, denn »der Sinn fällt nicht mit der
Bedeutung selbst zusammen, sondern ist das, was sich dergestalt attri-
buiert, daß es den Signifikanten wie [das] Signifikat als solchen [sol-
ches] bestimmt« (ebd., 74f, modifizierte Übersetzung). Als Bedingung
für eine Struktur folgert Deleuze daraus, dass sie Serien aufweisen
muss, Beziehungen zwischen den Gliedern jeder Serie und dass sie
Punkte haben muss, die diesen Beziehungen entsprechen. Die wichtigste Bedingung ist jedoch, dass es »keine Struktur ohne leeres Feld
gibt, das alles erst zum Funktionieren bringt« (ebd., 75).

Seine Behauptung, dass der Sinn ein ganz besonderes Verhältnis
zum Unsinn einnimmt, löst Deleuze dadurch ein, dass er den Unsinn mit der paradoxalen Instanz identifiziert. Im Unterschied zum
Sinn eines Satzes, der nur durch einen nächsten Satz bezeichnet
werden kann, ist der Unsinn »eins mit dem Wort ›Unsinn‹, und das
Wort ›Unsinn‹ ist eins mit den Wörtern, die keinen Sinn haben, das
heißt den konventionellen Wörtern, deren man sich bedient, um
ihn zu bezeichnen« (ebd., 93). Das Verhältnis zwischen Sinn und
Unsinn kann nicht dem Verhältnis von wahr und falsch nachgebil-
det werden; es ist kein Ausschlussverhältnis. Als paradoxale Instanz
ist der Unsinn diejenige Instanz, die in einer Struktur »alles zum
Funktionieren bringt«, er ist demnach das »leere Feld«. In einer Art
Zusammenfassung schreibt Deleuze:

»In den Serien hat jedes Glied Sinn nur dank seiner relativen Stellung gegenüber allen anderen Gliedern; diese relative Stellung hängt ihrerseits von
der absoluten Stellung jedes Glieds in Funktion der Instanz = X ab, die als
Unsinn bestimmt ist und unablässig durch die Serien hindurch zirkuliert.
Der Sinn wird tatsächlich durch diese Zirkulation *hergestellt*, als Sinn, der
dem Signifikanten, aber auch als Sinn, der dem Signifikat zukommt. Kurz,
der **Sinn ist stets eine** *Wirkung*, **ein** *Effekt*« (ebd., 96f).

Der **Sinn**, so liest sich das strukturalistische Credo aus der poststrukturalistischen Perspektive von Deleuze, **ist ein Effekt des Unsinns.**

Was bleibt nach dieser Diagnose dann zu tun? »Das leere Feld
zirkulieren zu lassen und die prä-individuellen und unpersönlichen

Singularitäten zum Sprechen zu bringen, kurz, den Sinn zu produzieren. Darin besteht heute die Aufgabe« (ebd., 100). Der Sinn ist
nicht zu entdecken, »er ist durch neue Maschinerien zu produzieren« (ebd., 99). Exakt an diesem Punkt wird Deleuze mit dem *Anti-
Ödipus* ansetzen, allerdings unter Verlust der Sinnkategorie; dort
wird es nur noch um das Funktionieren gehen, nicht mehr um Bedeutungen. Diese Linie wird im zweiten Band des *Anti-Ödipus*,
Mille plateaux (1980; dt. als *Tausend Plateaus. Kapitalismus und
Schizophrenie* 1992), dann mit dem Begriff des »Rhizoms« weitergeführt (s. Kap. 2.2.1).

2.1.3 Differenz und Widerstreit:
Lyotards Modell des *différend*

Anders als Derrida oder Deleuze orientiert sich Jean-François Lyotard (1924-1998) in seinem 1983 erschienenen philosophischen
Hauptwerk *Le différend* (dt. *Der Widerstreit*, 1987) nicht an Saussure, sondern an den politischen Schriften von Kant und Wittgensteins Theorie der Sprachspiele. Das Buch steht – fast zwanzig Jahre
nach Erscheinen der programmatischen Grundlagentexte von Derrida – an einer Schwelle, hinter der es den Poststrukturalismus im engeren Sinne (als philosophische Kritik des Strukturalismus) nicht
mehr gibt. Loytard stellt im *Widerstreit* einen Versuch vor, das politische Pathos, das ihn sein Leben lang geleitet hat, in eine sprachphilosophische Theorie der Gerechtigkeit zu übersetzen. Seinen
ebenso philosophischen wie ethischen Leitgedanken skizziert er in
seinem dem Buch als Vorwort vorangestellten »Merkzettel«: »In An-
betracht 1.) der Unmöglichkeit der Vermeidung von Konflikten [...]
und 2.) des Fehlens einer universalen Diskursart zu deren Schlich-
tung [...]: wenigstens eine Möglichkeit aufsuchen, die Integrität des
Denkens zu retten« (*Widerstreit*, 11). Doch auch wenn er sie auf andere Weise herleitet und begründet, reformuliert die **Theorie des
Widerstreits** noch einmal, gewissermaßen retrospektiv, Grundgedanken des Poststrukturalismus und seiner Konzeption der Sprache
– und sie tut es in einer literarischen Form, die auf eine für den
Poststrukturalismus typischen Weise spielerisch mit verschiedenen
Genres – dem Essay, dem Dialog, dem philosophiehistorischen Diskurs – jongliert und zugleich immer wieder an Wittgensteins *Philosophische Untersuchungen* erinnert, auf die Lyotard sich auch bezieht.
»Man schreibt«, so formuliert Lyotard einmal seine poetologische
Überzeugung, »gegen die Sprache, aber notwendig mit ihr. Schreiben heißt nicht, zu sagen, was sie schon zu sagen weiß. Man will

vielmehr sagen, was sie nicht zu sagen vermag, aber sagen können
muß, nimmt man an« (*Tombeau de l'intellectuel*, 1984; dt. *Grabmal
des Intellektuellen*, 1985, 56). Über das dieser Überzeugung zugrunde liegende Konzept der Sprache gibt die Theorie des Widerstreits
Auskunft (vgl. als allgemeine Einführungen Bennington 1988;
Reese-Schäfer 1988; Readings 1991; Sim 1996).

Genau wie Deleuze und anders als Derrida gehen Lyotards
sprachphilosophische Überlegungen vom Satz aus: »Das einzige, was
unzweifelhaft ist: der Satz, weil er unmittelbar vorausgesetzt wird«
(*Widerstreit*, 9). Ein Satz impliziert »vier Instanzen, die ein Satz-
Universum entwerfen: den Empfänger, den Referenten, die Bedeutung und den Sender« (ebd., 34). Der Referent ist nach Lyotard das-
jenige des Satzes, worum es geht, der Fall, den er darstellt.
Dasjenige, was der Fall meint, ist der Sinn oder die Bedeutung.
Schließlich wendet sich diese Sinnschicht an jemanden, den Emp-
fänger, und wird durch oder im Namen von jemanden vermittelt,
dem Sender. Das Satz-Universum ist eine Situation, in der diese vier
Instanzen zueinander stehen, in der sie situiert werden. Von allen
Instanzen kann der Satz mehrere umfassen, also mehrere Referenten,
Bedeutungen, Empfänger und Sender. Jede der vier Instanzen kann
in einem Satz ausgewiesen sein, muss es aber nicht (ebd., 34f.). Der
Satz stellt ein Universum dar und, so Lyotard, führt ein »es gibt«
mit: »Es gibt das, was bedeutet wird, wovon, für wen und durch
wen dies bedeutet wird: ein Universum. *Zumindest* ein Universum,
denn die Bedeutung, der Referent, der Sender, der Empfänger können mehrdeutig sein« (ebd., 125). »Es gibt ebenso viele Universen
wie Sätze« (ebd., 135).

Sätze werden nun nach bestimmten Regeln gebildet. Lyotard zählt
mehrere Beispiele für die dafür zuständigen Regelsysteme auf: »Argumentieren, Erkennen, Beschreiben, Erzählen, Fragen, Zeigen, Befehlen« (ebd., 10). Dies alles sind Weisen, wie man Sätze bilden kann.
Zum Befehlen gehört zum Beispiel oft eine bestimmte Verbform, zum
Erzählen die Verwendung eines bestimmten Tempus, zum Argumentieren Sätze in Behauptungsform, zum Fragen die Reihenfolge Verb
und erst dann Personalpronomen usw. Lyotard verweigert sich explizit
einer genauen Definition des Satzes, weil auch eine Definition nur
eine bestimmte Regel ist, einen Satz zu bilden (ebd., 122f). Statt dessen gibt er eine Liste von Beispielen: »Es ist Tag; Reich mir das Feuer-
zeug; War sie hier?; Sie kämpften bis zur letzten Patrone; Könnte er
doch dem Unwetter entkommen!; Ist der Satz /Es gibt einen Satz/ de-
notativ?; ax2+bx+c=0; Au!; Aber ich wollte eben ...« (ebd., 124).

Einen einzelnen, isolierten Satz kann es, so Lyotard, nicht geben.
Sätze müssen verknüpft werden, sie müssen miteinander verkettet

werden, denn »ein weiterer Satz kann nicht ausbleiben, das entspricht der Notwendigkeit, das heißt der Zeit, es gibt keinen Nicht-Satz, [...] es gibt keinen letzten Satz« (ebd., 11). Selbst das Schweigen ist für Lyotard ein Substitut des Satzes, das z.B. in verschiedenen Situationen wie Gespräch, Verhör, Diskussion, oder psychoanalytischer Therapiesitzung an die Stelle von Sätzen rückt. Das Schweigen impliziert einen negativen Satz, der wenigstens eine der vier Instanzen negieren würde, und kann durch verschiedene Sätze formuliert werden wie z.B. »Dieser Fall geht Sie nichts an!« (ebd., 34), oder auch »Das möchte ich nicht sagen«. Dass es keinen letzten Satz gibt, hat nach Lyotard folgenden Grund: »Ein letzter Satz muß durch einen weiteren dazu erklärt werden und ist deshalb nicht der letzte« (ebd., 30). Jeder Satz zieht demnach weitere Sätze nach sich und ist Teil einer unendlichen Bewegung, die auch ein Schweigen oder eine Erklärung, dieses sei nun der letzte Satz, nicht beenden kann. Das Verketten von Sätzen ist daher notwendig, und zwar als ein »Müssen« und nicht als die Verpflichtung eines »Sollens«. »Verketten ist notwendig«, sagt daher Lyotard, allerdings »*wie* verketten nicht« (ebd., 119).

Das »Wie« der Verkettung wird von Diskursarten geregelt. Sie können als die übergeordneten Einheiten betrachtet werden, die Sätze verketten, die nach verschiedenen Regeln gebildet worden sind. Beispiele für solche Diskursarten sind Wissen, Lehren, Rechthaben, Verführen, Rechtfertigen, Bewerten, Erschüttern, Kontrollieren, Überreden, Überzeugen, Besiegen, zum Lachen bringen, zum Weinen bringen usw. Wichtig ist der Gesichtspunkt, dass Diskursarten Regeln liefern, »mit denen Ziele erreicht werden können« (ebd., 10): Die **Diskursarten sind Strategien** (ebd., 228). Je nachdem, welches Ziel man erreichen möchte, lassen sich Sätze unterschiedlich verketten. »An den mitleidsheischenden tragischen Satz: ›Welch eitler Schmuck sind diese Schleier, die mich bedrücken!‹ knüpft ein Techniker mit der Suche nach leichteren Textilien und einer nüchternen Kleidungsmode an (und lacht dabei über seine Kundin oder mit ihr)« (ebd., 216). Die Sätze innerhalb einer Diskursart können dabei nach unterschiedlichen Regelsystemen gebildet worden sein. »Beispielsweise verkettet der Dialog eine Frage mit einer Ostension (Zeigen) oder einer Definition (Beschreiben), wobei der Einsatz darin besteht, daß die beiden Parteien Übereinstimmung hinsichtlich der Bedeutung eines Referenten erzielen« (ebd., 10).

Der Unterschied zwischen den Regelsystemen, welche die Sätze betreffen, und den Diskursarten wird von Lyotard anhand des Schachspiels erläutert. Die Regelsysteme der Sätze entsprechen den konstitutiven Regeln, die das Schachspiel überhaupt ermöglichen, also alle zugelassenen Züge der entsprechenden Figuren. Die Diskursarten entsprechen den Empfehlungen, die eine erfolgreiche Strategie bilden, nach der man gewinnen kann. Wenn man die ersten Regeln nicht beachtet, dann spielt man nicht Schach, wenn man die letzteren nicht beachtet, dann ist man ein schlechter Spieler, der zumeist entsprechend schnell verliert (ebd., 228). »Schlecht spielen« kann allerdings wieder eine Strategie sein, »von der man hinterher sagen wird: ›Gut gespielt!‹« (ebd., 228). Ein Beispiel dafür ist der Wettkampf zwischen Kasparow und dem Schachcomputer »Deep Blue«. Das erste Match hatte Kasparow gewonnen, indem er sinnlose Züge auf dem Brett ausführte, mit denen das Strategieprogramm des Computers nichts anzufangen wusste. Dementsprechend wirr waren dessen Gegenzüge, die Kasparow dann wieder für sich ausnutzen konnte. Kasparow hat zwar Schach im Sinn der Satzregeln gespielt, aber nicht im Sinne der Diskursarten, die der Computer kannte. Er hat nach einer neuen Diskursart verkettet.

Jeder Satz, der nach einem Regelsystem gebildet worden ist, trägt eine Art »Gebrauchsanweisung« bei sich (ebd., 216), »das heißt eine Anweisung bezüglich des Zwecks, der anhand ihrer verfolgt wird« (ebd.). Trotzdem ist die Verkettung der Sätze immer unbestimmt. Zwar ist jeder Satz immer schon Teil einer Diskursart, die »einen Einsatz für die Satzverkettungen fest[legt]« (ebd., 149); doch muss die Verkettung nicht in derselben Diskursart fortgeführt werden, sondern kann zu einer anderen Diskursart wechseln. Der Offizier, der z.B. »Avanti!« ruft und aus dem Schützengraben stürmt, befindet sich in der Diskursart »Befehlen«; wenn die Soldaten ergriffen »Bravo!« rufen, ohne sich zu rühren, haben sie schlicht die Diskursart gewechselt und anders verkettet. Sie bringen uns zum Lachen und gehorchen nicht mehr dem Befehl. Obwohl also der Satz »Avanti!« die Diskursart »Befehlen« nahelegt, kann er trotzdem in der Diskursart »zum Lachen bringen« mit dem Satz »Bravo!« verkettet werden. Wie oben bereits zitiert: »Verketten ist notwendig, *wie* verketten nicht« (ebd., 119).

Der Grund dafür liegt an den Zwecken, die durch die Diskursarten erreicht werden sollen. Der Einsatz, der mit einer Diskursart verbunden ist, versucht die Verkettung zwischen Sätzen zu bestimmen. »Er bestimmt sie aber nur so, wie ein Zweck Mittel bestimmen kann: durch den Ausschluß derer, die nicht angebracht sind« (ebd., 149). Was aber angebracht ist, richtet sich wieder nach einem Zweck, und »es gibt viele andere Mittel, um den Zweck zu erreichen« (ebd.). Außerdem können die Zwecke variieren: der Offizier aus dem Beispiel verfolgt einen anderen Zweck als seine Soldaten, die »Bravo!« rufen. Es gibt keine intrinsische Notwendigkeit, dass ein bestimmter Satz mit einem bestimmten anderen verkettet wird, wenn man nicht in einer Diskursart verbleibt, was nicht zwangsläufig ist. Es gibt keine Dominanz einer Diskursart über eine andere. »Ein Satz, der Verkettungen herstellt und selbst weiter verkettet werden soll, ist immer ein *pagus*, Grenzland, in dem die Diskursarten um den Verkettungsmodus kämpfen. Krieg und Handel« (ebd., 251; zur Sprachtheorie vgl. Warmer/Gloy 1995).

Eine der zentralen Thesen von Lyotard ist nun, dass es keine oberste Diskursart gibt.

»Die Vorstellung, dass eine höchste Diskursart, die alle Einsätze umfaßt, eine höchste Antwort auf die Schlüsselfragen der verschiedenen Diskursarten liefern könnte, scheitert an der russellschen Aporie. Entweder ist diese Diskursart Teil aller Diskursarten, ihr Spieleinsatz ein Einsatz unter den anderen und ihre Antwort also nicht die höchste. Oder sie gehört nicht zur Gesamtheit der Diskursarten und umfaßt folglich nicht alle Spieleinsätze, da sie ihren eigenen ausnimmt [...] Das Prinzip eines absoluten Sieges einer Diskursart über die anderen ist sinnleer« (*Widerstreit*, 230).

Aus dieser Aporie erwächst, was Lyotard mit einer Formulierung Kants »Widerstreit« nennt. Man kann diesen Widerstreit als einen Kreuzungspunkt von Sprache, Ethik und Politik begreifen.

»Im Unterschied zu einem Rechtsstreit wäre ein Widerstreit ein Konfliktfall zwischen (wenigstens) zwei Parteien, der nicht angemessen entschieden werden kann, da eine auf beide Argumentationen anwendbare Urteilsregel fehlt [...] Wendet man dennoch dieselbe Urteilsregel auf beide zugleich an, um ihren Widerstreit gleichsam als Rechtsstreit zu schlichten, so fügt man einer von ihnen Unrecht zu [...] Ein Unrecht resultiert daraus, dass die Regeln der Diskursart, nach denen man urteilt, von denen der beurteilten Diskursart(en) abweichen« (ebd., 9).

Ein konkretes Beispiel für einen Widerstreit, das Lyotard in seinem Buch immer als Referenz dient und dessen ganzen politischen und ethischen Einsatz deutlich macht, ist der Fall Faurisson in Frankreich. Faurisson hat die Vernichtung der Juden in den Gaskammern geleugnet. Er tut dies mit dem Argument, dass er keinen der Deportierten hat finden können, der ihm beweisen konnte, mit eigenen Augen eine Gaskammer gesehen zu haben. Für Lyotard resultiert aus dieser Argumentation ein Dilemma: Ein Deportierter, der die todbringende Wirkung der Gaskammern im Sinne von Faurisson bezeugen könnte, müsste tot sein. Als Toter aber kann er nichts mehr bezeugen. Möchte man nun dagegen Klage führen, gerät man in einen Widerstreit, der zur Folge hat, dass der Kläger seiner Beweismittel beraubt ist und dadurch zum Opfer wird. »Zwischen

zwei Parteien entspinnt sich ein Widerstreit, wenn sich die ›Beile-
gung‹ des Konflikts, der sie miteinander konfrontiert, im Idiom der
einen vollzieht, während das Unrecht, das die andere erleidet, in
diesem Idiom nicht figuriert« (ebd., 27). Der Widerstreit kann nicht
aufgelöst werden, da es keine übergeordnete Diskursart gibt, welche
den Streit als Rechtsstreit schlichten könnte. Faurisson verfährt in
der Diskursart »Beweisen« und konstruiert sein Argument so, dass
kein Beweis erbracht werden kann. Schließt man sich als Kläger dieser Diskursart an, dann unterliegt man notwendig. Bewegt man sich
dagegen in einer anderen Diskursart, z.B. dem »Bezeugen«, stehen
zwei Diskursarten gegenüber, die nicht in einer dritten aufgehoben
werden können. Es gibt kein Satz-Regelsystem oder eine Diskursart,
die universale schlichtende Autorität besitzen würde (ebd., 11). Das
ist der Widerstreit, den kein Konsens aufheben kann. Es ist diese
These, die gerade in Deutschland auf heftige Kritik gestoßen ist, besonders bei Vertretern der Diskursethik von Jürgen Habermas (vgl.
den kurzen Überblick bei Reese-Schäfer 1988, 92 ff.; weiterführend
Frank 1988; Melchior 1992).

    Angesichts dieser theoretischen Situation, die sich in praktischen
Konfliktsituationen zeigt, wird alles zur Politik. Sie ist »die Drohung
des Widerstreits. Sie ist keine Diskursart, sondern deren Vielfalt, die
Mannigfaltigkeit der Zwecke und insbesondere die Frage nach der
Verkettung« (*Widerstreit*, 230). Wenn es aber keine Ethik in dem
Sinn geben kann, dass sie eine übergeordnete Diskursart wäre, was
bleibt dann dem Philosophen zu tun übrig – zumal seine Diskursart
auch nur eine unter vielen ist, was Lyotard auch betont (z.B. ebd.,
13, 216f.)? Lyotards Antwort fällt bescheiden, aber konsequent aus:
Man kann »[d]en Widerstand bezeugen« (ebd., 12) – das bedeutet:
man kann zumindest zeigen, dass die Verkettung von Sätzen problematisch und dieses Problem die Politik ist (ebd., 11f.). Man kann
auch »dem Widerstand gerecht [...] werden« (ebd., 32f.), und das
bedeutet, dass man neue Empfänger, Sender, Bedeutungen und Referenten einsetzt, »damit das Unrecht Ausdruck finden kann und
der Kläger kein Opfer mehr ist« (ebd., 33). Schließlich kann man
neue Formations- und Verkettungsregeln für die Sätze aufspüren
(ebd.), die dem Widerstreit Ausdruck verleihen können und ihn
nicht gleich in einem Rechtsstreit ersticken. Die Verantwortung des
Denkens, so Lyotard, besteht darin, »die Fälle von Widerstreit aufzudecken und das (unmögliche) Idiom zu ihrer ›Setzung‹ in Sätze zu
finden. Was ein Philosoph tut« (ebd., 237).

    Obwohl er sich nicht auf Saussure und den Strukturalismus be-
zieht oder von beiden abgrenzt, sondern sich stärker an dem späten
Wittgenstein orientiert, gelangt Lyotard zu Einsichten, die man dem

Poststrukturalismus zurechnen kann. Diese Einsichten reformulieren
Themen des Poststrukturalismus aus der Perspektive der eigenen
Theorie. Im *Widerstreit* zeigt sich das z.b. in der Verteidigung des
Einzelnen, das nicht im Code, in der Struktur, in der Sprache aufgeht, sondern in gewisser Weise »davor« liegt. Der Widerstreit ist
nämlich für Lyotard »der instabile Zustand und der Moment der
Sprache, in dem etwas, das in Sätze gebracht werden können muß,
noch darauf wartet [...]. Was diesen Zustand anzeigt, nennt man
normalerweise Gefühl. ›Man findet keine Worte‹« (ebd., 33). Lyotards ganze Bemühung besteht darin, dieses Gefühl, in dem sich der
Widersteit zu erkennen gibt, zu retten und ihm Ausdruck zu verleihen. Eine der Strategien dafür besteht in der **Suche nach neuen For-
mations- und Verkettungsregeln für Sätze**. Die literarische Konstruktion, in der *Der Widerstreit* selbst geschrieben worden ist, also
die Einteilung in Paragraphen und Exkurse, die fiktiven Dialoge,
das Verwenden von Literatur als Beispiel, ist eine solche Möglichkeit
der – wie Lyotard an einer anderen Stelle geschrieben hat: »experi-
mentellen« (s. Kap. 2.4.3) – Verkettung von Sätzen. Die Nähe des
Poststrukturalismus zur Kunst und sein Bemühen, die philosophischen Ausdrucksformen literarisch zu erweitern, speist sich auch aus
dem Streben, dem Besonderen, Einzelnen, Individuellem zu seinem
Recht zu verhelfen. Lyotard verleiht diesem Bestreben in der Theorie vom Widerstreit einen besonders deutlichen Ausdruck – und er
übersetzt die sprachphilosophisch gewonnen Thesen an anderen
Stellen auch in das Konzept eines ebenso philosophischen wie ästhetischen Widerstands gegen die Unterdrückung des Ereignisses durch
die Regeln der politischen, wissenschaftlichen und ökonomischen
Diskurse.
    Die Rettung des Einzelnen vor seiner Vereinnahmung durch
Code und Struktur ist bei Lyotard strikt ethisch motiviert. »Im Widerstreit ›verlangt‹ etwas nach ›Setzung‹ und leidet unter dem Unrecht, nicht sofort ›gesetzt‹ werden zu können« (ebd., 33). Das Unrecht kann dabei auf den unterschiedlichsten Ebenen zum Ausdruck
kommen. Einmal dadurch, dass es keine universale, schlichtende
Diskursart gibt, und die tatsächlich erfolgende Verkettung den möglichen Verkettungen in einer anderen Diskursart ein Unrecht zufügt,
da mögliche Sätze nicht aktualisiert und demnach unterdrückt werden (ebd., 11). Eine zweite Ebene des Unrechts besteht darin, dass
die Diskursarten oder Idiome durch die Regeln, mit denen sie die
weitere Verkettung von Sätzen steuern wollen (aber natürlich nicht
können), dasjenige, was kommen soll, vorwegnehmen, »das heißt
[...] verbieten« (ebd., 151). Eine dritte Ebene des Unrechts kommt
an dem Punkt ins Spiel, an dem die Verkettung zu einer Frage der

Politik wird, also zu einer Entscheidung über die zulässige Diskursart, eine Entscheidung, die den Widerstreit auf einen Rechtsstreit
reduziert. Jede Diskursart, die als die übergreifende autorisiert wird,
unterdrückt andere und lässt dadurch »einen ›Rest‹ ungeschlichteter
und nicht schlichtbarer Widerstreitfälle zurück, einen Rest, an dem
sich der Bürgerkrieg der ›Sprache‹ immer wieder von neuem entzün-
den kann und tatsächlich auch entzündet« (ebd., 236). Da aber
durch die Politik Entscheidungen zu übergreifenden Diskursarten
gefällt werden müssen, kann »der Spieleinsatz nicht im Guten, sondern nur im kleinsten Übel bestehen [...]. Unter Übel verstehe ich
(und man kann nichts anderes darunter verstehen): das Verbot jederzeit möglicher Sätze« (ebd., 234). Diesem Verbot entgegenwirken
und dasjenige retten, was aus dem System herausfällt, das ist eines
der zentralen Themen des Poststrukturalismus.

Der Strukturalismus mit seinem starken Code-Modell ließ alle
Elemente in der Struktur aufgehen. Der Einsatz des Poststrukturalismus für das Einzelne jenseits der Struktur führt auch zur Kritik an
einer bestimmten Idee von Sprache, der Idee ihrer Totalität. Bei Lyotard kommt dieser Gedanke dadurch zum Ausdruck, dass er die
Diskursarten mit Zwecken verbindet und die Ablehnung einer übergeordneten Diskursart dadurch begründet, dass es keine quasi natürliche Rangfolge von Zwecken gibt. Daraus ergibt sich seine Ablehnung einer einheitlichen Konzeption von Sprache: »Die Sprache
besitzt nicht eine einzige Zweckmäßigkeit, oder – sollte sie eine besitzen – so ist sie nicht bekannt. Ganz so, als ob es ›die Sprache‹
nicht gäbe« (ebd., 264; vgl. ebd., 10).

Auch in der Frage des Subjekts erweist sich Lyotard als Poststrukturalist. Die Absichten und Zwecke, die durch die Diskursarten ins
Spiel gebracht werden, soll man nicht als Absichten von Subjekten
missverstehen – sie erwachsen aus den Diskursarten selbst. »Unsere
›Absichten‹ sind die Spannungen bei gewissen Verkettungsweisen,
die die Diskursarten auf die Empfänger und Sender von Sätzen, auf
deren Referenten und Bedeutungen übertragen [...]. Es gibt keinen
Grund, diese Spannungen Absichten und Willen zu nennen, außer
die Eitelkeit, auf unser Konto zu verbuchen, was dem Vorkommnis
[von Sätzen] und dem Widerstreit zukommt, den es zwischen den
verschiedenen Weisen, daran anzuknüpfen, hervorruft« (ebd., 226).
Demgemäß begreift Lyotard sein Buch – durchaus im Sinne von
Foucaults Postulat über das Verschwinden des Menschen – als Teil
einer Widerlegung des Humanismus und der Humanwissenschaften
und ihres Vorurteils, »daß es nämlich den ›Menschen‹ gibt, die
›Sprache‹, daß jener sich dieser ›Sprache‹ zu seinen eigenen Zwecken
bedient, daß das Verfehlen dieser Zwecke auf dem Mangel einer

ausreichenden Kontrolle über die Sprache beruht, einer Kontrolle über die Sprache ›mittels‹ einer ›besseren‹ Sprache« (ebd., 11).

2.2   Die Anarchie des Denkens und der Körper

Die 60er Jahre sind ein Jahrzehnt der Revolte. Die zu Beginn der 60er Jahre in Europa und den USA entstehende Popkultur wird rasch zu einem Massenphänomen; die kulturelle Aufbruchstimmung, in der die Jugend sich befindet, wird dabei zunehmend politischer. Das Aufbegehren gegen die Welt der Eltern und ihre Werte artikuliert sich als breiter Protest gegen die etablierten Strukturen der Gesellschaft. Der Protest richtet sich gegen den Krieg in Vietnam ebenso wie gegen rigide Sexualvorstellungen. Vor den Hochschulen macht der Protest nicht halt: die Studentenbewegung entsteht, deren Vertreter – unterstützt von einzelnen ihrer Professoren – die theoretischen Programme der Revolte zu formulieren suchen. Ihren Höhepunkt erreicht die Studentenbewegung im Mai 68, als in Paris Studierende und Arbeiter gemeinsam auf die Barrikaden gehen und damit die Erinnerung an die französische Revolution wachrufen. Anders als in Deutschland, wo die Mobilisierung nicht-studentischer Teile der Gesellschaft nie so recht gelingen wollte und selbst kritische Professoren wie Theodor W. Adorno zu den Aktionen der Studierenden auf Distanz gingen, marschieren in Frankreich prominente Schriftsteller und Philosophen in erster Reihe mit – allen voran Jean-Paul Sartre, der zu jener Zeit als charismatischer Wortführer des Protestes galt.

Die Verpflichtung der Revolte auf die theoretischen Grundlagen des Marxismus allerdings, die auch Sartre lautstark fordert, bleibt nicht unwidersprochen: zu eng und zu dogmatisch erscheint vielen die systematische Form der marxistischen Theorie; zu abschreckend das Beispiel der totalitären Politik in den real-existierenden, sozialistischen Ländern. In Frankreich sind es unter anderem Vertreter des Poststrukturalismus, die sich der schlichten Übersetzung des Protestes in ein kommunistisch orientiertes politisches Programm widersetzen. Neben eigenen politischen Aktivitäten artikuliert sich die poststrukturalistische Variante des Protestes in dem Versuch, die politische Kritik in eine philosophische Literatur zu überführen, die vor allem den anarchistischen Gestus der Revolte widerspiegeln sollte.

Gleichzeitig erschien durch die »sexuelle Revolution« und ihrer Hinwendung zur Libido, zum Wunsch und zum Trieb die Möglich-

keit, jenseits der Strukturen und ihres Zugriffs zu gelangen, jenseits
der Begriffe. Hier tat sich ein Bereich auf, in dem so poststrukturalis-
tische Themen wie das Singuläre, die Differenz, das Subjekt, der
Körper in einem neuen Kontext durchdacht werden konnten. In
Abgrenzung von Sartres Versuch, den Existentialismus mit dem
Marxismus zu vereinigen ebenso wie im Kontrast zu zeitgleichen
Versuchen vor allem von Louis Althusser, eine strukturalistische Ver-
sion des Marxismus zu entwickeln, entstanden so philosophische
Schriften wie der *L'Anti-Oedipe* (1972; dt. *Anti-Ödipus*, 1977) von
Gilles Deleuze und Félix Guattari und kurz darauf die *Economie li-
bidinale* (1974; dt. *Libidinöse Ökonomie*, 2007) von Jean-François
Lyotard, in denen die Autoren eine theoretische Verbindung vor al-
lem von Marx und Freud – aber auch Nietzsche, der zu jener Zeit
in Deutschland noch als verpönt galt – zu konstruieren versuchten.
Das entsprach durchaus dem Geist der Zeit: Mit ähnlichen Versuchen, allerdings ohne dabei auf Nietzsche zu rekurrieren, hat Ende
der 60er Jahre in Deutschland unter anderem der im amerikanischen Exil lebende Herbert Marcuse auf seine Weise die *Kritische
Theorie* der sogenannten »Frankfurter Schule« weitergeführt und die
Studierenden begeistert.

2.2.1 Der Philosoph und die Wunschmaschine: Deleuze/Guattari

Das erste von dem Philosophen Gilles Deleuze und dem Psychiater
und Lacan-Schüler Félix Guattari (1930-1992) gemeinsam verfasste
Werk trägt den vollen Titel: *Anti-Ödipus. Kapitalismus und Schizophrenie I*, und der Titel ist Programm. Es geht den beiden Autoren
nicht nur darum, Freuds Konzeption des Ödipuskomplexes zu kritisieren, sondern auch um die Verbindung von Psychoanalyse und
Gesellschaftskritik, um die Verbindung von Freud und Marx – in
revolutionärer Absicht. Das »Anti-« im Titel bezeichnet eine doppelte Bewegung: einerseits wird gegen die Theorie von Ödipus Stellung
bezogen, andererseits wird dieser Theorie auch eine andere entge-
gengestellt, die **Theorie der Wunschmaschinen**. Dies geschieht in
einem sehr eigenwilligen Stil, wozu dem Kritiker Manfred Frank
nur ein Zitat von Schopenhauer zu Hegel einfällt: »Jedoch die größte Frechheit im Auftischen baaren Unsinns, im Zusammenschmie-
ren sinnleerer, rasender Wortgeflechte, wie man sie bis dahin nur in
Tollhäusern vernommen hatte, trat endlich im Hegel auf« (Frank
1984, 421, Fn. 12). Anstatt sich aber vom schopenhauerschen Af-
fekt leiten zu lassen, sollte man bedenken, dass es eines der wesentli-

chen Merkmale des Poststrukturalismus ist, im Stil das jeweilige
Thema noch einmal auf einer anderen Ebene performativ zu reflektieren. Der Anti-Ödipus erweist sich in diesem Punkt nicht als Ausnahme, auch wenn seine Orientierung am schizophrenen Delirieren
und sein Jonglieren mit Begriffen das Verständnis nicht unbedingt
leicht macht (vgl. als allgemeine Einführungen Bogue 1989; Massumi 1992; Schmidgen 1997).

Die Eigentümlichkeit des Stils kommt bereits in der Eröffnungs-
sequenz zum Tragen:

»Es funktioniert überall, bald rastlos, dann wieder mit Unterbrechungen.
Es atmet, wärmt, ißt. Es scheißt, es fickt. Welch Irrtum, *das* Es gesagt zu
haben. Überall sind es Maschinen im wahrsten Sinn des Wortes: Maschinen von Maschinen, mit ihren Kupplungen und Schaltungen [...] Die
Brust ist eine Maschine zur Herstellung von Milch, und mit ihr verkoppelt
die Mundmaschine. Der Mund des Appetitlosen hält die Schwebe zwischen
einer Eßmaschine, einer Analmaschine, einer Sprechmaschine, einer At-
mungsmaschine (Asthma-Anfall)« (*Anti-Ödipus*, 7; Übersetzung leicht modifiziert).

Alles lässt sich in dieser Hinsicht als Maschine verstehen, auch der
Himmel, die Sterne, das Gebirge. Der Ausgangspunkt vom *Anti-
Ödipus* ist daher die These: »Alles ist Maschine.« (ebd.)

Maschinen sind aber nicht lediglich nur Gegenstände, sondern
sie tun etwas, sie produzieren. Der nächste Schritt der Autoren besteht darin, dieses Tun als Produktionsprozess zu beschreiben. »Was
meint hier der Begriff ›Prozeß‹? Aller Wahrscheinlichkeit nach tritt
auf einer bestimmten Stufe die Trennung von Natur und Industrie
ein: die Industrie setzt einerseits sich in Gegensatz zur Natur, entnimmt ihr andererseits Rohmaterial und gibt ihr dafür ihre eigenen
Abfallprodukte zurück, usw.« (ebd., 9). An dieser Stelle kommt
Marx ins Spiel, der innerhalb der Gesellschaft drei Sphären festgemacht hat, Produktion, Distribution, Konsumption. Diese Sphären
lassen sich aber für Deleuze und Guattari nicht wechselseitig voneinander trennen. In Wahrheit sei alles Produktion, wird sowohl die
Produktion produziert, wie auch die Distribution und Konsumption. Den drei Begriffen werden dabei weitere zugesellt, um ihren Bereich zu erweitern. Die Produktion bezieht sich auf Aktionen und
Erregungen, die Distribution wird als »Aufzeichnung« verstanden,
als Zuweisung, und die Konsumption bezieht sich auf Wollust,
Ängste und Schmerzen. Der Produktionsprozess wird so verstanden,
dass er Aufzeichnung und Konsumption in die Produktion selbst
hineinträgt. Es gibt dann nur noch einen einzigen Prozess, den Produktionsprozess.

In der **Reflexion über den Produktionsprozess** führen die Autoren einen weiteren, zentralen Begriff ein, den des Wunsches: »Die
Produktion als Prozeß übersteigt alle idealen Kategorien und stellt
derart einen Kreis dar, dem der Wunsch immanentes Prinzip ist«
(ebd., 10f.). Prinzip und Prozess werden dann miteinander in der
Kategorie der Wunschproduktion verschaltet, welche »die reale Kategorie einer materialistischen Psychiatrie« (ebd.) bildet, um deren
Konzeption es Deleuze und Guattari am Ende geht. In ihrem **Begriff der Schizophrenie** schließlich werden alle Themen und Begriffe zusammengeführt: Die Schizophrenie »ist das Universum der produktiven und reproduktiven Wunschmaschinen, die universelle
Primärproduktion« (ebd., 11) – ein Begriff, der an den Freud'schen
Begriff des Primärvorganges erinnert, bei dem im Unbewussten die
psychische Energie gemäß der Mechanismen der Verschiebung und
Verdichtung frei und ohne Hindernisse abströmt.

›Maschine‹, ›Produktion‹, ›Aufzeichnung‹, ›Konsumption‹, ›Wunsch‹,
›Schizophrenie‹, das sind die Begriffe, die im Folgenden in verschiedenen Zusammenhängen, auf verschiedenen Ebenen und in verschiedene Richtungen hin ausbuchstabiert werden. Zunächst geht es
um die Wunschmaschinen, die »auf binärer Regel und assoziativer
Ordnung beruhende Maschinen« (ebd., 11) sind. Maschinen kop-
peln sich aneinander, um die stetigen Ströme, die durch sie hin-
durchfließen, zu leiten. Eine Maschine hat mehrere Funktionen, je
nachdem, an welcher Position der Verkopplung sie steht. Sie kann
stromerzeugend sein, wobei die ihr angeschlossene Maschine dann
stromentnehmend ist. Da aber die erzeugende Maschine wiederum
an andere angeschlossen ist, kann sie auch entnehmend sein; das
meint die Rede von der binären Regel. Die Stromentnahme verstehen die Autoren auch als Einschnitt in den Fluss.

Als Beispiel für eine solche maschinelle Verkoppelung dient die
Beziehung Brust der Mutter und Mund des Kindes. Der Strom ist
hier wörtlich zu nehmen als der Milchstrom. Der Mund des Kindes
als Maschine entnimmt den Strom, die Brust der Mutter als Maschine erzeugt den Strom. In der Bezeichnung der Brust und des
Mundes als Maschinen verweisen die Autoren auf Melanie Kleins
Theorie der Partialobjekte, wonach einzelne Organe als selbständige
Größen angesehen werden, die nicht in umfassendere Einheiten wie
z.B. die Mutter als Person integriert werden. Dies ist auch der Hintergrund der Behauptung, alles könne Maschine sein: Alles kann aus
seinem aktuellen Zusammenhang herausgelöst und in seinem Funktionieren betrachtet werden. Auf der Ebene der Wunschmaschinen
gibt es ein stetes Fließen von Strömen, die durch die Koppelung
von Maschinen geleitet und damit auch getrennt werden. Antrieb

ist hier der Wunsch: »Unaufhörlich bewirkt der Wunsch die Verkoppelung der stetigen Ströme in den wesentlich fragmentarischen und fragmentierten Partialobjekten. Der Wunsch läßt fließen, fließt und trennt« (ebd., 11).

Auf dieser Ebene haben wir es, nach dem dreiteiligen Modell von oben, mit der Produktion der Produktion zu tun. Sie vollzieht sich nach der sogenannten »konnektiven Synthese«, deren Form durch die Formeln »und« und »und dann ...« beschrieben werden kann: Eine Maschine und dann eine weitere, noch eine Maschine ankoppeln, und noch eine. Die Koppelung von Maschinen ist prinzipiell unendlich, sie bilden eine lineare Serie, deren Binarität darin besteht, dass sie im Hinblick auf andere Maschinen sowohl Strom entnehmen als auch erzeugen. Die Produktion von Produktion kommt dadurch zustande, dass »dem Produkt Produzieren aufgesetzt« (ebd., 12) wird, d.h., dass jede Maschine sowohl Strom entnimmt als auch erzeugt. Sie ist als Maschine Produkt und als erzeugende Maschine Produzieren in einem. Es gibt keine Trennung zwischen Produzieren und Produkt. »Die Regel, immerfort das Produzieren zu produzieren, dem Produkt Produzieren aufzusetzen, definiert den Charakter der Wunschmaschinen oder der primären Produktion: Produktion von Produktion« (ebd., 13). Diesem Aspekt wird der Schizophrene zugeordnet. Er »ist der universelle Produzent« (ebd.).

Den Begriffen »Produzieren« und »Produkt« stellen Deleuze und Guattari nun einen dritten Begriff an die Seite, den **organlosen Körper**. Er ist sozusagen die Grundlage des reinen Fließens von Strom, der dann in der Produktion der Produktion durch die Maschinen fließt und dadurch geregelt wird. Diese Regelung des Stroms kann man als Erschaffen des Organismus verstehen. Indem z.B. der Milchstrom in der Brust erzeugt und durch sie als Maschine weitergegeben wird, entsteht erst so etwas wie das Organ »Brust«, an das sich das Organ »Mund« anschließen kann, das dadurch in gewisser Weise auch erst geschaffen wird. Man kann sich den organlosen Körper daher wie einen Fluss vorstellen, der durch die Wunschmaschinen als Schleusen in eine bestimmte Form gebracht wird, die als unser Organismus in seiner spezifischen Ausprägung – mit Brust, Mund, After, Augen etc. – begriffen werden kann.

Der organlose Körper ist darüber allerdings nicht besonders glücklich: »Die Wunschmaschinen erschaffen uns einen Organismus, doch innerhalb dieser seiner Produktion leidet der Körper darunter, auf solche Weise organisiert zu werden, keine andere oder überhaupt eine Organisation zu besitzen« (ebd., 14). Das liegt daran, dass der organlose Körper den Wunschmaschinen entgegenge-

setzt ist, und zwar dadurch, dass er der »unproduktive« (ebd., 15)
ist. Daraus ergibt sich eine Spannung zwischen den Wunschmaschinen, deren Prinzip das Produzieren ist, und dem organlosen Körper,
dem »jede Maschinenverbindung, jede Maschinenproduktion, jeglicher Maschinenlärm unerträglich geworden« (ebd.) ist. Der Regulierung der Ströme durch Maschinen setzt der organlose Körper ein
amorphes Fließen entgegen, das sich gegen jede Regulierung sperren
möchte. Aus der Spannung entstehen auch die Maschinen selbst,
aus »der Konfrontation des Produktionsprozesses der Wunschmaschinen mit dem unproduktiven Stillstand des organlosen Körpers«
(ebd., 16). Diese Spannung wird schließlich von Deleuze und Guattari auch als »Urverdrängung« bestimmt. Sie besteht darin, dass der
organlose Körper die Wunschmaschinen abstoßen will.

Der organlose Körper ist also in gewisser Weise das Gegenstück
zu den Wunschmaschinen, die auf ihm operieren, indem sie das
amorphe Fließen der Ströme regulieren und dadurch so etwas wie
einen Organismus mit speziellen Organen allererst erschaffen. Diese
Operation wird von Deleuze und Guattari als »Aufzeichnung« bestimmt, in Anlehnung an das oben erwähnte Modell. Dort war von
»Distribution« die Rede, und diese nun als Aufzeichnung zu verstehen bedeutet, dass der amorphe Strom auf dem organlosen Körper
»verteilt« wird, also in eine Ordnung gebracht wird. Damit gehen
die Autoren von der Ebene der Produktion der Produktion auf die
Ebene der Produktion der Aufzeichnung über. Diese vollzieht sich
nach dem Gesetz der »disjunktiven Synthese«, deren Formel dem
schizophrenen »sei es ... sei es« entspricht, dem »oder aber«. Am besten lässt sie sich wie das »oder« in der Logik verstehen, das zwar
zwischen zwei Möglichkeiten entscheidet, diese beiden aber nicht
ausschließt. Es ist kein »entweder-oder«, sondern ein »dies oder das
oder beides«: »welche zwei Organe auch immer betrachtet werden
mögen, stets müssen sie auf dem organlosen Körper so aneinander-
gefügt sein, dass alle zwischen ihnen sich einstellenden disjunktiven
Synthesen auf der gleitenden Oberfläche auf dasselbe hinauslaufen«
(ebd., 19). Das »oder aber« bezieht sich auf die Entscheidungsmög-
lichkeiten, wie der Strom reguliert werden kann, das »sei es« auf das
System der Permutation, das es erlaubt, dass die eigentlich verschiedenen Möglichkeiten immer auf dasselbe hinauslaufen.

Das Verhältnis der beiden verschiedenen Produktionen stellt sich
im *Anti-Ödipus* so dar, dass die disjunktive Synthese der Aufzeichnung die konnektive Synthese der Produktion überlagert. »Der Prozeß als Produktionsprozeß setzt sich fort als Verfahren im Verfahren
der Einschreibung. Oder, sofern *Libido* die konnektive ›Arbeit‹ der
Wunschproduktion heißt, gilt, daß ein Teil dieser Energie sich in

disjunktive Einschreibungsenergie umwandelt (*Numen*). Energetische Umwandlung« (ebd., 20). Den Begriffen »Produktion« und »konnektive Synthese« wird als weiterer Begriff der der *Libido* aus der Triebtheorie zugeordnet, womit die »Energie« der Produktion charakterisiert werden soll, während Aufzeichnung und disjunktive Synthese mit dem Begriff des *Numen* bezeichnet werden. Dieser meint eigentlich ein göttliches Wesen als wirkende Macht, also ohne persönlichen Gestaltcharakter, wird von den Autoren allerdings wie die Libido als Begriff für eine Energie verwendet: als **Einschreibungsenergie**, die nicht das Produzieren meint, sondern das Umwandeln, also das Leiten der Ströme, das Ordnen des amorphen Fließens auf dem organlosen Körper.

Dem Modell oben entsprechend gibt es Produktion, Distribution (Aufzeichnung) und Konsumption; die beiden ersten Begriffe sind bereits in die Theorie integriert worden, fehlt nur noch der dritte, die Konsumption. Entsprechend der These, dass es nur einen Prozess gibt, den Produktionsprozess, taucht auch die Konsumption nur als Ergebnis der Produktion auf, als Produktion der Konsumption. An diesem Punkt nun führen die Autoren das Subjekt ein – zumindest etwas, dem der Status eines Subjekts zukommt. Die These hierzu lautet: **Das Subjekt wird erzeugt**, und zwar aus dem Gegensatz von Abstoßung und Anziehung. Die Abstoßung betrifft das Verhältnis des organlosen Körpers zur Wunschmaschine; diese war produktiv, er dagegen unproduktiv. Ihr Verhältnis beschränkt sich aber nicht nur auf die Abstoßung. Der organlose Körper stößt die Wunschmaschine zwar ab, gleichzeitig aber zieht er die Wunschproduktion an sich »und bemächtigt sich ihrer« (ebd., 18). Trotzdem »bleibt der Gegensatz zwischen Abstoßung und Anziehung bestehen« (ebd., 24). Aus ihm heraus wird das Subjekt erzeugt, und zwar als eine Versöhnung der beiden entgegengesetzten Kräfte. Eine neue Maschine wird erfunden, die »eine neue Verbindung zwischen Wunschmaschinen und organlosen Körper zum Zwecke einer neuen Menschheit oder eines glorreichen Organismus« (ebd., 25) herstellt. An einem Beispiel kann man sich diese Versöhnung deutlich machen: In der Krankengeschichte von Schreber, einem berühmten Patienten von Freud, gibt es einen Punkt, an dem er sich mit seinem Frau-Werden versöhnt. Er verkleidet sich gelegentlich als Frau und stellt sich mit halb entblößtem Oberkörper vor den Spiegel. Damit gelingt ihm die Integration widerstrebender Bedürfnisse.

Die Versöhnung wird als »konjunktive Synthese« gedacht, parallel zu den beiden bereits erwähnten Synthesen. Ihre Formel lautet »das ist also das«, Schreber ist also ein Transvestit. Deleuze und Guattari bestimmen das Subjekt als einen Rest, der neben den

Wunschmaschinen erzeugt wird (ebd., 25), als etwas, das keine feste
Identität hat, »fortwährend auf dem organlosen Körper an der Seite
der Wunschmaschinen umherirrend, definiert durch das, woran es
am Produkt teilhat, überall als Gratifikation ein Werden oder eine
Verwandlung erhaltend, aus Zuständen geboren, die es konsumiert,
und einem jeden Zustand zurückgegeben« (ebd., 24). Das Subjekt
wird aus den Zuständen erzeugt, die es durchläuft, heißt es an anderer Stelle (ebd., 28), es ist Residuum der Maschine, ihr Anhängsel
oder Ansatzstück, immerzu dezentriert. Als Energiebezeichnung
wird ihm die *Voluptas* zugeordnet, die Wollust, die als Konsumpti-
onsenergie die dritte Synthese antreibt, die Produktion der Konsumption.

Bis hierher haben die Autoren lediglich ein alternatives Modell zur
Theorie von Freud und auch von Lacan formuliert. Ihr Anspruch ist
aber höher, ihr Ziel, darauf haben wir bereits hingewiesen, ist der
Entwurf einer »materialistischen« bzw. »materielle[n] Psychiatrie«,
welche die absolut sterile und irrelevante Parallelisierung von Freud
und Marx, wie sie es nennen (ebd., 38), überwindet. Dazu sind zwei
Schritte nötig, von denen nur der erste bisher vollzogen worden ist:
der Wunsch ist in den Mechanismus und die Produktion in den
Wunsch eingeführt (ebd., 31). Der zweite Schritt geht darüber hinaus und wird durch folgende These formuliert:

»In Wahrheit *ist die gesellschaftliche Produktion allein die Wunschproduktion
selbst unter bestimmten Bedingungen.* Wir erklären, daß das gesellschaftliche
Feld unmittelbar vom Wunsch durchlaufen wird, daß es dessen historisch
bestimmtes Produkt ist und dass die Libido zur Besetzung der Produktiv-
kräfte und Produktionsverhältnisse keiner Vermittlung noch Sublimation,
keiner psychischen Operation noch Transformation bedarf. *Es gibt nur den
Wunsch und das Gesellschaftliche, nichts sonst*« (ebd., 39).

Deleuze und Guattari müssen nun zur Einlösung dieser These zeigen, wie der Wunsch mit dem Gesellschaftlichen zusammenhängt
und inwiefern man hier von einer historischen Bestimmung sprechen kann. Der letzte Punkt, wieso die Libido keiner Vermittlung
bedarf, wird weiter unten in der Kritik am Ödipuskomplex deutlich.
    Wenn es nur **das Gesellschaftliche und den Wunsch** gibt, wie
hängen dann beide zusammen? Die Antwort auf diese Frage ist die
»**Theorie des Sozius**«. Sie hat ihren Ansatzpunkt dort, wo es um die
Produktion der Aufzeichnung geht, um die Regulierung der Ströme.
Es ist die Aufgabe des Sozius, »die Wunschströme zu codieren, sie
einzuschreiben und aufzuzeichnen, dafür zu sorgen, daß kein Strom

fließt, der nicht gestempelt, kanalisiert, reguliert ist« (ebd., 43). Der Sozius ist dadurch auch eine Maschine, eine sogenannte Gesellschaftsmaschine. Ihr Verhältnis zum organlosen Körper ist nicht so, dass dieser ursprünglich ist und dann in die verschiedenen Arten des Sozius projiziert würde. Der Sozius ist selbst ein Körper, der den organlosen Körper als seine Grenze hat. Es gibt also, könnte man sagen, einen Körper, dessen Ströme durch den Sozius kanalisiert werden, wobei der noch nicht kanalisierte Teil der organlose Körper ist, während der kanalisierte dem Sozius zugerechnet werden kann. Als Körper taucht der Sozius bei Deleuze und Guattari in dreifacher Weise auf, als Körper der Erde, des Despoten und des Geldes (ebd., 43). Ihnen entsprechen drei Arten der Gesellschaftsmaschine, eine Territorialmaschine, eine despotische Maschine und eine kapitalistische Maschine.

Diese Maschinen bilden in ihrer Reihenfolge zugleich eine historische Entwicklung. Zunächst war es die Territorialmaschine, welche die Wunschströme codierte. Als ihre Leistung nicht mehr ausreichte, vermutlich weil die Ströme sich nicht regulieren ließen, trat die despotische Maschine an, die jedoch zu einer Übercodierung führte. Mit der kapitalistischen Maschine ergab sich dann eine veränderte Situation. Sie versuchte nicht mehr, mittels eines Codes der Situation Herr zu werden, also von außen die Ströme lenken zu wollen. Der Kapitalismus operiert von innen, indem er den Sozius immer verändert, immer flexibel hält, indem er decodiert und deterritorialisiert, also die Codes immer ändert und das Feld immer verschiebt. Es gibt keine feste Ordnung mehr, sondern eine Ordnung nur für den Moment, die aber um so effektiver und souveräner produziert und unterdrückt. Dieses Ziel kann nicht durch einen Code erreicht werden – das würde der Flexibilität entgegenwirken. Statt eines Codes bedient sich der Kapitalismus einer Axiomatik abstrakter Quantitäten – umgangssprachlich ausgedrückt: des Geldes. Es gibt keine feste Zuordnung von materiellen Einheiten und Bedeutungen oder Werten wie bei einem Code, die Zuordnung ist vielmehr flexibel und kann immer verändert werden. Im Schwanken der Preise hat man ein Beispiel dafür: ein Brot kostet nicht immer drei Mark, sondern sein Preis richtet sich nach Angebot und Nachfrage. Wird Brot knapp, erhöht sich der Preis, wird es im Überfluss produziert, sinkt er. Mit diesem flexiblen System gelingt es der kapitalistischen Maschine, Mehrwert »zu entreißen« (ebd., 45).

Die totale Flexibilisierung durch den Kapitalismus birgt aber die Gefahr in sich, dass die permanente Umordnung der Ordnung in Unordnung umschlägt. Daher sagen Deleuze und Guattari, dass der Kapitalismus sich seiner im eigentlichen Sinne schizophrenen Grenze nähert, hinter der das Territorium des Schizophrenen liegt, das durch ungeordnetes Strömen ausgezeichnet ist. »In der Tat meinen wir, daß der Kapitalismus im Zuge seines Produktionsprozesses eine ungeheure schizophrene Ladung erzeugt, auf der wohl seine Repression lastet, die sich aber unaufhörlich als Grenze des Prozesses reproduziert [...] er hört nicht auf, seine Grenze wegzustoßen und sich ihr zu nähern« (ebd., 45). Die Repression kommt dadurch ins Spiel, dass zur Sicherung der Gewinne die Bewegung zur Flexibilisierung wieder eingeschränkt werden muss. Der Kapitalismus hebt also einerseits alle Ordnung auf, um flexibel sein zu können, führt sie andererseits aber wieder ein, um sich nicht durch völlige Unordnung selbst zu beseitigen. Hier zeigt sich der Zusammenhang zwischen Kapitalismus, Schizophrenie und Repression:

»Je weiter die kapitalistische Maschine die Ströme deterritorialisiert, decodiert und axiomatisiert, um derart Mehrwert zu entreißen, desto gewaltsamer reterritorialisieren die ihr angeschlossenen bürokratischen und Polizeiapparate und absorbieren gleichzeitig einen wachsenden Teil des Mehrwerts« (ebd.).

Der *Anti-Ödipus* ist, soviel dürfte deutlich geworden sein, mehr als eine Alternative zur Psychoanalyse. Er ist aber auch eine **Kritik an der Psychoanalyse**. Diese entzündet sich an einem zentralen Lehrstück von Freud, dem Ödipuskomplex. Deleuze und Guattari sind dabei manchmal polemisch, manchmal kritisieren sie die Psychoanalyse von innen heraus, manchmal auch von ihrem alternativen Modell aus. In ihren polemischen Attacken drücken die Autoren oft einen gewissen Überdruss am Ödipus als Erklärungsmuster aus. Die Kritik zielt auf die Frage, ob es nicht auch anders ginge – anstatt immer zu rufen: »Sag, daß es Ödipus ist, oder ich knall' dir eine!« (ebd., 58), möchten die Autoren den Analytikern frischen Wind entgegenblasen: »Wir träumen davon, bei ihnen ins Zimmer zu treten, die Fenster zu öffnen und zu sagen: es riecht dumpf hier, etwas mehr Verbindung nach draußen ...« (ebd., 463).

Neben ihrer Polemik bringen sie aber auch Argumente gegen den Ödipuskomplex vor. Eines lautet z.B., dass das Unbewusste elternlos ist (ebd., 61), was im Blick auf die ödipale Situation nie berücksichtigt würde. Ein weiteres lautet, dass die Wunschproduktion anödipal ist (ebd., 57), was die Psychoanalyse insgeheim anerkennt, wenn sie von »Prä-Ödipalem«, »Para-Ödipalem« und »Quasi-Ödipalem« spricht (ebd., 70). Dahinter steht einer der Hauptvorwürfe gegen die Psychoanalyse: Ihr Ödipus ist ein Modell, das zur *Reduktion* dient. Alles und jedes wird auf ihn zurückgeführt. Diese Bewegung bezeichnen die Autoren auch mit dem Begriff der »Triangulation«,

bei dem das Anklingen des Begriffs »Strangulation« Absicht ist.
Hinter allem steht das ödipale Dreieck aus Vater, Mutter und Kind
als das Urdrama, dem alles entspringt und auf das alles zurückgeführt werden kann.

Die Reduktionsleistung des Ödipus beruht auf einigen Beson-
derheiten seiner Konzeption. Durch ihn wird das Unbewusste als
Fabrik zum Theater, an die Stelle der Produktion tritt die Repräsentation. Die Bilder des Traumes z.B. sind nicht das, was sie sind, sondern Ausdruck für etwas, das hinter ihnen steht: Ödipus. Die Psychoanalyse wird durch den Ödipuskomplex zu einem Unternehmen
der Interpretation. Sie verwendet ihr ganzes Material immer nur als
Zeichen, das für etwas anderes steht: Wer Schwierigkeiten mit Autoritäten hat besitzt ein Vaterproblem etc. Diesem Interpretationsmo-
dell setzen die Autoren ihre Idee entgegen, wonach das Unbewusste
kein Problem der *Bedeutung* ist, sondern eines des *Gebrauchs*: wer
die Maschinen verstehen will, muss wissen, wie sie funktionieren,
nichts anderes (ebd., 141). Wenn das Unbewusste etwas produziert,
dann den Wunsch – und der verweist nicht auf Ödipus. In diesem
Sinn wird die Theorie von Deleuze und Guattari zur materialistischen Psychiatrie. Ihr Thema ist die reine Positivität, das Funktionieren, und nicht Hermeneutik und Interpretation, der Wunsch, zu
dechiffrieren, was »hinter« allem steht. Wird der Wunsch auf Ödipus reduziert, kann man ihn nur verfehlen. Deshalb hat die Libido
auch keine Vermittlung nötig.

Die psychoanalytische Reduktion auf den Ödipus spiegelt eine
theoretische Bewegung, gegen die sich der Poststrukturalismus immer gewendet hat: sie führt alles auf ein einheitliches Prinzip zurück, das die unbewussten, libidinalen Handlungen zentral steuern
und regeln soll. Erst durch diese zentrale Vereinheitlichung wird
eine Reduktion überhaupt möglich. Diese Kritik richten die Autoren
nicht nur gegen Freud, sondern auch gegen Lacan. Am Beispiel der
Partialobjekte, die vom Kleinkind intuitiv als Totalität erfasst werden
sollen, wodurch ein Universell-Gemeinsames extrapoliert wird, schreiben sie: »Man wird dieses gemeinsame, transzendente und abwesende
Etwas Phallus oder Gesetz nennen, um damit ›den‹ Signifikanten zu
bezeichnen, der im Gesamt der Kette die Wirkungen der Signifikation verteilt und darin die Ausschlüsse einführt (hieraus entspringen
die ödipalisierenden Interpretationen des Lacanismus)« (ebd., 93).
Eine solche Theorie aber, die einen gemeinsamen Bezugspunkt behauptet, der das gesamte Feld beherrscht, muss den Wunsch verfehlen: »Die drei Irrtümer über den Wunsch heißen der Mangel, das Gesetz, der Signifikant« (ebd., 143). Die Wunschmaschine ist eine reine
Vielheit und lässt sich nicht auf eine Einheit zurückführen (ebd., 54).

Der Ödipuskomplex dient aber nicht nur zur Reduktion der theoretischen Beschreibung, so die Kritik von Deleuze und Guattari, sondern auch zur *Repression* der Individuen. Der Wunsch soll in seiner wahren Natur unterdrückt werden, indem er nicht an sich zur Geltung kommt, sondern immer als Ausdruck, der auf das ödipale Dreieck verweist. Schuld daran ist der Kapitalismus, der Ödipus quasi als Täuschungsmanöver einsetzt. Durch den »Familialismus«, also die einheitliche Reduktion aller Probleme auf das ödipale Geschehen in der Familie, lenkt der Kapitalismus von seiner eigenen Machtausübung ab. Der letzte Grund jeder Analyse ist nicht mehr die Gesellschaft, das »System«, sondern die Familie; wenn es einen Schuldigen gibt, dann sie:

»[D]ie Ödipalisierung, die Triangulation, die Kastration: alles das verweist auf doch mächtigere, doch tieferliegende Kräfte als die Familie, die Psychoanalyse, die Ideologie, als alle diese zusammen. Nämlich auf die Kräfte der gesellschaftlichen Produktion, Reproduktion und Repression insgesamt. Denn es bedarf in Wahrheit äußerst starker Kräfte, um jene des Wunsches zu schlagen [...] In diesem Sinne ist, wie wir sahen, Ödipus eine Applikation und die Familie ein beauftragter Agent« (ebd., 157).

Die Repression ist notwendig, weil der Wunsch an sich revolutionär ist.

»Wird der Wunsch verdrängt, so weil jede Wunschposition, wie winzig auch immer sie sei, etwas an sich hat, das die herrschende Ordnung einer Gesellschaft in Frage stellt [...] keine Wunschmaschine, die nicht ganze gesellschaftliche Sektoren in die Luft jagte [...] Der Wunsch ›will‹ nicht die Revolution, er ist revolutionär an sich, unwillentlich, das wollend, was er will« (ebd., 149f.).

Die Konstruktion des Ödipuskomplexes dient also dazu, den Wunsch in Zaum zu halten und die Revolution zu verhindern.

Was bleibt zu tun? Deleuze und Guattari schlagen vor, die Psychoanalyse durch eine **Schizo-Analyse** zu ersetzen. Sie orientiert sich nicht am Neurotiker, sondern am Schizophrenen, der jedoch eine idealtypische Figur ist, und nicht mit dem klinischen Fall des Schizophrenen gleichgesetzt wird (vgl. ebd., 176). Der ideale Schizo ist derjenige, der die Codes durcheinanderbringt (ebd., 22).
   Die Schizo-Analyse macht sich zur Aufgabe, das Unbewusste zu desödipalisieren (ebd., 105), um zum unmittelbar produktiven Unbewussten zu gelangen (ebd., 127). Dieses versteht sie nicht als Ausdruck von etwas anderem – es geht ihr also nicht um Interpretation (ebd., 231). Ihr Interesse ist zunächst ein destruktives: »Zerstören,

zerstören« (ebd., 401), und zwar alles, was der Psychoanalyse heilig
ist: Ödipus, Ich, Über-Ich, Schuldgefühle, das Gesetz, die Kastration etc. Anstatt alles auf Ödipus zurückzuführen, geht es der Schizo-
Analyse darum, das Funktionieren der einem Individuum je eigenen
Maschinen unabhängig von jeder Interpretation aufzudecken (ebd.,
416). Der Schizo-Analytiker ist daher auch kein Hermeneut, sondern Mechaniker, Mikromechaniker. Er versucht herauszufinden,
welches die Wunschmaschinen eines jeden sind, wie sie laufen, welche Synthesen sie eingehen, wo ihre Fehlzündungen sind, ihre Ströme, ihre Ketten (ebd., 437). Gleichzeitig bleibt er nicht beim Individuum stehen, sondern behält das Gesellschaftliche im Blick; er ist
bemüht, »zu den unbewußten Wunschbesetzungen des gesellschaftlichen Feldes vorzudringen« (ebd., 453). Eines jedoch gibt er zu bedenken: im Rahmen der Schizo-Analyse lässt sich kein politisches
Programm formulieren. Das ist ausgeschlossen (ebd., 493; vgl. a.
Verdiglione 1976).

Der *Anti-Ödipus* trägt im Untertitel »Kapitalismus und Schizophrenie I«. Es hat acht Jahre gedauert, bis 1980 Band zwei unter
dem Titel *Mille plateaux* erschienen ist (dt. *Tausend Plateaus. Kapitalismus und Schizophrenie*, 1992). In diesen acht Jahren ist auch der
Feind verschwunden – die Psychoanalyse spielt im zweiten Band
kaum mehr die Rolle, die sie im ersten innehatte. Die Kapitel des
Buches nennen in ihrer Überschrift eine Jahreszahl, gefolgt von einem Ereignis: »7000 v. Chr. – Vereinnahmungsapparat«, »Das Jahr
Null – die Erschaffung des Gesichts« usw. Die Themen sind so hete-
rogen wie die literarischen Formen, in denen das Buch geschrieben
ist. Im Vorwort benennen die Autoren dieses Vorgehen mit einem
Ausdruck, in dem noch einmal alle Themen des Poststrukturalismus
aus Deleuzes und Guattaris Perspektive zusammenlaufen, auf den
Begriff gebracht und mit dem gleichzeitig an Teile des *Anti-Ödipus*
angeschlossen werden soll: das »**Rhizom**«.

Ursprünglich stammt der Begriff aus der Botanik und meint eine
spezielle Form von Wurzeln, welche »die verschiedensten Formen
annehmen, von der Verästelung und Ausbreitung nach allen Richtungen an der Oberfläche bis zur Verdichtung in Knollen und
Knötchen« (*Rhizome. Introduction*, 1976; dt. *Rhizom*, 1977, 11).
Diese botanische Charakteristik dient den Autoren als Anknüp-
fungspunkt einer Reihe von Eigenschaften, die sie dem Rhizom zu-
schreiben und die ihnen im Anschluss daran dazu dient, eine Vielzahl von Phänomenen mit dem Rhizom als Modell oder Metapher
in Zusammenhang zu bringen.

Ein Rhizom verbindet zunächst einen beliebigen Punkt mit einem anderen, weil es selbst nicht aus Punkten und Positionen be-

steht wie eine Struktur, sondern aus Linien, die n Dimensionen aufweisen. Es lässt sich nicht auf das Eine und nicht auf das Viele zurückführen, sondern bildet lineare Vielheiten ohne Subjekt und Objekt. Im Rhizom geht es um ein »Werden« aller Art jenseits einer
Genealogie und sein Vorgehen besteht in Wandlung, Ausdehnung,
Eroberung, Fang und Stich. Es kann an jeder beliebigen Stelle zerstört werden, es wuchert trotzdem weiter entlang seiner eigenen
oder anderer Linien. Das Rhizom ist »ein nicht zentriertes, nicht
hierarchisches und nicht signifikantes System ohne General, organi-
sierendes Gedächtnis und Zentralautomat; es ist einzig und allein
durch die Zirkulation der Zustände definiert« (ebd., 35).

Dieses flexible Bündel von Eigenschaften ermöglicht es dann, das
Rhizom als Denkmodell zum Beispiel auf das Buch anzuwenden, in
diesem Fall auf *Tausend Plateaus*. Nach Deleuze und Guattari handelt es sich bei ihrem Werk um eine »maschinelle Verkettung«, womit die Anknüpfung an die Begrifflichkeit des *Anti-Ödipus* gelungen
wäre. Ein solches rhizomatische Buch hat kein Objekt mehr, unterscheidet nicht mehr zwischen Thema und Darstellung und steht als
eine Verkettung in Zusammenhang mit anderen Verkettungen (ebd.,
6f.). Die zentrale Frage bei einem Buch ist nicht mehr, was es bedeutet, sondern womit es funktioniert, »in welchen Verbindungen es
Intensitäten strömen läßt, in welche Vielheiten es seine Vielheit einführt und verwandelt, mit welchen anderen organlosen Körpern
sein eigener konvergiert« (ebd., 7). Das Buch ist eine kleine Maschine und steht mit anderen in Verbindung.

Die Flexibilität des Rhizoms erlaubt es auch, kollektive Aussa-
genverkettungen mit anderen maschinellen Verkettungen zusam-
menzudenken. Dabei kommt etwas heraus, das an den Begriff des
»Dispositivs« von Foucault erinnert (s. Kap. 2.3.1) und sicher auch
von ihm inspiriert worden ist: »Ein Rhizom verknüpft unaufhörlich
semiotische Kettenteile, Machtorganisationen, Ereignisse in Kunst,
Wissenschaft und gesellschaftlichen Kämpfen« (ebd., 12). Es stellt
deshalb auch eine Methode dar, wie man zum Beispiel die Sprache
analysieren kann. Dabei kann man dann entdecken, dass es keine
einheitliche Sprache gibt, sondern einen Wettstreit von Dialekten,
Mundarten, Jargons und Fachsprachen. Die Muttersprache wird in
der rhizomatischen Analyse zu einer herrschenden Sprache, welche
die Macht einfach an sich gerissen hat.

Ein Aspekt des Rhizoms als Methode ist die Karte. Sie »ist offen,
sie kann in allen ihren Dimensionen verbunden, demontiert und
umgekehrt werden, sie ist ständig modifizierbar« (ebd., 21), also
letztlich wie das Rhizom. Gegenbild zur Karte ist die Kopie, die immer auf das Gleiche hinausläuft, die etwas immer auf etwas anderes

reduziert, das ihm ähnlich ist. Die Anwendung des Rhizoms als Methode besteht darin, Karten und nicht Kopien zu machen; »sie kann sich Montagen aller Art anpassen; sie kann von einem Individuum, einer Gruppe oder gesellschaftlichen Formation angelegt werden. Man kann sie auf Mauern zeichnen, als Kunstwerk begreifen, als politische Aktion oder als Meditation konstruieren« (ebd.). In diesem Sinn verstehen Deleuze und Guattari ihr Buch als den Versuch einer solchen Karte, als eine Kartographierung der unterschiedlichsten Gebiete. Die einzelnen Kapitel fungieren darin eben als »Plateaus«, als eine Vielheit, »die mit anderen durch an der Oberfläche verlaufende unterirdische Stengel verbunden werden kann, so daß sich ein Rhizom bildet und ausbreitet« (ebd., 35). Schizoanalyse, Pragmatik, Mikropolitik laufen alle in der rhizomatischen Methode zusammen, als eine universale Verkettung von allem mit allem.

Das Rhizom als Globalbegriff ist gleichzeitig das **Modell eines Denkens der Vielheiten**. Gegenpol ist der Baum, der dem klassischen Denken verhaftet bleibt, weil das Denken nach seinem Modell alles auf eine Einheit zurückführt, weil er von der binären Logik und von biunivoken Beziehungen beherrscht wird. Ein rhizomatisches Denken dagegen bricht mit dem Dualismus, mit der Komplementarität von Subjekt und Objekt, Natur und Geist. Dieses rhizomatische Denken ist gleichzeitig auch das nomadische Denken, ohne festen Ort, immer in Bewegung und ohne stabilen Bezugspunkt. So wie der Nomade in Kapitel 12 (»1227 – Abhandlung über Nomadologie: Die Kriegsmaschine«) von *Tausend Plateaus* der Gegenpol zum Staatsapparat ist, dem er seine Erfindung der Kriegsmaschine entgegensetzt, so wollen Deleuze/Guattari das revolutionäre Denken des *Anti-Ödipus* als rhizomatisches Denken nicht mehr allein der Psychoanalyse und dem Kapitalismus entgegensetzen, sondern als freies Denken aller Ordnung. Ihr Buch verstehen sie als einen Werkzeugkasten, bei dem es nichts zu verstehen, aber viel zu experimentieren gibt. Ihr Rat an den Leser:

»[M]acht Rhizom, nicht Wurzeln, pflanzt nichts an! Sät nicht, stecht! Seid nicht eins oder viele, seid Vielheiten! Macht nie Punkte, sondern Linien! [...] Laßt keinen General in euch aufkommen! Macht Karten, keine Photos« (ebd., 41).

2.2.2 Das Denken in libidinalen Intensitäten: Lyotard

Zwei Jahre nach dem *Anti-Ödipus* erschien im Jahre 1974 die *Economie libidinale* (dt. *Libidinöse Ökonomie*, 2007) von Jean-François

Lyotard. Er selbst hat sie später als sein persönlichstes Buch bezeichnet, durch das er seine Zeit als Kommunist und sein Mitwirken in
der Gruppe »Socialisme ou Barbarie« um Cornelius Castoriadis verarbeiten wollte. Ging der *Anti-Ödipus* vom Wunsch und vom Fließen der Ströme aus, ist Lyotards Ausgangspunkt nun die Libido mit
ihren Intensitäten, ihren intensiven Zuständen. Er möchte in dem
Buch zeigen, wie Libido und Denken miteinander verbunden sind,
wie die Libido in der Zeichenbewegung, im Wirtschaftskreislauf, in
der Theorie von Marx, bei Augustinus, den Lydiern usw. wirksam
ist. Zielpunkt soll, wie der Titel bereits ankündigt, eine **Libidoökonomie** sein, welche die Intensitäten nicht vergisst, sondern einzube-
ziehen erlaubt.

Grundbegriff ist also die Libido, in der die Intensitäten sich be-
wegen (*Libidinöse Ökonomie*, 10), das heißt in der die Intensitäten
einander folgen. Die Libido ist unendlich, die Intensitäten stoßen in
ihr an keine Mauer, sie kommen zu keinem Abschluss. Um diese abstrakte Vorstellung zu verdeutlichen, führt Lyotard den Begriff des
»großen Haut-Films« (»la grande pellicule«) ein, der sich wie ein
Möbiusband windet. Dieses Band ist dadurch ausgezeichnet, dass es
nur eine Oberfläche kennt, also nicht Vorder- *und* Rückseite hat.
Man kann es ganz leicht selbst basteln, indem man einen Papier-
streifen an den Enden so zusammenklebt, dass das eine Ende um
180 Grad gedreht ist. Fährt man nun mit dem Finger auf dem Band
entlang, dann stellt man fest, dass man nicht entweder auf der
Ober- oder der Unterseite ist, sondern dass man beide Zustände zugleich durchläuft. Die Dichotomie der Oberseite ist aufgehoben, es
gibt nur die eine Fläche.

Dieses Bild ist insofern wichtig, als es verdeutlicht, worauf es Lyotard bei der Libido ankommt. Zum einen versteht er sie als Triebband, als eine »noch nicht einmal unbedingt sukzessive Zahl von
schnell vorübergehenden Explosionen der libidinösen Intensität«
(ebd., 27). Auf dem Möbiusband ist die Bewegung unendlich, die
Intensitäten kommen an keine Grenze, sie sind nicht oben oder
unten – genau wie der Finger, der auf der einen Fläche des Möbiusbandes entlangfährt. Zum anderen verdeutlicht das Möbiusband,
dass jede Intensität »immer *Dies und Nicht-Dies*« (ebd., 23) ist. Sie
ist nichts, was Ergebnis einer Disjunktion wäre, also keine Bestimmung, die es von anderen Elementen abgrenzen würde; wie man
etwa »kalt« als Gegensatz von »warm« bestimmen kann und etwas
entweder warm oder kalt ist. Die Intensität ist eine »asynthetische
Bewegung« (ebd.), die eine Fläche erzeugt, die gerade nicht entweder Ober- oder Unterseite ist. Beide Aspekte, Bewegung und Dis-
junktionslosigkeit, werden im Bild des Möbiusbandes zusammenge-

fasst. »Von keinem Punkt, von keinem noch so kleinen Bereich kann man sagen, was er ist, nicht nur, weil er bereits verschwunden ist, wenn man über ihn sprechen will, sondern weil er in dem einzigartigen und zeitlosen Moment des intensiven Durchlaufs von beiden Seiten zugleich besetzt worden ist« (ebd.).

Hintergrund dieser Bestimmung der Libido und der Intensitäten ist Lyotards charakteristisch poststrukturalistisches Ziel, die Singularität zu denken. Eine Intensität ist ganz und gar singulär, sie ist in ihrer Identität nicht auf die Abgrenzung von etwas anderem angewiesen, wie »kalt« auf »warm« angewiesen ist. Damit versucht Lyotard, die berühmte Definition »omnis determinatio negatio est« von Spinoza zu umgehen, die alle Bestimmung von einer Entgegensetzung abhängig macht. Wie das Möbiusband als eine Fläche aus der Entgegensetzung von Ober- und Unterfläche hinausfällt, so soll auch die Intensität aus dem allgemeinen Bestimmungsgrundsatz herausfallen. Intensitäten treten nur einmal auf und sind dann für immer vorbei. Sie tauchen nicht wieder auf, sondern werden von anderen Intensitäten abgelöst, die ebenfalls vollkommen einmalig sind. Deshalb heißt es auch bei Lyotard, dass der Durchlauf von Intensitäten »ihre Wiederkehr ohne Identität« (ebd., 30) sei. »Wiederkehr«, weil die Intensitäten sich ablösen und also eine neue Intensität kommt, »ohne Identität«, weil nie dieselbe Intensität wieder auftreten kann, sondern immer eine andere. Der »verrücke Liebhaber von Singularitäten« ist entschlossen, »für jede Intensität einen eigenen Namen, einen göttlichen Namen zu fordern« (ebd., 36).

Singularität der Intensität bedeutet für Lyotard auch, dass ihr Verhältnis zum Triebband nicht als ein Verhältnis von Ort, Besetzungsgebiet oder Einschreibefläche auf der einen Seite und Einschreibung auf der anderen gedacht werden kann. Die Intensität determiniert nicht einen produzierenden Körper (ebd., 25), denn dann hätten wir es wieder mit zwei Elementen zu tun, einer Disjunktion, einer wechselseitigen Bestimmung. An diesem Punkt überbietet Lyotard die Konzeption des *Anti-Ödipus* mit einem organlosen Körper und dem Sozius, der dessen Ströme determiniert. Seine Idee einer Intensität möchte diesem Dualismus entkommen. »Also nicht zuerst eine Fläche und später eine Schrift auf ihr, von der man *im Nachhinein* sagen könnte, daß sie aus einem Patchwork von Organen, organischen und sozialen Körperteilen besteht; die libidinöse Haut ist vor allem *eine Spur, ein Streifen von Intensitäten*«, sie ist »die durchquerte Fläche und das Durchqueren zugleich« (ebd.).

Trotzdem kennt auch Lyotard so etwas wie die **Regulierung der Intensitäten**, hat auch Lyotard seinen »Sozius«. Er nennt ihn »den

großen Zero« und versteht ihn als Platzhalter für eine unterschiedliche inhaltliche Bestimmung. Der Zero ist, strukturalistisch gesprochen, die Position innerhalb der Struktur, auf die hin sich alle Elemente anordnen und welche die Abschließbarkeit und Totalisierung
der Struktur garantiert – also wiederum genau das, wogegen der
Poststrukturalismus sich immer wendet. Noch Freud und Lacan,
aber auch Deleuze und Guattari führen einen solchen Zero ein
(Lust- und Todesprinzip, Mangel und Phallus, Wunsch und unge-
hindertes Fließen) und erreichen damit lediglich eine Verdopplung,
Repräsentation, Dualität. Der Preis, den sie zahlen, ist Leiden und
Negativität, Unterordnung und Repression, ist eine Reduktion der
Intensitäten. Denn die Ordnung der Intensitäten kann nur über
eine »Ent-Intensivierung« erzeugt werden (ebd., 22), die als Folge
alle Dualismen nach sich zieht: »Operator der Ent-Intensivierung ist
die Ausschließung: entweder ›Dies‹ oder ›Nicht-Dies‹. Nicht beides.
Die Schranke der Disjunktion« (ebd.). Damit sind die intensiven
Durchläufe, die Intensitäten jedoch »keine Singularitäten mehr«, da
sie plötzlich »Wert durch ihre Beziehungen« (ebd., 37) bekommen.
Sie sind in einer Struktur geordnet, grenzen sich gegen andere Elemente ab und werden dadurch ideal bestimmt. Unter abstrakten
Konzepten zusammengefasst sind sie wiederholbar und folglich
nicht mehr singulär.

Nun ist es Lyotard auch klar, dass eine Struktur immer um ein
Zentrum zu kreisen versucht, auch wenn dieses Zentrum nicht halten kann, was es verspricht. Die Einführung des Zero ist daher für
ihn kein Ausdruck eines Irrtums, sondern beruht auf einem Begehren. »Etwas in Szene zu setzen, in den Käfig, ins Gefängnis, in die
Fabrik, in die Familie, in ein Kästchen, all das wird begehrt. Auch
Beherrschung und Ausschließung werden begehrt« (ebd., 19f.). Diesem Begehren stellt Lyotard aber nicht die Intensität gegenüber,
sondern lässt es Ausdruck einer weiteren Intensität sein; seine Setzung ist lustvoll. »Auch im Zusammenhang mit solchen Situationen
entstehen extreme Intensitäten« (ebd.). Er versucht also, seinen Zero
nicht als Gegenstück zur Intensität zu begreifen, sondern auf die Intensität selbst zurückzuführen. Somit muss er seinen Raum ohne
Dualität nicht verlassen.

Wenn selbst Beherrschung noch gewünscht wird, wie aber soll
man sich dann – erst recht als aktiver Kommunist – verhalten? Lyotards Antwort lautet: affirmativ. Es gibt »keine guten und schlechten
Intensitäten, sondern Intensitäten und ihr Nachlassen« (ebd., 54).
Alle Versuche, im Namen irgendeines Prinzips irgend jemanden
oder irgend etwas zu befreien, weist Lyotard von sich – und er
meint gerade auch den Versuch von Deleuze und Guattari: »Wir re-

den nicht wie die Befreier des Wunsches: kindische Greise mit ihren kleinen Bruderschaften, ihren fourieristischen Träumereien, ihren sicheren Hoffnungen auf die Libido« (ebd.). Anstelle solcher Bemühungen setzt Lyotard eher auf die Kraft des Einzelnen, denn »[w]o es Intensität gibt, ist Labyrinth, und zu bestimmen, ob der Weg in Richtung Leiden oder Fröhlichkeit geht, ist Sache des jeweiligen Bewußtseins und seines Lenkers« (ebd.). Den Intensitäten auf die Spur kommen und sich in das Labyrinth stürzen, das ist Ziel der Libidoökonomie.

Weil sie keinerlei Ordnung errichten will, bleibt der Theoriestatus der Libidoökonomie zumindest etwas fragil. Die Affekte entziehen sich dem ordnenden Zugriff des Denkens, »weil das Denken selbst Libido ist« (ebd., 41). Lyotard strebt deshalb an, die Kraft des Denkens, seine Intensität, in die Wörter übergehen zu lassen. »Was man denkt, muß also jederzeit einem theoretischen Zusammenhang zuzuordnen sein, einem (semantischen, formalen, egal was für einem) System, und diese Zuordnung zugleich unmöglich machen« (ebd.). Man soll, so Lyotard, zulassen, dass der theoretische Bereich von den Intensitäten mitgerissen wird – selbst auf die Gefahr hin, dass diese Intensitäten diejenigen sind, die theoretisch am schwersten zu akzeptieren sind. Das »Schreckgespenst des *Faschismus*« (ebd., 42) ist eine dieser Gefahren und ein möglicher Preis dafür, »ohne den Schutz des Begriffs« dazustehen (ebd.). Doch meint Lyotard mit der Intensität die Kraft und nicht die Macht, der er den Faschismus zurechnet. Ein Denken in Intensitäten, die weder gut noch schlecht, sondern stark oder nachlassend sind, ist allerdings riskant. Der Einsatz von Lyotard besteht darin, das Wesentliche *nicht* zuzugestehen: »die Setzung des Begriffs selbst und seine ›repressiven‹ Folgen« (ebd.).

Die *Economie libidinale* wendet sich wie der *Anti-Ödipus* **gegen ein Denken der Repräsentation** – ein Denken, das immer etwas auf etwas anderes zurückführt, etwas immer als Zeichen für etwas anderes versteht. Im Gegensatz zum *Anti-Ödipus* weiß Lyotard aber genau, dass man der Repräsentation nicht entkommt. Es geht ihm deshalb nicht darum, in einen Ort *jenseits* der Repräsentation vorzustoßen. Vielmehr geht es darum, Folgendes zu begreifen: »die Zeichen sind nicht nur Terme und Etappen, nicht nur Erkenntniszusammenhänge und Explikationen während eines Eroberungszuges, sondern sie *können* untrennbar davon einzigartige und unnütze Intensitäten in Exodusbewegungen sein« (ebd., 64). Dabei handelt es sich nicht etwa um andere Zeichen, sondern es »sind *dieselben* wie die, aus denen der Semiotiker textuelle Theorie und Praxis macht« (ebd.). Lyotard will sich nicht außerhalb platzieren, er will die Zeichen nicht beseitigen, sondern das Feld der Zeichen okkupieren (ebd.). Sein Augenmerk liegt daher nicht auf der Bedeutung von Zeichen, sondern auf ihrer Wirkung, auf der Bewegung, die sie in Gang setzen. Am Beispiel der Romane von Proust grenzt er seine Unternehmung von der psychoanalytischen Literaturinterpretation ab: »Der Vater von Marcel steigt mit einer Lampe die Treppe hinauf: ihr identifiziert in den aufgewühlten Empfindungen seines Sohnes das Wirken der ödipalen Struktur, wir versuchen, diese Empfindungen fortzusetzen, indem wir andere Dinge, Texte, Bilder, Klänge, Politiken und Zärtlichkeiten erzeugen, die möglichst *genausoviel Bewegung* produzieren sollen wie der Text von Proust« (ebd.). Das Maß für die Qualität eines Textes besteht nach Lyotard darin, neue libidinöse Intensitäten in einer Weise anzuregen, die einmalig und typisch für das entsprechende Objekt ist. An die Stelle von Verstehen soll die Bewegung treten, der Tanz, das emotionale Ereignis. Nicht Bedeutung, sondern eben: Intensität.

Wenn Intensitäten nur die andere Seite von Zeichen sind, wie ist ihr Verhältnis dann zu denken? Um die »Differenz im Identischen« (ebd., 66) zu bestimmen, führt Lyotard das Begriffspaar »Dissimulation/Dissimilation« ein. Im Französischen bedeutet *dissimulation* »Verheimlichung«, »Verschleierung«, und *dissimilation* soviel wie »Ungleich-Machen«. Beide Begriffe umspielen sich gegenseitig, jedes »Ungleich-Machen« kann eine Verschleierung sein und dadurch wieder eine Differenz einpflanzen, jede Verschleierung kann durch »Ungleich-Machen« funktionieren. Nach Lyotard zeichnet es jede der beiden Seiten, Intensität und Zeichen, aus, die jeweils andere zu verschleiern/zu dissimilieren. Bezieht man sich auf die Intensitäten, sind die Zeichen und Bedeutungen verschleiert und ungleich, bezieht man sich auf die Zeichen, sind es die Intensitäten. Die zwei Seiten des Zeichens hat man sich daher so zu denken, dass einmal das Zeichen in seiner Zugehörigkeit zu einer Struktur durch Differenzierung *Sinn,* und durch seine Kraft und Einzigartigkeit *Intensität* produziert. Es gibt unter ihnen keine Vorrangstellung; es handelt sich um zwei Rezeptionsformen, die gleichzeitig möglich sind.

Eigennamen sind für Lyotard Beispiele, die das Verhältnis von Intensität und Bedeutung zu erläutern helfen. Er nennt sie auch »tensorische Zeichen« oder einfach »Tensoren«, die jenseits von ihrer jeweiligen Bestimmung Intensitätsräusche auslösen. Sie bedecken neben ihrer Bedeutung einen Bereich des libidinösen Raumes und setzen ihn einem unvorhersehbaren Energiefluss aus (ebd., 70). Das zeigt sich z.B. bei Daniel Paul Schreber, Patient von Freud und Autor der *Denkwürdigkeiten eines Nervenkranken.* Der Name seines Arztes, Flechsig, dient ihm als Ausgangspunkt eines Rausches, der mit ihm verbunden ist. Flechsig ist ihm Beschützer, Henker, liebender Gott, grausamer Gott, einer, der ihn am Defäkieren hindert usw. Für Lyotard sind alle diese Kennzeichnungen nicht Bedeutungen des Zeichens »Flechsig«. Es handelt sich also nicht um ein Problem der »Polysemie«, der Vieldeutigkeit eines Namens. Dass Flechsig »ein tensorisches und nicht nur ein ›vernünftiges‹ Zeichen ist, liegt nicht an einer Polysemie der Aussagen, die mit seinem Namen verbunden sind, sondern am Rausch der Analerotik, der den schreberschen libidinösen Körper ergreift und dessen Entfaltung der Name Flechsig ist« (ebd., 74). Um die Bedeutung des Namens kann es schon allein deshalb nicht gehen, da all die Bezeichnungen von Flechsig sowohl positiv als auch negativ sind, sowohl das eine meinen wie sein Gegenteil. Die Bestimmung von Flechsig erfolgt daher nicht im Sinne einer geordneten Struktur mit ihren klaren Oppositionen, die eindeutige Bedeutungen festlegen. Flechsig ist vielmehr Anlaß für einen Rausch, für »das Glühen eines Körperstücks« (ebd., 96). Der Name setzt Intensitäten in Bewegung.

Von dieser Betrachtung der allgemeinen Zeichen wechselt Lyotard nun zu den besonderen Zeichen, den ökonomischen. **Das ökonomische Zeichen** par excellence ist das Geld, das für einen bestimmten Wert steht, seien es Waren oder Dienstleistungen, die man mit seiner Hilfe erwerben möchte. Zusätzlich zu dem wirtschaftlichen Gesichtspunkt, dass jedes Objekt im System des Kapitals vorhandenes oder potentielles Geld ist, ein im allgemeinen Produktionsprozess konvertierbarer Wert, tritt für Lyotard *ununterscheidbar* hinzu, dass jedes dieser Objekte auch eine libidinöse Intensitätsladung ist (ebd., 102). Ökonomische Zeichen sind nicht nur Terme, die in einem Kommunikationssystem funktionieren, das ihre Zirkulation reguliert. Ökonomische Zeichen sind auch »Eigennamen, Intensitätszeichen, libidinöse Werte (welche weder zum Gebrauch, noch zum Tausch gehören), Pulsschlag des Begehrens, Momente des Eros und des Todes« (ebd.).

Von diesem Gesichtspunkt aus kritisiert Lyotard nun Marx, Baudrillard, Piero Saffra und andere. Er tut dies nicht, sagt er, indem er eine andere Theorie dagegenhält; das hieße, »in die Falle gehen, die die Rationalität in dem Augenblick stellt, wo man sie besiegt. Diese Falle besteht ganz einfach darin, der *Forderung der besiegten Theorie zu entsprechen*, und diese Forderung lautet: setzt etwas anderes an meinen Platz. Das Wichtigste ist aber der Platz der Theorie, nicht ihr Inhalt. Der Platz der Theorie muß erobert werden« (ebd., 129). Die Eroberung von Lyotard sieht so aus, dass er den Begriff der »Entfremdung« zwar nicht wirklich kritisiert, ihn aber auflösen möchte angesichts der libidinalen Intensitäten. Noch

gegen den *Anti-Ödipus* wird das Verhältnis von Wunsch und Kapitalismus nicht als ein Unterdrückungsverhältnis verstanden, das auf einen Bereich verweist, der gewissermaßen unschuldig ist, weil er noch
nicht vom Kapital erfasst worden ist. Lyotards starke These ist, dass
wirklich alles Intensität aufweist, dass man sogar noch als Ausgebeute-
ter Lust empfindet, da man aus jeder Situation Intensitäten ziehen
kann. »[D]ie arbeitslosen Engländer sind nicht zu Arbeitern geworden, um zu überleben, sie haben – haltet euch gut fest und spuckt
mir schön darauf – diese hysterische, masochistische (und ich weiß
nicht was sonst noch) Erschöpfung *genossen*, sie haben es genossen, es
in den Minen, den Gießereien, den Fabriksälen, in der Hölle auszu-
halten« (ebd., 136). Wie kann man da, fragt er rhetorisch, noch von
Entfremdung sprechen, wenn man noch in der stumpfsinnigsten
Arbeit eine perverse oder wie auch immer geartete Intensität finden
kann? Alle Begriffe, die der Linken in ihrer Tradition lieb geworden
sind, werden angesichts der Libido verabschiedet. Es gibt keine libidinöse Würde, schreibt er (ebd., 138), keine libidinöse Freiheit oder
Brüderlichkeit, es gibt lediglich libidinöse Kontakte.

Diese große Bejahung, die in ihrer Geste an Nietzsche erinnert,
ist aber noch nicht alles. Lyotards Haltung zum Kapital ist nicht
neutral, er feiert es geradezu.

»Das Kapital ist weder die Denaturalisierung des Verhältnisses des Menschen zum Menschen noch des Mannes zur Frau [...]; es ist die Verschiebung des Feststehenden; es ist das Überfließen der verrücktesten Triebe,
weil es das bloße Geld als einzige Rechtfertigung oder Verbindung ist und
weil es, da das Geld alles rechtfertigen kann, von jeder Verantwortung und
Vernunft befreit« (ebd., 168f.).

Konsequent sagt Lyotard daher: »Man muß also auf Kritik vollständig verzichten« (ebd., 170). Anstatt dem Kapital alles mögliche vor-
zuwerfen, soll man die Triebkapazitäten, die es ins Spiel bringt, konstatieren, untersuchen und verstärken. Nicht mehr trübe Kritik
üben, empfiehlt Lyotard, sondern eine andere Haltung einnehmen,
»eine schaudernde Faszination angesichts des ganzen Umfangs der
Dispositive des Lustempfindens« (ebd., 170f.).

Wir habe am Anfang dieses Abschnittes erwähnt, dass die *Economie libidinale* das persönlichste Buch von Lyotard ist. Auf einigen
wenigen Seiten gibt er einen Einblick in seine Gemütsverfassung
und rät uns Lesern, wir sollen seine »Flucht in die libidinöse Ökonomie als das verstehen, was sie ist, eine Lösung und ein Entschluß
am Ende eines langen Leidens und der Ausweg aus einer Sackgasse«
(ebd., 144). An deren Ende steht die »Weigerung, zu kritisieren und
zu trösten« (ebd., 146).

Ganz am Schluss des Buches macht er sich noch einmal Gedanken über den Status dessen, was er vorgetragen hat. Auf keine Fall, so Lyotard, wollte er eine Theorie vorstellen – denn: »Das Theoretische impliziert die Verleugnung der Disparitäten, der Heterogenität von Energieströmen und -stauungen, es impliziert die Verleugnung der Polymorphie« (ebd., 294); darin ist er ganz Poststrukturalist. Statt dessen träumt er von einer Philosophie, die neue Einschreibflächen erfindet, die dem Körper des Wissens neue Stücke hinzufügt, welche die Libido besetzen und in denen sie zirkulieren kann. Als deren Effekt entstünde ein Ungleichgewicht, sie würde das Leben ungewiss machen (ebd., 300). Eine Philosophie, der Klarheit nur als Zufall zustieße, die keine Analyse ist, die keine Ursachen kennt, sondern nur Wirkungen, die wirkt. Es geht darum, »so raffiniert zu werden, uns so sehr zu verfeinern, zu so anonymen und durchlässigen Körpern zu werden, daß wir die Wirkungen nicht mehr aufhalten, sondern sie zu neuen Metamorphosen leiten, um ihre metaphorische Kraft, die Kraft der Wirkungen, die uns durchquert, auszuschöpfen« (ebd., 306f.).

Lyotard hat sich später von der Theorie der libidinalen Ökonomie – und den kleineren Texten, die er in ihrem Umkreis geschrieben hat – deutlich distanziert. In dem gemeinsam mit Jean-Loup Thébaud verfassten Buch *Au juste* erklärt er 1979, dass er das Konzept der Intensitäten der libidinalen Philosophie einer Revision unterzogen habe, »weil es das Problem der Ungerechtigkeit gibt« (*Au juste*, 171). Das Ergebnis dieser Revision ist seine Theorie des Widerstreit (s. Kap. 2.1.3): Sein Buch *Der Widerstreit*, so sagt Lyotard in einem Interview dazu, »ist ein Buch, das die Defizite der *Économie libidinale* ausgleicht, es ist ein Versuch, dasselbe zu sagen ohne solche wichtigen Probleme wie die Frage nach der Gerechtigkeit wegzuschieben« (Reese-Schäfer 1988, 137). Die »Metaphysik des Begehrens und des Triebes« wiederum, die in den frühen Schriften auftaucht, möge man doch als das nehmen, »was sie war: ein Coup« (*Des dispositifs pulsionels*, 1980; dt. teilweise *Essays zu einer affirmativen Ästhetik*, 1982, 9).

2.3 Die Macht, die Geschichte und ihr Verschwinden

Wer die Bedeutung der Geschichte betont, kritisiert bereits den Strukturalismus. Denn dessen Konzentration auf abstrakte, überzeitlich gültige Strukturen lässt historische Entwicklungen und Veränderungen notwendigerweise unberücksichtigt. Strukturalistische Analysen

zeichnen das Bild eines statischen Zustands, der immer gilt und
alles mittels geeigneter Regeln erklärbar macht; was ihnen entgeht,
ist die Tatsache, warum es zu verschiedenen Zeiten und an verschiedenen Orten unterschiedliche Ausprägungen der einen Struktur gibt – warum es also viele Mythen gibt, und nicht vielmehr nur
einen Mythos.

Den **Vorwurf der Ungeschichtlichkeit** hatte bereits Jean-Paul
Sartre an Lévi-Strauss gerichtet und dann, anlässlich des Erscheinens
von *Die Ordnung der Dinge*, auf Foucault ausgedehnt und um die
Kritik des Unpolitischen ergänzt: Foucault habe eine völlig apoliti-
sche Theorie vorgelegt, die zudem noch gegen den Marxismus gerichtet sei. Einem Marxisten, wie Sartre es damals war, musste die
völlig unhistorische und unpolitische Ausrichtung des Strukturalismus gegen den Strich gehen, zumal gerade im Mai '68 doch deutlich wurde, dass es ein revolutionäres Potential in der Gesellschaft
gibt, das Veränderung anstrebt. Wenn man diese Veränderung nicht
als schlichte Transformation der immergleichen Grundlagen begreifen wollte, als Variation des Bekannten, sondern als einen radikalen
Bruch mit der Tradition, als »echte« Revolution, dann musste man
den Strukturalismus entweder verabschieden, oder der Geschichte –
und das hieß damals: dem Marxismus – zugänglich machen (vgl.
auch Schaff 1974).

Die Arbeiten von Louis Althusser (1918-1990) in den 60er Jahren zielten auf eine solche Verbindung von Strukturalismus und
Marxismus. Er unterzog das Werk von Marx einer strukturalistischen Lektüre, die auch die Psychoanalyse von Lacan miteinbezog.
Am Ende dieser Lektüre freilich hatte das Subjekt seinen revolutio-
nären Status verloren, da es nicht mehr Herr des Geschehens ist.
Der Mensch wird, anstatt seine eigenen Geschicke in die Hand nehmen zu können, laut Althusser von den Bedingungen der Konsumption, Distribution und Produktion bestimmt, die ein komplexes System bilden und den Menschen bis ins Innerste hinein
determinieren. Mit einer solchen Theorie war natürlich keine Verwirklichung des Sozialismus mehr zu erreichen, weswegen Althusser
auch von der kommunistischen Partei mit dem Vorwurf gescholten
wurde, er lähme das revolutionäre Engagement (vgl. Althusser 1968
und 1972).

Da der Strukturalismus sich nicht bruchlos mit dem Marxismus
verbinden ließ, um »die Revolution« zu denken, mussten alternative
Konzepte gefunden werden, um dem Geist von '68 auch theoretisch
zum Ausdruck zu verhelfen – und gleichzeitig die Geschichte als
Thema nicht länger zu vernachlässigen. Jenseits des Strukturalismus
und jenseits des Marxismus suchten die Poststrukturalisten nach

neuen Wegen. Vor diesem Hintergrund bildeten sich die drei Möglichkeiten der philosophischen Reflexion der Geschichte heraus, die wir im Folgenden darstellen.

Die eine Möglichkeit ist Foucaults Konzept der Geschichte als einem Kampfplatz von Strategien, die sich in ganz heterogener Weise verketten und unterschiedliche Ziele verfolgen. Eine andere Möglichkeit ist die Reaktion von Baudrillard, der selbst Marxist gewesen ist, nun aber die Geschichte gleich ganz verabschiedet und das Zeitalter des »Posthistoire« ausruft. Einen dritten Weg schlägt schließlich Jean-François Lyotard ein, der – als vormals aktiver Sozialist – die Zeichen der Zeit liest, um die postmoderne Signatur der Gegenwart zu verstehen.

Was allen dreien von ihren Kritikern vorgeworfen wird, ist der Verlust des Standortes. Der sichere Boden des Marxismus, von dem aus gut und schlecht eindeutig identifiziert werden kann, ist im poststrukturalistischen Denken der Geschichte aufgelöst. An die Stelle der gesamtgesellschaftlichen Revolution ist das persönliche Engagement in kleinen Gruppen getreten, ohne Anspruch auf übergeordnete Geltung. Bürgerinitiativen statt Weltrevolution.

2.3.1 Foucault und die historische Macht der Diskurse

Man kann den Übergang Foucaults vom Strukturalisten zum Poststrukturalisten am besten im Übergang von seiner Methode der »Archäologie« zur »Genealogie« festmachen kann (s. Kap. 1.2). Die strukturalistische Geschichtsschreibung der *Ordnung der Dinge* hatte einfach vier »epistemai« unverbunden aufeinander folgen lassen und es ergab sich daher die Frage, wieso es überhaupt zu dieser Abfolge gekommen ist. Wenn man Geschichte daher nicht nur als das Aufzählen einer faktischen zeitlichen Reihenfolge betreiben will – als eine »Geologie«, wie Sartre sagte (Schiwy 1984, 208) –, sondern zu einem Verständnis der geschichtlichen Entwicklung vordringen möchte, muss man das strukturalistische Modell überwinden oder zumindest erweitern. Die neue Methode der »Genealogie« kann als Antwort Foucaults auf diese Problemlage verstanden werden (allg. dazu Rabinow/Dreyfuss 1987, 133ff.).

Die theoretische Konzeption dieser Genealogie umreißt er in seinem Text *Nietzsche, la généalogie, l'histoire* von 1971 (dt. »Nietzsche, die Genealogie, die Historie«, in: *Von der Subversion des Wissens*, 1974). Er knüpft darin an Gedanken an, die sich bereits in der *Archäologie des Wissens* von 1969 oder in seiner Antrittsvorlesung *L'ordre du discours* (1972; dt. *Die Ordnung des Diskurses*, 1974) am

Collège de France vom 2. Dezember 1970 finden lassen. Im Titel ist
der Bezug zu Nietzsche bereits benannt und der Text reiht dementsprechend verschiedene Zitate aus Nietzsches Schriften aneinander,
die auf eine Genealogie im Sinne von Foucault hin gedeutet werden.
An diesem Text lässt sich einerseits sehen, inwieweit grundlegende
Thesen des Poststrukturalismus insgesamt von Gedanken Nietzsches
geprägt wurden, andererseits wie es Foucault gelingt, diese Thesen
auf seine Art zu übertragen, Geschichte zu denken (vgl. Geiss
1993).

Grundlegend ist der Verzicht der genealogischen Geschichtsschreibung, einen Ursprung lokalisieren zu wollen. Analog zur Pro-
blematisierung von Derrida ist für Foucault mit der Suche nach einem Ursprung die Suche »nach dem genau abgegrenzten Wesen der
Sache gemeint«, nach »ihrer reinsten Möglichkeit, nach ihrer in sich
gekehrten Identität, nach ihrer unbeweglichen und allem Äußeren,
Zufälligen und Zeitlichen vorhergehenden Form« (*Von der Subversion*, 71). Hinter den Dingen gibt es aber kein Geheimnis zu ent-
schlüsseln, es gibt kein Wesen der Geschichte, das sich entwickelt,
es gibt keinen Ursprung als Ort der Wahrheit (ebd., 72), der etwas
Reines meint, das es zu entdecken gilt. Umgekehrt gibt es aber auch
kein Ziel, auf das sich die Geschichte unweigerlich hin entwickelt,
sei es nun marxistisch-revolutionär oder christlich-heilsgeschichtlich
bestimmt. Die Genealogie verzichtet auf eine »monotone Finalität«
(ebd., 69) und hält sich an die Einzelheiten, an die »Einmaligkeit
der Ereignisse« (ebd.), womit sie ein weiteres poststrukturalistisches
Thema aufnimmt, das des Eintretens für die Singularität. Wenn die
Genealogie allerdings einen historischen Anfang der Dinge ausfindig
machen kann, dann trifft sie dort nicht eine durch die Entwicklung
bewahrte Identität, sondern die »Unstimmigkeit des Anderen« (ebd.,
71).

Gegenstand der Genealogie ist daher nicht der Ursprung, sondern die Erforschung der Herkunft und die **Analyse der Entstehung**. Die Erforschung der Herkunft nimmt das Thema des »Subjekts« auf und möchte die subtilen individuellen und
subindividuellen Spuren aufdecken, »die sich in einem Individuum
kreuzen können und ein schwer entwirrbares Netz bilden« (ebd.,
73). Sie führt zu einer »Auflösung des Ich« (ebd.) und ersetzt die
leere Synthese, der es sich verdankt, durch die vielen Ereignisse, die
sie entdeckt. Was sie feststellt, ist, »daß an der Wurzel dessen, was
wir erkennen und was wir sind, nicht die Wahrheit und das Sein
steht, sondern die Äußerlichkeit des Zufälligen« (ebd., 74). Sie findet kein Fundament und liefert auch keines, sondern sie beunru-
higt, zerteilt und zeigt dort etwas Heterogenes, wo man bisher Ko-

härenz gesehen hat – auch das eine bekannte Geste des Poststrukturalismus. Es gibt keine Einheit, schon gar keine grundlegende, sondern immer nur Heterogenes, Vielfältiges, Singuläres, das sich einer
Vereinheitlichung entzieht.

Ein weiterer Aspekt der Erforschung der Herkunft ist ihr **Thema
des »Leibes«**, in den sich die Herkunft »einschreibt« (ebd., 74). Damit knüpft Foucault einerseits an Maurice Merleau-Ponty (1908-
1961) an, der dem Denken ein »Leib-Apriori« vorgeordnet hat, das
diejenigen grundlegenden Funktionen der Selbstvergewisserung
übernehmen soll, die z.B. Kant der Vernunft zugeschrieben hat und
Descartes dem Cogito. Andererseits kann man die Thematisierung
des Leibes auch als Ergänzung zum Thema »Wunsch« und »Begehren« verstehen, das wir im letzten Kapitel vorgestellt haben. Der
Leib ist jedenfalls für Foucault der Ort, an dem die vergangenen Ereignisse ihre Einheit und ihren Ausdruck finden, weil sie sich ihm
einprägen, aber auch ihre Entzweiung und ihren Konflikt. Die Genealogie als Erforschung der Herkunft untersucht daher die Ver-
schränkung von Leib und Geschichte. »Sie muß zeigen, wie der Leib
von der Geschichte durchdrungen ist und wie die Geschichte am
Leib nagt« (ebd., 75).

Die Analyse der Entstehung hat es mit Kräfteverhältnissen zu
tun, mit dem Kampf, mit der Konfrontation an einem bestimmten
Ort. Dieser Ort ist kein geschlossenes Feld, das wäre nicht poststrukturalistisch, sondern ein »Nicht-Ort« (ebd., 77), eine bloße Distanz, »die den Gegnern keinen gemeinsamen Platz einräumt«
(ebd.). Dies bedeutet, dass der Kampf sich nicht in einem von vornherein abgegrenzten Raum ereignet, wie zum Beispiel in einer Are-
na, sondern dass es Teil des Kampfes selbst sein kann, den Ort zu
wechseln, zu verändern, oder einen Nebenkriegsschauplatz aufzuma-
chen. Für eine Entstehung ist darüber hinaus niemand verantwortlich, sie geschieht ganz einfach. Die Geschichte ist kein Groß-Subjekt wie der hegelsche Weltgeist, in ihr gibt es keine autonom
handelnden Gruppen wie z.B. das Proletariat, sondern es gibt nur
anonyme Kämpfe und Strategien, die nicht einmal von einer konkret zu benennenden Instanz entworfen sein müssen. Der Analyse
der Entstehung geht es um Kräfteverhältnisse ohne Subjekte; auch
das ist als poststrukturalistisch bekannt.

Das Unternehmen der Genealogie will sich von dem abgrenzen,
was Nietzsche und Foucault »Historie« nennen. Diese kennt überhi-
storische Gesichtspunkte, will alles auf einen Nenner und in eine
Totalität bringen, nimmt einen Standpunkt außerhalb der Zeit ein,
beansprucht Objektivität – also alles Eigenschaften, die eine poststrukturalistische Geschichtsschreibung nur ablehnen kann. Die Ge-

nealogie unterwirft dagegen alles der Geschichtlichkeit und dem
Werden, sie zerbricht die Kontinuität und die Konstanz. Sie kon-
zentriert sich auf die **Singularität des Ereignisses**, unter dem sie
nicht eine Entscheidung, einen Vertrag oder eine Schlacht versteht,
»sondern die Umkehrung eines Kräfteverhältnisses, der Sturz einer
Macht, die Umfunktionierung einer Sprache und ihre Verwendung
gegen die bisherigen Sprecher« (ebd., 80). Die Kräfte, die in der Geschichte wirken, sind für die Genealogie dem Zufall des Kampfes
unterworfen. Ihr Wissen ist perspektivisch, sie akzeptiert dies und
lehnt das System ihrer eigenen Ungerechtigkeit nicht ab (ebd., 82).
Auch in diesem Punkt erweist sie sich noch als poststrukturalistisch:
es gibt keinen übergeordneten Standpunkt, von dem aus man Beur-
teilungen als absolut behaupten könnte.

Die Umsetzung dieses theoretischen Programms leistet Foucault in
demjenigen, was er »**Analytik der Macht**« nennt. Deren Hintergrund ist ein Verständnis der Macht, das er als Gegenentwurf zu einer Auffassung versteht, die er die »juridisch-diskursive« nennt
(*L'histoire de la sexualité, Band 1: La volonté de savoir*; dt. *Der Wille
zum Wissen, Sexualität und Wahrheit Band 1,* 1983, 102). Foucault
geht es darum, eine Analytik der Macht zu entwerfen, »die nicht
mehr das Recht als Modell und als Code nimmt« (ebd., 111). Deshalb bestimmt er seinen Machtbegriff zunächst ex negativo, indem
er der Macht Eigenschaften aberkennt, die ihm die klassische Auffassung zuerkennt (zur Machtthematik vgl. Fink-Eitel 1980; Hon-
neth 1985, Kap. 5 und 6; Schäfer 1995).
    Zunächst wäre da die Meinung, »daß die Macht etwas ist, was
man besitzt – was einige Bestimmte besitzen – was andere nicht besitzen. Und daß es in der Gesellschaft eine Gruppe von Leuten gibt,
eine Klasse, die die Macht besitzt und die die Bourgeoisie sein soll«
(*Mikrophysik der Macht. Michel Foucault über Strafjustiz, Psychiatrie
und Medizin,* 1976, 114). Diese Ablehnung richtet sich gegen eine
marxistische Machttheorie, die nach Foucault zwar ihren politischen
Wert haben kann, für eine historische Analyse allerdings untauglich
ist (ebd.).
    Dann muss man den Gedanken verabschieden, »daß die politi-
sche Macht immer in einer bestimmten Anzahl von Elementen und
im wesentlichen in den Staatsapparaten lokalisiert ist« (ebd.). Des-
weiteren muss man sich von der Vorstellung lösen, »daß die Macht
eine bestimmte Art der Aufrechterhaltung, der Fortsetzung und der
Reproduktion einer Produktionsweise ist; das heißt, daß die Macht
immer einer Produktionsweise untergeordnet ist, die wenn schon
nicht historisch, so doch analytisch stets vorgängig ist« (ebd.). Auch

hier zielt Foucault mit seiner Kritik auf eine marxistische Position
(vgl. Poster 1987), wobei man sich in diesem Zusammenhang auch
von dem Gedanken verabschieden muss, »nach dem die Macht innerhalb der Ordnungen der Erkenntnis nie anderes als ideologische
Wirkungen produziert« (ebd.).

Nach Foucault wird in der klassischen juristischen Theorie die
Macht als ein Recht begriffen, das man besitzt und das man veräu-
ßern und abtreten kann, zum Zwecke der Konstituierung einer politischen Macht (*Dispositive der Macht. Michel Foucault über Sexualität, Wissen und Wahrheit*, 1978, 68f.). Als Beispiel könnte man den
Akt der Wahl nennen, bei dem einem Repräsentanten das Recht ab-
getreten wird, in einem Parlament die Interessen der Wähler zu vertreten. Nach der herkömmlichen Vorstellung haben die Wähler ihm
damit ein Stück Macht verliehen. Die Konstituierung der politischen Macht funktioniert nach Foucault also »nach dem Vorbild einer juristischen Handlung in Form eines vertragsmäßigen Tausches«
(ebd., 69).

Diese alten Vorstellungen der Macht erscheinen Foucault als un-
zureichend; er möchte allerdings keine neue Theorie dagegenstellen,
die nur die alten Fehler wiederholen würde, wie er meint. Sie müsste von einer Art freiem und unschuldigem Zustand ausgehen, bei
dem dann irgendein Ereignis den Einbruch der Macht ausgelöst
hätte. »[S]tets läuft es so: von irgendeinem Zeitpunkt an haben die
Leute keine Rechte mehr gehabt, und die Macht war da« (ebd.,
126). An die Stelle dieser unzureichenden Theorie der Macht möchte Foucault nun seine Analytik der Macht treten lassen.

Auch wenn sie keine Theorie der Macht sein will, hat die Analytik der Macht grundsätzliche Ansichten über das Wesen der Macht
und ihrer Wirkungsweise. In einigen Punkten behauptet sie das Gegenteil der alten Auffassungen, in anderen geht sie darüber hinaus.
Zu einer einheitlichen Konzeption ist es bei Foucault trotzdem
nicht gekommen. Im Folgenden versuchen wir, verschiedene Zitate
so zusammenzustellen, dass eine Art **Theorie der Macht** erkennbar
wird. Damit stellen wir natürlich Foucaults Analytik der Macht als
eine Theorie der Macht dar, doch erscheint uns dieses Verfahren gerechtfertigt, da seine Analytik fundamentale Aussagen über Macht
enthält und dadurch einen theorieähnlichen Status zumindest in ihrer Basis erhält. Gleichzeitig wird deutlich, wie Foucault seine theoretischen Ausführungen über die Genealogie aufnimmt und in eine
Charakteristik der Macht umsetzt.

Die allgemeinste Bestimmung der Macht durch Foucault ist die,
dass Macht »vor allem ein Kräfteverhältnis ist« (*Dispositive*, 70, vgl.
Sexualität, Band 1, 113), das sich unaufhörlich wandelt und in Be-

wegung ist. Diese Kräfteverhältnisse bilden eine Vielfältigkeit, die ein Gebiet bevölkert und organisiert. Sie stützen sich gegenseitig durch Verkettung, oder isolieren sich durch Widersprüche und Verschiebungen (*Sexualität, Band 1*, 113). Die Grundlage der Macht ist das Spiel der Kräfte.

Genauer formuliert ist Macht dann nichts, was eine bestimmte Person besitzen kann, sie ist keine Art von Eigentum. Keine Person ist eigentlich mit der Macht identisch (*Von der Subversion*, 112, vgl. *Surveiller et punir. La naissance de la prison*, 1975; dt. *Überwachen und Strafen. Die Geburt des Gefängnisses*, 1989, 38; 229). Die Macht wirkt »unpersönlich« durch alle und alles hindurch, weswegen man sie auch nicht allein im Staat und den staatlichen Institutionen suchen sollte. Die Analyse der Machtverhältnisse muss über den Staat hinausgehen (*Dispositive*, 39) und darf nicht bei ihm stehen bleiben.

Wenn Macht nicht besessen werden kann, dann kann die Richtung ihrer Wirkungsweise auch nicht mehr eindimensional betrachtet werden. Sie wirkt nicht nur von »oben« nach »unten«, von Höhergestellten auf Untergebene, sondern genauso in umgekehrte Folge: von »unten« nach »oben« (*Dispositive*, 129). Die Machtbeziehungen sind »gleichzeitig intentional und nicht-subjektiv« (*Sexualität, Band 1*, 116), d.h. sie wirken immer in eine bestimmte Richtung, ohne dass eine Person unbedingt dafür verantwortlich gemacht werden kann: »[K]eine Macht, die sich ohne eine Reihe von Absichten und Zielsetzungen entfaltet. Doch heißt das nicht, daß sie aus der Wahl oder Entscheidung eines individuellen Subjekts resultiert« (*Sexualität, Band 1*, 116). Gerade der Begriff der »Richtung« und der »Intention« erlaubt Foucault, das Wesentliche der Macht in der Strategie zu suchen, in dem Ziel, das sie verfolgt und zu dessen Erreichen sie alle möglichen Taktiken einsetzt. Ein Subjekt oder eine identifizierbare Gruppe von Menschen ist dafür nicht mehr nötig. Eine Analytik der Macht besteht genau in der Klärung dieser Strategien, indem sie alle relevanten Ereignisse und Elemente in einem Zusammenhang ordnet, der einen solchen Vorgang intelligibel macht. Diesem Zusammenhang gibt Foucault dann den Namen »Dispositiv«.

Aus den beiden Bestimmungen der Macht als »subjektlos« und »intentional« ergibt sich Macht als etwas, »das zirkuliert oder vielmehr als etwas, das nur in Art einer Kette funktioniert« (*Dispositive*, 82). Die Macht »wird ausgeübt über eine netzförmige Organisation. Und die Individuen zirkulieren nicht nur in ihren Maschen, sondern sind auch stets in einer Position, in der sie diese Macht zugleich erfahren und ausüben; sie sind niemals die unbewegliche und bewußte Zielscheibe dieser Macht, sie sind stets ihre Verbindungselemente« (ebd.).

Eine weitere Eigenschaft der Macht ist ihre Tendenz, im Verborgenen zu bleiben: »Das Geheimnis stellt für sie keinen Mißbrauch dar, sondern ist unerläßlich für ihr Funktionieren« (*Sexualität, Band 1*, 107). Deswegen stellt das Festhalten an der alten juridischen Machtauffassung eine Verschleierungstaktik der »wahren Macht« dar. Indem wir daran festhalten, bekommen wir das eigentliche Funktionieren der Macht nicht in den Blick. Denn dies würde sie am Erfolg hindern: »Ihr Durchsetzungserfolg entspricht ihrem Vermögen, ihre Mechanismen zu verbergen« (*Sexualität, Band 1*, 107).

Zentrale Eigenschaften der Macht sind auch ihre »**Produktivität**« und ihre »**Allgegenwart**«. Die Macht ist produktiv, weil sie mit einer Unterdrückung – wie nach dem juridischen Modell gedacht – viel zu schwach wäre, ihre Ziele zu erreichen (*Mikrophysik*, 109); »man muß sie als ein produktives Netz auffassen, das den ganzen sozialen Körper überzieht« (*Dispositive*, 35). Das reicht so weit, dass die Macht »die Körper durchdringt, Dinge produziert, Lust verursacht, Wissen hervorbringt, Diskurse produziert« (ebd.). Anstatt nur zu unterdrücken oder zu verbieten, ist die Macht erfinderisch und kreativ.

Außerdem ist Macht überall. »Mir scheint, es ist wahr, daß die Macht ›immer schon da‹ ist; daß man niemals ›draußen‹ ist« (*Dispositive*, 210). Der Grund dafür liegt darin, dass »sie sich in jedem Augenblick und an jedem Punkt – oder vielmehr in jeder Beziehung zwischen Punkt und Punkt – erzeugt. Nicht weil sie alles umfaßt, sondern weil sie von überall kommt, ist die Macht überall« (*Sexualität, Band 1*, 114). Folgerichtig ist auch der Widerstand noch in der Macht befangen, er kann überhaupt nur »im strategischen Feld der Machtbeziehungen existieren« (ebd., 117). Der Widerstand ist das »nicht wegzudenkende Gegenüber« (ebd., 117) der Macht, er »existiert um so mehr, als er da ist, wo auch die Macht ist« (*Dispositive*, 212). Auch der Widerstand ist bei Foucault ein Kräfteverhältnis mit eigenen Zielen und Methoden, das sich einfach anderen Kräfteverhältnissen und deren Intentionen entgegenstellt; so betrachtet kämpft Widerstand nicht eigentlich gegen die Macht, sondern gegen andere Ziele. Der Widerstand kann nur das Gegenüber der Macht sein, weil er nichts anderes als die Macht ist. Genaugenommen kann man also gar nicht von »Macht« und einem »Gegenüber« sprechen, sondern nur von einer Strategie, die sich einer anderen entgegensetzt. Dass sich etwas außerhalb einer Strategie befände, das ist nach Foucault unmöglich.

Wenn Foucault über Macht schreibt, dann klingt dies oft so, als spreche er von einer Art Groß-Subjekt, einer Wesenheit, die Pläne entwirft und Ziele verfolgt. Das ist so aber nicht gemeint. Um dieses Missverständnis zu vermeiden, muss man die Machtverhältnisse auf ihre Basis, die Kräfteverhältnisse, zurückführen. Die »Kräfteverhältnisse« sind dann dasjenige, was in einer Gesellschaft die realen Zustände bewirkt hat, am Leben hält und verändern kann. Die »Intentionen« und »Strategien« sind Begriffe der Analyse, die der Genealoge zu Hilfe nimmt, um Klarheit in die Situation zu bringen, die er analysieren möchte. Die »Macht« wiederum ist dann das Bindeglied zwischen Intentionen/Strategien und Kräfteverhältnissen; die nicht wirklich existente Instanz, mit deren Hilfe der Genealoge die realen Kräfteverhältnisse und die idealen Strategien, (obwohl sich beides natürlich nicht sauber trennen lässt), aufeinander zu beziehen versucht. »Die Macht ist der Name, den man einer komplexen strategischen Situation in einer Gesellschaft gibt« (*Sexualität, Band 1*, 114).

Der zentrale Begriff in Foucaults Machtverständnis ist **das »Dispositiv«**. Es bildet den inneren Rahmen der Machttheorie, der es erlaubt, die einzelnen historischen Fakten in einer Ordnung so aufeinander zu beziehen, dass sie einen bestimmten Prozess intelligibel machen und erklären können.

»Was ich unter diesem Titel [sc. Dispositiv] festzumachen versuche ist *erstens* ein entschieden heterogenes Ensemble, das Diskurse, Institutionen, architekturale Einrichtungen, reglementierende Entscheidungen, Gesetze, administrative Maßnahmen, wissenschaftliche Aussagen, philosophische, moralische oder philanthropische Lehrsätze, kurz: Gesagtes ebensowohl wie Ungesagtes umfaßt. Soweit die Elemente des Dispositivs. Das Dispositiv selbst ist das Netz, das zwischen diesen Elementen geknüpft werden kann.« (*Dispositive*, 119).

Gegenüber seine »Archäologie« fällt auf, dass Foucault das Feld seiner Untersuchungsgegenstände erweitert hat. Beschäftigte er sich dort im Wesentlichen mit Dokumenten und Diskursen, nimmt er nun auch »Ungesagtes« in seine Analyse auf. Am Beispiel seines Buches *Überwachen und Strafen* werden wir sehen, dass dazu unter anderem auch Gebäude gehören, die ganz wesentliche Aufgaben in einem Dispositiv erfüllen können.

»Zweitens möchte ich in dem Dispositiv gerade die Natur der Verbindung deutlich machen, die zwischen diesen heterogenen Elementen sich herstellen kann [...] Kurz gesagt gibt es zwischen diesen Elementen, ob diskursiv oder nicht, ein Spiel von Positionswechseln und Funktionsveränderungen, die ihrerseits wiederum sehr unterschiedlich sein können« (*Dispositive*, 120).

Mit dieser Charakteristik kann Foucault auf die »Produktivkraft« der Macht reagieren. Es war oben bereits davon die Rede, dass die Macht »sich in jedem Augenblick und an jedem Punkt – oder vielmehr in jeder Beziehung zwischen Punkt und Punkt – erzeugt« (*Sexualität, Band 1*, 114). Das bedeutet, dass die Macht permanent in Bewegung ist und andauernd reagiert und koordiniert, indem sie neu auftauchende Elemente zu integrieren versucht oder einfach neue »Fakten« produziert, die ihr dienlich sein können. Dadurch entsteht jenes »Spiel von Positionswechseln«, das Foucault durch den Begriff des Dispositivs charakterisieren möchte.

Der wichtigste Begriff des Dispositivs ist aber der der »Strategie«, ohne den die beiden ersten Bestimmungen keinen Sinn erhalten. »Drittens verstehe ich unter Dispositiv eine Art von – sagen wir – Formation, deren Hauptfunktion zu einem gegebenen historischen Zeitpunkt darin bestanden hat, auf einen Notstand (urgence) zu antworten. Das Dispositiv hat also eine vorwiegend strategische Funktion« (*Dispositive*, 120). Durch die Strategie wird der intentionale Charakter der Macht aufgegriffen. Die Strategie gibt das Ziel an, auf dessen Erreichen hin die Macht ihr Spiel ausrichtet. Diesem Ziel entsprechend werden die Taktiken entworfen und auch immer wieder verändert, wenn sich kein Weiterkommen ergeben sollte. Durch die Strategie kann die Auswahl der Elemente verständlich werden, sowie das Netz, das zwischen ihnen geknüpft werden soll – alles fungiert als Teil einer Taktik. Durch die Strategie wird aber auch deutlich, dass möglicherweise Positionswechsel zu erfolgen haben, Funktionsveränderungen, weil das Ziel dadurch besser erreicht werden kann. Die beiden ersten Bestimmungen des Dispositivs erhalten also erst durch den Begriff der Strategie ihre volle Bedeutung.

In seinem Buch *Überwachen und Strafen. Die Geburt des Gefängnisses* von 1975 wendet Foucault seine Art Geschichtsschreibung nun konkret an (zur Geschichtsauffassung Foucaults vgl. Brieler 1998). Ausgangspunkt ist die Feststellung, dass es um Ende des 18. und Anfang des 19. Jahrhunderts zu einer Umbewertung der Strafe kam. Inszenierte man vorher noch durch Marter, Foltern und öffentliche Hinrichtungen eine Strafpraxis, in deren Mittelpunkt der gequälte Körper stand, wurde dies zunehmend als »unmenschlich« empfunden und eine milde Form der Bestrafung verlangt. Diesen Übergang stellt Foucault in einen komplexen Zusammenhang, der darin besteht, »die Metamorphose der Strafmethoden von einer politischen Technologie des Körpers her zu untersuchen, aus der sich vielleicht eine gemeinsame Geschichte der Machtverhältnisse und der Erkenntnisbeziehungen ablesen läßt« (*Überwachen*, 34).

Diese Geschichte entpuppt sich als eine **Geschichte der Human-wissenschaften.** Foucault findet nämlich »eine der Bedingungen des Auftauchens der Humanwissenschaften in der großen Anstrengung der Disziplinierung und Normalisierung, die das 19. Jahrhundert unternahm« (*Mikrophysik*, 112). In das Modell der Genealogie ein-gefügt, ließen sich diese Anstrengungen als Teile eines Dispositivs verstehen. Dann könnte man die »Disziplinierung« und die »Nor-malisierung« als die großen Intentionen der Macht charakterisieren, zu deren Verwirklichung sie nun Strategien entwickelt. In der Folge dieser strategischen Zielsetzung konstituiert sich dann das Dispositiv erst als solches. Ein Strang von ihm verläuft über die Institution des Gefängnisses und die Strafpraxis. Weitere verlaufen über das Spital, die Armee, die Schule etc. Auf diesem Hintergrund erzählt Foucault seine Geschichte dann folgendermaßen:

In der Entwicklung des Strafens gab es einen gewissen Zeit-punkt, an dem die öffentliche Hinrichtung eher zu einer Gefahr wurde, als ausschließlich der Abschreckung zu dienen. Das Volk fühlte sich »niemals den Bestraften näher als bei jenen Ritualen, welche die Abscheulichkeit des Verbrechens und die Unbesiegbar-keit der Macht zeigen sollten« (*Überwachen*, 82). Aus dieser Solida-rität erwächst allmählich eine Gefahr: Es kommt zu dem Notstand, auf den geantwortet werden muss: »Die Brechung dieser Solidarität sollte allmählich das Ziel der Justiz- und Polizeirepression werden« (ebd.).

Das Ziel der Polizei verselbständigt sich, Philanthropen mischen sich ein, welche die Strafen humanisieren wollen, ökonomische Be-dingungen ändern sich, der Besitz wird eine immer wichtigere Grö-ße und muss geschützt werden, so dass Gesetzesvergehen stärker ge-ahndet werden müssen (ebd., 110); ein ganzes Bündel von Ereignissen tritt ein und bildet langsam ein komplexes Dispositiv. Infolge einer Fülle von Prozessen verändert sich auch der Charakter der Strafe: Sie dient nicht mehr dazu, die vergangenen Taten zu be-strafen, sondern zielt eher auf die Zukunft, auf die Verhinderung von Verbrechen. »Um nützlich zu sein, muß die Bestrafung auf die Folgen des Verbrechens zielen, d.h. auf die Gesamtheit der mögli-cherweise nachfolgenden Störungen« (ebd., 118).

Um aber diese Aufgabe erfüllen zu können, muss der straffällig gewordene Mensch »verbessert« werden, er muss »diszipliniert« und einer Norm angeglichen werden, die sich als Normalität ausgibt. Das geht nicht ohne »Wissen« und ohne »Wissenschaft«. Das Ge-fängnis als Ort spielt dabei eine zweifache Rolle: Einmal geht es um die permanente Überwachung des Häftlings, andererseits »aber auch um die Erkennung jedes Häftlings, seines Verhaltens, seiner tiefen

Anlagen, seiner fortschreitenden Besserung. Das Gefängnis ist der Ort, an dem sich ein klinisches Wissen über die Sträflinge formiert« (ebd., 319). Dies ist ein gutes Beispiel dafür, wie die Macht »Wissensapparate« entwickelt oder nutzbar macht.

Eine ganze Reihe von Wissenschaften entsteht oder verändert sich mit Hilfe des Gefängnisses: Psychiatrie, Pädagogik, Medizin, Kriminologie. Sie finden dort ein Feld für mögliche neue Erkenntnisse und erhalten schon von daher Aufschwung. Andererseits dienen sie auch der Justiz zur Rechtfertigung ihrer Urteile. Wenn der Verbrecher verändert werden soll, muss die Ursache seiner Taten herausgefunden werden. Das heißt aber auch, dass er nicht im früheren Sinne schuldig ist. Seine Tat ist nicht mehr ein Vergehen, das geahndet werden muss, sondern eine Entgleisung, die ihre Ursachen in seinem Charakter, seiner psychischen Disposition, seiner Familiengeschichte etc. hat. Bei der Beurteilung der Verbrechen muss dieser Umstand in Rechnung gestellt werden, wobei der Richterspruch plötzlich an ganz andere Bedingungen geknüpft wird. »Die Feststellung des Verbrechens muß den allgemeinen Kriterien aller Wahrheit unterliegen« (ebd., 124). Dadurch ergibt sich eine Verschiebung der Rechtsprechung.

»Nunmehr unterliegt die Gerichtspraxis einer gemeinsamen Herrschaft der Wahrheit – einem komplexen System, worin sich die ›innere Überzeugung‹ des Richters aus den heterogenen Elementen des wissenschaftlichen Beweises, der sinnlichen Gewißheit und des gemeinen Menschenverstandes bildet. Hält die Strafjustiz an ihren Formen fest, kann sie sich allen Wahrheiten öffnen, wenn sie nur gewiß, bewiesen, und für jedermann annehmbar sind« (ebd., 125).

Durch den Umstand, dass die Gerichtsurteile einer allgemeinen Forderung nach Wahrheit unterliegen sollen, erhalten die Wissenschaften ihrerseits wieder Auftrieb. Sie erscheinen als notwendig für die Rechtsprechung, weil sie für die Wahrheit der Urteile garantieren und sie dadurch für alle akzeptabel machen. Es kommt also zu einem Wechselverhältnis zwischen Justiz, Gefängnis und Wissenschaften. In Foucaults Worten: »Das Gefängnis [...] ist der Ort, wo die Strafgewalt [...] stillschweigend ein Feld von Gegenständlichkeit organisiert, damit die Bestrafung als Therapie und das Urteil als Diskurs des Wissens öffentlich auftreten kann« (ebd., 329). Alle diese Maßnahmen fügen sich in die große Strategie der Normierung und Disziplinierung. Von daher kann Foucault auch sagen, dass die Wissenschaften vom Menschen »ihren Mutterboden und ihr Muster in der kleinlichen und boshaften Gründlichkeit der Disziplinen und ihrer Nachforschungen« (ebd., 290) haben.

Der Machtmechanismus, der hier am Wirken ist, wird von Foucault anhand des »**Panopticon**«, des architektonischen Entwurfs eines Gefängnisses von Jeremy Bentham illustriert. Dessen Anlage besteht aus einem ringförmigen Gebäude, das um einen Turm herum gebaut wird. Der Turm ist mit Fenstern versehen, die nach der Innenseite des Ringes hin angebracht sind. »[D]as Ringgebäude ist in Zellen unterteilt, von denen jede durch die gesamte Tiefe des Gebäudes reicht; sie haben jeweils zwei Fenster, eines nach innen, das auf die Fenster des Turms gerichtet ist, und eines nach außen, so daß die Zelle auf beiden Seiten von Licht durchdrungen wird« (ebd., 257). Zwischen den einzelnen Zellen sind Mauern angebracht, welche die Gefangenen voneinander trennen.

Die Weise, in der das Panopticon als Machtmechanismus funktioniert, sieht Foucault im Prinzip der Sichtbarkeit. »Es genügt demnach, einen Aufseher im Turm aufzustellen und in jeder Zelle, einen Irren, einen Kranken, einen Sträfling, einen Arbeiter oder einen Schüler unterzubringen. Vor dem Gegenlicht lassen sich vom Turm aus die kleinen Gefangenensilhouetten in den Zellen des Ringes genau ausnehmen« (ebd.). Jeder Insasse einer Zelle kann gesehen werden, wird aber durch die seitlichen Mauern daran gehindert, seine Mitinsassen zu sehen und mit ihnen in Kontakt zu treten. »Die Lage seines Zimmers gegenüber dem Turm zwingt ihm eine radiale Sichtbarkeit auf; aber die Unterteilung des Ringes, diese wohlgeschiedenen Zellen, bewirken eine seitliche Unsichtbarkeit, welche die Ordnung garantiert« (ebd.). Die seitliche Isolierung der Insassen kann für verschiedene Gruppen als Vorteil genutzt werden: Sträflinge schmieden kein Komplott, Kranke stecken sich nicht an, Irre werden nicht gegeneinander gewalttätig, Kinder in der Schule schreiben nicht ab und machen keinen Lärm. Das Panopticon ist ein Mechanismus, der sich nicht allein auf das Gefängnis beschränkt.

Das Prinzip der Sichtbarkeit organisiert die Unterwerfung.

»Eine wirkliche Unterwerfung geht mechanisch aus einer fiktiven Beziehung hervor, so daß man auf Gewaltmittel verzichten kann [...] Derjenige, welcher der Sichtbarkeit unterworfen ist und dies weiß, übernimmt die Zwangsmittel der Macht und spielt sie gegen sich selber aus; er internalisiert das Machtverhältnis, in welchem er gleichzeitig beide Rollen spielt; er wird zum Prinzip seiner eigenen Unterwerfung« (ebd., 260).

Vor diesem Hintergrund versteht Foucault auch das poststrukturalistische Thema der »**Subjektivierung**«. So wie der Mensch der Sprache unterworfen und nicht deren Herrscher ist, so ist der Insasse im Panopticon den Blicken ausgesetzt, die ihm und seinen körperlichen

Bewegungen einen Zwang auferlegen, dem er bei Androhung von Strafe gehorchen muss. Gleichzeitig wird er als Untersuchungsgegenstand der neuen Wissenschaften zu einem Fall, dessen Wahrheit jenseits seiner Verbrechen liegt. Die Tat eines Landarbeiters, der 1867 »ein paar Zärtlichkeiten« von einem kleinen Mädchen »ergattert«, wird nicht mehr nur als Verstoß gegen die Ordnung verstanden, sondern wird plötzlich Gegenstand »einer juristischen Aktion, einer medizinischen Intervention, einer klinischen Prüfung und einer umfangreichen theoretischen Verarbeitung« (*Sexualität, Band 1*, 45). Der Landarbeiter ist nicht mehr ein Verbrecher, sondern ein Mensch mit einer bestimmten Geschichte, Charakterstruktur, Familienkonstellation, Komplexen usw., was alles auf seine Tat hinweist und hinführt. Er ist ein Subjekt im wörtlichen Sinne des »sub-iacere«, des »unterwerfen« geworden. Und dieses muss normalisiert und diszipliniert werden.

In der **Disziplinarmacht** sieht Foucault auch dasjenige am Werk, was er als »politische Technologie des Körpers« beschreiben möchte. Der **Körper wird Zielscheibe von Machtpraktiken**, die ihn regelrecht en détail bearbeiten. Eine »Mikrophysik der Macht« setzt am Körper an und versucht, ihn bestimmten Funktionen gemäß zu formen und zu »verbessern«. Das reicht von der Produktion von Soldaten bis hin zur Erziehung der Kinder in der Schule. Die Hilfsmittel sind so zahlreich wie erfinderisch, was den produktiven Aspekt der Macht zum Ausdruck bringt. Sie unterdrückt nicht einfach, sondern erfindet: Schulbänke z.B., die eine bestimmte Haltung aufzwingen, ein strenges Zeitregime, das dem Körper nur eine vorgeschriebene Erholung ermöglicht, das Panopticon, das jede Regung der Gefangenen registriert usw. »Die Disziplin steigert die Kräfte des Körpers (um die ökonomische Nützlichkeit zu erhöhen) und schwächt diese selben Kräfte (um sie politisch fügsam zu machen)« (*Überwachen*, 177). Der Disziplinarzwang steigert die Tauglichkeit und vertieft die Unterwerfung und verkettet beides im Körper.

Subjektivierung kann man auf diesem Hintergrund auch als eine Unterwerfung des Körpers unter die Mächte der Disziplin begreifen. Im Verbund mit den Subjektivierungsweisen der Humanwissenschaften lässt Foucault tatsächlich vom autonomen Subjekt der Aufklärung nicht mehr viel übrig: Sein Körper wird von der Disziplin geformt und sein Wesen von der Wissenschaft bestimmt. Die poststrukturalistische Abschaffung des traditionellen Subjektbegriffs wird bei keinem so radikal gedacht wie bei Foucault.

Weit davon entfernt, sich selbstlos der Suche nach der Wahrheit zu widmen, werden die Humanwissenschaften bei Foucault somit als Verbündete der Macht entlarvt. In diesem Bund sind Wissen und Wahrheit lediglich Aspekte der Macht, Elemente von Strategien. Das Ethos der Aufklärung ist damit gescheitert, ein Ort jenseits der Macht ist Illusion (vgl. Erdmann et al. 1990; Schäfer 1995). Die Thesen zur Genealogie werden durch Foucaults konkrete Geschichtsschreibung eingelöst. Der »Leib« wird in der politischen Technologie der Körper thematisiert, einen Ursprung und ein Ziel gibt es nicht mehr, nur anonyme Strategien, die am Werk sind, das Ich wird aufgelöst und alles den Kräfteverhältnissen und ihrem Kampf unterstellt. Unter Rückgriff auf Nietzsche gelingt es Foucault tatsächlich, viele der zentralen Themen des Poststrukturalismus auf eine Geschichtsschreibung anzuwenden. Seine Diagnose allerdings, die nichts mehr von den verhießenen Befreiungsmöglichkeiten des Marxismus übrig lässt, hat heftige Kritik hervorgerufen. Besonders seine Sicht des Widerstands, der immer auch Teil der Macht und damit lediglich eine Strategie ist, die sich einer anderen Strategie entgegenstellt, hat der politischen Arbeit der Linken nicht unbedingt Auftrieb gegeben. Der Widerspruch bei Foucault, einerseits keine übergeordnete Rechtfertigung für politische Einmischung geben zu können oder zu wollen, andererseits aber trotzdem politisch aktiv zu sein, hat die Linke wie Rechte irritiert. Foucault scheint es Vergnügen bereitet zu haben, dass man seinen Standpunkt nicht orten konnte; in der *Archäologie* schreibt er: »nein nein, ich bin nicht da, wo Ihr mich vermutet, sondern ich stehe hier, von wo aus ich Euch lachend ansehe« (*Archäologie des Wissens*, 30).

2.3.2 Baudrillard und das Ende von Macht und Geschichte

Hatte Foucault auf die Kritik an der Geschichtsvergessenheit des Strukturalismus noch mit einem eigenen Gegenentwurf reagiert, der zwar theoretisch keine überzeitlich gültige Rechtfertigung politischer Aktionen zuließ, durch seine Machtanalytik aber trotzdem die Entstehung bestimmter gesellschaftlicher Verhältnisse erklären konnte, ist die Reaktion von Jean Baudrillard (1929-2007) rein resignativ. In einer Geste, die dem Poststrukturalismus eigen ist, nämlich die Verabschiedung liebgewordener Begriffe der abendländischen Tradition, wirft er gleich Macht und Geschichte mit über Bord. Dabei entsteht eine Theorie, die nicht mehr überzeugen, sondern nur noch verführen möchte (als allgemeine Einführungen vgl. Blask 1995; Gane 1991; Kellner 1991; Levin 1996; Strehle 2012).

Ausgangspunkt von Baudrillards Überlegungen ist seine These, dass das Reale verschwunden ist. Es gibt nichts mehr, auf das sich die Zeichen in besonderer Weise beziehen können, und das nicht

selbst wieder Zeichen ist. In der abendländischen Tradition hatte
man die Repräsentation immer so gedacht, dass Zeichen und Reales
äquivalent sind. Im Sinne eines Austausches konnte man ein Zeichen geben und Sinn dafür erhalten. In letzter Konsequenz gab es
einen Bürgen für diese Transaktion, und der hieß Gott. Dieses Modell greift nach Baudrillard nicht mehr, es ist abgeschafft. Ein Beispiel dafür sieht er in dem unlösbaren Problem, zwischen einer
»echten« Krankheit und der Simulation von Symptomen unterscheiden zu können. Wenn man Symptome auch ohne reale Krankheit
produzieren kann, hat man es dann mit einem Kranken oder einem
Nicht-Kranken zu tun? »Wenn sich jedes beliebige Symptom ›produzieren‹ läßt und somit keine natürliche Tatsache mehr darstellt,
dann ist offensichtlich jede Krankheit simuliert und simulierbar und
die Medizin verliert ihren Sinn, denn sie kann nur Krankheiten behandeln, die aufgrund von objektiven Tatsachen wahr sind« (*La
précession des simulacres*, 1978; dt. »Die Präzession der Simulakra«,
in: *Die Agonie des Realen*, 1978, 10f.). Das Ergebnis ist der Zusammenbruch der Unterscheidung von Realem und Simulation. Es gibt
»keine Wahrheit, keine Referenz und keinen objektiven Grund
mehr« (ebd., 11). Alles Referentiale ist liquidiert.

Durch den Verlust des Realen treten wir in das **Zeitalter der Simulation** ein. In ihm ist die Logik der Tatsachen durch eine Logik
der Simulation ersetzt. Grundlegend sind hierbei die verschiedenen
Modelle, mit denen man dasjenige erklären kann, was früher noch
»Tatsache« hieß. Losgelöst von den Tatsachen gibt es nur noch Modelle und ihr Zirkulieren. Die Tatsachen »entstehen im Schnittpunkt von Modellen, so daß eine einzige Tatsache von allen Modellen gleichzeitig erzeugt werden kann« (ebd., 30). Die Differenz
zwischen Modell und Tatsache ist aufgehoben, es gibt keinen »Sinn-
abstand, keine dialektische Polarität, keine negative Elektrizität
mehr, sondern eine Implosion antagonistischer Pole« (ebd., 30f.).
Das Reale, das in der abendländischen Tradition immer die Grenze
war, an der jede Interpretation ihren Meister fand, an der sich falsche von zutreffenden Interpretationen schieden, dieses Reale gibt es
nicht mehr. Statt dessen gilt: »Alle Interpretationen sind wahr«
(ebd., 31).

Die Simulation bringt alle Differenzen zum Einsturz. Sie bezieht
sich nicht mehr auf irgend etwas, sondern bedient sich »verschiedener Modelle zur Generierung eines Realen ohne Ursprung oder Realität, d.h. eines Hyperrealen« (ebd., 7). Es geht nicht mehr um Imi-
tation, denn dies würde wieder eine feste Realität als Bezugspunkt
voraussetzen, sondern um die »**Substituierung des Realen durch
Zeichen des Realen**« (ebd., 9). Wie bei Derrida gibt es dann nur

noch ein Verweisen von Zeichen auf Zeichen, die an kein Ende
mehr gelangen. Folgerichtig verabschiedet auch Baudrillard die Metaphysik des Abendlandes: »Mit der Simulation verschwindet die gesamte Metaphysik. Es gibt keinen Spiegel des Seins und der Erschei-
nungen, des Realen und seines Begriffs mehr« (ebd., 8). Die
Metaphysik dankt ab, weil die als grundlegend behaupteten Differenzen zusammenbrechen. »Überall dort, wo sich die Unterscheidung zweier Pole nicht mehr aufrechterhalten läßt, ganz gleich auf
welchem Gebiet (Politik, Biologie, Psychologie, Medien), betritt
man das Feld der Simulation« (ebd., 51). Im Hyperrealen, welches
das Reale ersetzt, ist die Trennung von Realem und Imaginärem vorbei. Die Differenzen, die es hier noch gibt, sind simuliert und generiert (ebd., 10), also in keiner Weise natürlich. Lineare Kontinuität
und dialektische Polarität sind verschwunden.

Mit dem Realen verschwindet bei Baudrillard eine ganze Serie
von anderen Phänomenen. Eines davon ist die Macht. An Foucault
richtet er den Vorwurf, diesen Punkt übersehen zu haben. Für ihn
sei die Macht immer schon vorhanden, worin die Machttheorie von
Foucault den Theorien von Deleuze über den Wunsch (s. Kap.
2.2.1) und von Lyotard über die Intensitäten (s. Kap. 2.2.2) verwandt sei. Alles läuft bei ihm »letztlich auf *Macht* hinaus – ohne
daß dieser Begriff jemals anderes zurückführen oder ausmerzen würde –, so wie letztlich alles bei Deleuze auf *Wunsch* und bei Lyotard
auf *Intensität* hinausläuft: alles Begriffe, die zwar aufgesplittert worden, aber in ihrem gängigen geläufigen Sinn wie durch ein Wunder
unversehrt geblieben sind« (*Oublier Foucault*, 1977; dt. *Oublier Foucault*, neubearb. Auflage 1983, 47). Eine Positivität der Macht aber
vorauszusetzen, sei sie auch nicht mehr repressiv, sondern produktiv,
»entlarvt nicht *die Macht selbst als Trugbild*« (ebd., 9). Auch die
Macht gehört in das Reich des Scheins, ihr Geheimnis besteht darin, dass es sie gar nicht gibt (ebd., 62). Weil die Macht tot ist, »nur
noch Schreckgespenst und Hirngespinst, ist sie in aller Munde«
(ebd., 74). Für Baudrillard ist daher Foucaults Theorie »[e]ine meis-
terhafte Theorie, aber überholt« (ebd., 19).

Gemäß der Logik der Simulation muss man die Macht daher
vollkommen anders denken: Es gilt, sie in Zusammenhang mit dem
Verschwinden des Realen zu bringen. Wenn es hier keine Differenz
mehr zwischen Realem und Illusion gibt, dann kommt es zu einer
politischen Problemsituation. Deren Kernfrage lautet, wie ein fingier-
tes Vergehen möglich ist. Baudrillard gibt das Beispiel eines bloß
fingierten Ladendiebstahls. Damit er Ladendiebstahl ist, muss er
dem realen Diebstahl möglichst in allen Punkten gleichen. Doch
»wie kann man den Hausdetektiv davon überzeugen, daß es sich

nur um einen simulierten Diebstahl gehandelt hat? Es gibt keine
›objektive‹ Differenz: ein simulierter Diebstahl operiert mit den gleichen Gesten, den gleichen Zeichen wie ein realer. Sie lassen sich keiner der beiden Seiten zuordnen. Für die etablierte Ordnung gehören
sie daher zur Ordnung des Realen« (*Agonie*, 36). Die Funktion des
Realitätsprinzips wird damit deutlich: es dient dazu, »jeden Simula-
tionsversuch zu vereiteln und alles auf das Reale zu reduzieren«
(ebd.). Mit dem Realen wird die Differenz zur Simulation möglich,
und diese Differenz ist die Grundlage des Gesetzes (ebd., 37). Denn
wie ließe sich, fragt Baudrillard, die Simulation einer Tugend bestra-
fen? Das Gesetz, um wirksam zu sein, braucht das Reale und muss
daher die Simulation durch Reduktion auf das Reale zurückdrän-
gen. Die Simulation ist gefährlich, »denn sie läßt über ihr Objekt
hinaus die Annahme zu, die Ordnung und das Gesetz könnten selber ebensogut nur Simulation sein« (ebd., 35f.).

Die Macht begegnet dieser Situation dadurch, dass sie »überall
und immer wieder neue Formen des Realen und Referentiale« (ebd.,
39) injiziert, da sie sich nur auf Gründe und Zwecke erstreckt, nur
auf das Reale und Rationale. Weil es aber das Reale gar nicht gibt,
produziert die Macht nur noch Zeichen. Sie ist selbst in das Stadi-
um der Simulation eingetreten und nur noch dazu da, »zu verbergen, daß es sie nicht mehr gibt« (ebd., 42). Das hat den Vorteil, dass
sie als simulierte Macht ewig dauern kann, »denn im Unterschied
zur ›wahren‹ Macht, die eine Struktur, eine Strategie, ein Kräfteverhältnis, ein Einsatz ist oder war, ist sie nur noch Objekt eines sozialen Verlangens (demande), und somit Objekt des Gesetzes von Angebot und Nachfrage (demande)« (ebd.). Die Macht gibt es nicht
mehr, sie wird von uns lediglich gewünscht und gewollt. Es gibt ein
kollektives Verlangen nach Zeichen der Macht. »Mit ihrem totalen
Verschwinden«, gibt Baudrillard zu bedenken, »befinden wir uns lo-
gischerweise in der totalen Halluzination der Macht – eine Wahn-
idee« (ebd., 41).

Mit dem Realen und der Macht ist für Baudrillard auch die Ge-
schichte untergegangen; es gibt sie nicht mehr, **die Geschichte ist zu
Ende.** Wir sind im Zeitalter des Posthistoire, der Nachgeschichte.
Diese Überlegung hatte bereits Arnold Gehlen in den 1950er Jahren
angestellt und sie ist von Francis Fukuyama (1992) anlässlich der
Ereignisse von 1989 neu aufgelegt worden, allerdings mit anderen
Argumenten als Gehlen und unter Berufung auf den französischen
Philosophen Jean Hippolyte und dessen Hegeldeutung. Baudrillard
entwickelt jedoch eine noch andere Perspektive auf diesen Gedan-
ken, und zwar aus zwei Richtungen: Einmal stehen Determination
und Finalität im Mittelpunkt. Beide sind selbstverständlich ebenfalls

verschwunden, an ihre Stelle ist eine Hyperdetermination getreten,
»eine Überfülle an Determination in der Leere« (*Les strategies fatales*,
1983; dt. *Die fatalen Strategien*, 1985, 13) und eine Hyperfinalität,
die Baudrillard »Hypertelie« nennt. Auch sie kann man wieder aus
der Abwesenheit des Realen begreifen, denn wenn Tatsachen sich als
Schnittpunkt aller Modelle ergeben und alle Interpretationen gleich
zutreffend sind, dann sind solche Kategorien wie Determination
und Finalität nicht mehr greifbar. Die Frage nach Ursachen wie Zielen verschwimmt, wenn prinzipiell alles Ursache und Ziel sein kann,
auch Widersprüchliches. Wenn sich aber nichts mehr stabil als Ursache und Ziel identifizieren lässt, dann muss der Zufall überhand-
nehmen, also das Aufgeben von Erklärungen zugunsten der Annahme eines blinden und unregelmäßigen Eintritts von Ereignissen.
Schon an diesem Punkt ist Geschichte nicht mehr möglich. Es gibt
nur noch einzelne Ereignisse, die beliebig verbunden werden können. Nach dem Verlust der Geschichte

»gibt es nur noch folgenlose Ereignisse (und folgenlose Theorien), die
nichts mehr verändern und nichts mehr verkünden, die also auf diese Weise
ihren Sinn und ihre Bedeutung nurmehr in sich selbst absorbieren [...]
Wenn erst einmal der Sinn von Geschichte verlorengegangen und der
Punkt der Trägheit überschritten ist, wird jedes Ereignis zur Katastrophe
und somit zum reinen, folgenlosen Ereignis« (*Strategien*, 19).

In einem Vortrag im Jahr 1984 mit dem provozierenden Titel *L'an
2000 ne passera pas* (dt. *Das Jahr 2000 findet nicht statt*, 1990) hat
Baudrillard noch eine andere Perspektive auf das Ende der Geschichte eingenommen. Eine der Ursachen dafür sieht er – von Gedanken Paul Virilios inspiriert – in der Beschleunigung der Moderne, durch die wir »einen bestimmten Horizont überschritten und
eine Raum-Zeit-Welt verlassen haben, in der Reales möglich war, in
dem Ereignisse möglich waren, da die Schwerkraft noch ausreichte,
um die Dinge einander reflektieren und auf sich selbst zurückkommen zu lassen, d.h. ihnen Dauer und Folge zu verleihen« (ebd., 8).
Durch die Geschwindigkeit wird alles der Schwerkraft entrissen, die
es »auf einer Umlaufbahn von Bedeutungen hält« (ebd.), und in den
Hyperraum vorangetrieben, worin es dann seine Richtung verliert.
Diese – eher metaphorische – Erklärung hat Konsequenzen für die
Geschichte: »Damit ist der ›Récit‹, die Erzählung, unmöglich geworden, bedeutet er doch definitionsgemäß (re-citatum), daß ein Sinn
zurückverfolgt werden kann« (ebd., 9). Besonders die Medien sind
daran schuld, die jedem Faktum durch ihre Verbreitung eine »gren-
zenlose Flugbahn« eröffnet haben. Der Zwang zur medialen Verbreitung und das Gebot der totalen Zirkulation und Kommunikation

macht jedes Ereignis zum Atom und beschleunigt es derart, dass es kein zurück mehr gibt. Kein Ereignis hat Folgen mehr, »denn es geschieht zu schnell« (ebd.).

Ein zweiter Grund für das Ende der Geschichte besteht in der Trägheit der Masse. Sie ist gewissermaßen das Gegenstück zur Beschleunigung. Die kritische Schwelle der Masse an Bevölkerung, Ereignissen, Informationen ist überschritten und führt zur Trägheit aus Übersättigung. »Durch Informationen neutralisiert und immun geworden, neutralisieren die Massen nun ihrerseits die Geschichte und fungieren als Absorptionsschirm« (ebd., 12). Die Ereignisse erschüttern uns nicht mehr, sondern spielen sich ab, ohne dass wir nach Baudrillard kollektiv oder individuell dafür verantwortlich wären. Die Geschichte kommt zum erliegen, weil sie in Indifferenz und Betäubung erstarrt.

Der dritte Grund hat wieder mit der Simulation zu tun. Die Geschichte verschwindet, weil ein Ereignis und seine Verbreitung in den Medien so dicht aufeinander erfolgen, sich so nah sind, dass sie sich überlagern. Die Medien machen Ereignisse so real, dass die Realität dahinter verschwindet. Baudrillard versteht diesen Punkt in Analogie zur Einführung der High-Fidelity-Technik der Musikwiedergabegeräte, durch deren Perfektion Musik so genau wiedergegeben wird, wie sie vorher nie gehört werden konnte. Sie verschwindet »in der Perfektion ihrer eigenen Materialität, in ihrem *Dolby*-Effekt« (ebd., 16), und genauso die Geschichte in den Medien. »Überall gibt es den Effekt von perfekter Wiedergabe und absoluter Nähe des Realen: denselben Simulationseffekt« (ebd., 17). Wie wir uns eine Musik vor der Stereoentwicklung nicht mehr vorstellen können, so können wir uns keine Ereignisse mehr vor ihrer Wiedergabe durch Medien denken. »Also treten wir aus der Geschichte heraus, um in die Simulation einzutreten« (ebd., 19; vgl. Venus 1997).

Auch der Zerfall der Sowjetunion und der Umbruch im Osten können der Diagnose nichts anhaben. In einem Artikel vom Dezember 1989 sieht Baudrillard in ihnen vielmehr einen neuen Sinn vom Ende der Geschichte auftauchen. Das Jahrhundert macht demnach eine Kehrtwende, indem es alles das ungeschehen machen möchte, was es in seiner Geschichte hervorgebracht hat: Zweiter Weltkrieg, Kalter Krieg, alle politischen und ideologischen Revolutionen des 20. Jahrhunderts.

»Da haben wir sie vielleicht, die Erleuchtung dieses fin de siècle, den wirklichen Sinn der umstrittenen Formel vom Ende der Geschichte. In einer Art begeisterter Trauerarbeit ebnen wir alle markanten Ereignisse dieses Jahrhunderts ein, *waschen es weiß* [...], als hätte die ganze Welt sich daran gemacht, diese Geschichte mit der gleichen Begeisterung wieder abzubauen, mit der sie zustande gebracht wurde« (*Décongélation et la fin de l'histoire*, 1989; dt. »Tauwetter im Osten und Ende der Geschichte«, in: *Das Jahr 2000 findet nicht statt*, 1990, 35f.).

Das Ende von Realem, Macht und Geschichte, das Zeitalter der Simulation wird von Baudrillard nicht abgelehnt, aber auch nicht wirklich gutgeheißen. Er erscheint vielmehr als melancholischer Beobachter, als ein Essayist, der den Glauben an die verändernde Kraft der Kritik aufgegeben hat und lediglich diagnostiziert, was sich sowieso vollzieht. Seine Schreibweise ist daher auch weniger der wissenschaftlichen Argumentation verpflichtet, als vielmehr dem umherschweifenden Essay, der Montage von Gedanken, Beobachtungen, Analogien, dem Anführen kleiner Geschichten in Verbindung mit kulturkritischen Einsichten.

»Ich bin nicht mehr in der Lage, etwas zu ›reflektieren‹, ich kann lediglich Hypothesen bis an ihre Grenzen vorantreiben, d.h. sie der Zone entreißen, in der man sie kritisch auf sie beziehen kann, und sie an den Punkt kommen lassen, nach dem es kein Zurück mehr gibt; ich lasse auch die Theorie in den Hyperraum der Simulation eintreten – sie verliert darin jede objektive Gültigkeit, gewinnt aber vielleicht an Zusammenhalt, d.h. sie gleicht sich dem System an, das uns umgibt« (*Das Jahr 2000*, 10).

2.3.3 Lyotard und das Zerbrechen der großen Erzählungen der Geschichte

La condition postmoderne (dt. *Das Postmoderne Wissen*, 1986) von Jean-François Lyotard, zuerst erschienen im Jahre 1979, ist eine Auftragsarbeit des Universitätsrates der Regierung von Québec gewesen. Lyotards Aufgabe war die Erstellung eines Berichtes über das Wissen in den höchstentwickelten Gesellschaften. Ausgehend von einigen Thesen zum Wissen im Informationszeitalter untersucht Lyotard das Verhältnis von Wissen, Gesellschaft und Legitimation. Die Bezeichnung »postmodern« dient ihm zur Charakterisierung eines bestimmten Zustandes der Kultur, der sich von einer »modernen« Kultur abgrenzt. Das entscheidende Kriterium dieser Differenz ist das jeweilige Verhältnis zu dem, was Lyotard »die großen Erzählungen« nennt. Während der modernen Kultur diese großen Erzählungen zur eigenen Legitimation dienen, lehnt eine postmoderne Kultur genau dies ab; ihre Form der Legitimation ist, so Lyotard, die »Paralogie«.
  Die Studie beginnt mit einem Befund, der mehr als 30 Jahre später Wirklichkeit geworden ist:

»Man kann vernünftigerweise annehmen, daß die Vervielfachung der Informationsmaschinen die Zirkulation der Erkenntnisse ebenso betrifft und betreffen wird, wie die Entwicklung der Verkehrsmittel zuerst den Menschen (Transport) und in der Folge die Klänge und Bilder (Medien) betroffen hat« (*Das Postmoderne Wissen*, 22).

Der wachsende Einfluss der Computer wird, so lautet Lyotards Prognose, die Natur des Wissens ändern. So wird alles Wissen in Einheiten übersetzbar sein müssen, die vom Computer bearbeitet werden können. Dadurch, so Lyotard, wird das Wissen einer verkaufbaren Ware angeglichen: »Es hört auf, sein eigener Zweck zu sein, es verliert seinen ›Gebrauchswert‹« (ebd., 24). Information wird das begehrte Gut der Zukunft sein, um das sich Macht und weltweiter Konkurrenzkampf gruppiert. So wie multinationale Konzerne die engen nationalstaatlichen Grenzen übersteigen, um weltweit Geschäfte nach ihren Bedingungen zu machen, und damit die Staaten gehörig unter Druck setzen, so wird auch die Produktion und Verteilung des Wissens neue Herausforderungen an den Staat stellen. »Die Frage des Wissens ist im Zeitalter der Informatik mehr denn je die Frage der Regierung« (ebd., 35) – Staaten und Regierungen aber werden, so die zentrale These Lyotards, dieser Frage gegenüber ihre Legitimation neu zu behaupten haben.

Die Grundlage der Untersuchung von Lyotard ist eine Vorform seiner Theorie des Widerstreits, die wir oben bereits vorgestellt haben (s. Kap. 2.2.2) – und die, wie wir gesehen haben, eng an Wittgensteins Theorie der Sprachspiele anknüpft. Demnach teilt eine Aussage ihrem Sender, Empfänger und Referenten (dasjenige, wovon die Aussage handelt) zunächst eine bestimmte Position zu. Sie kann darüber hinaus eine performative Wirkung haben, die z.B. darin besteht, mit den Sätzen »Die Universität ist eröffnet« die Universität tatsächlich eröffnet zu haben. Schließlich können Aussagen auch Präskriptionen sein, also Anweisungen, Befehle, Bitten usw. Jede dieser Kategorien hat Regeln, die ihren Gebrauch spezifizieren. Das Interessante an den Regeln ist dreierlei: Sie schöpfen (1) ihre Legitimität nicht aus sich selbst, sondern sind Gegenstand eines Vertrages der Spieler (auch wenn diese sie nicht extra erfinden müssen); ohne Regeln gibt es (2) kein Sprachspiel, und schließlich muss (3) jede Aussage als Zug in einem Spiel betrachtet werden. Für Lyotard ist daher Sprechen Kämpfen im Sinne eines Spiels, wobei einzelne Sprechakte Teil einer allgemeinen »Agonistik« (Wettkampfwesen) sind. Auf die Gesellschaft übertragen besteht daher »der beobachtbare soziale Zusammenhang aus sprachlichen ›Spielzügen‹« (ebd., 41), die innerhalb dieses Sprachspiels wiederum Gegenzüge hervorrufen.

Der Vorteil der Theorie der Sprachspiele besteht darin, Aussagen nicht nur als Behauptungen über irgendeinen Zustand in der Welt aufzufassen, sondern pragmatische Aspekte damit zu verbinden. Dazu zählt der Umstand, dass man mit Sprache noch sehr viel mehr machen kann als nur behaupten; man kann schmeicheln und drohen, befehlen und bitten, vergeben und fordern. Auch das Wissen besteht nicht nur aus wahren Sätzen als Gegenstand der Wissenschaft, sondern beruht zugleich auf spezifischen Kompetenzen; Wissen ist also mehr als Wissenschaft.

»Es gestattet dem Subjekt [...] ›gute‹ Performanzen bezüglich verschiedener Gegenstände des Diskurses: erkennen, entscheiden, bewerten, verändern usw. Daraus ergibt sich eines seiner hauptsächlichen Merkmale: Es fällt mit einer umfassenden ›Bildung‹ von Kompetenzen zusammen« (ebd., 65).

Die Betonung dieses pragmatischen Aspekts erlaubt es Lyotard, sich auch mit solchen Formen des Wissens auseinanderzusetzen, die nicht Wissenschaft sind. Dabei interessiert er sich besonders für die narrative Form des Wissens, für die »Erzählung«, die vor allem in »primitiven« Gesellschaften vorkommt. »Die Erzählung ist die Form dieses Wissens par excellence, und dies in mehrfacher Hinsicht« (ebd., 67): So geben populäre Heldengeschichten und die Schilderungen ihrer Erlebnisse Bildungserfahrungen wieder, die Rückschlüsse darauf zulassen, wie eine Gesellschaft Kompetenz versteht. Weil in einer Erzählung verschiedene Sprachspiele Anwendung finden, ordnet sie zugleich die unterschiedlichen Kompetenzen zu einer Art Wissen. Auch nimmt der Erzähler manchmal eine besondere Haltung ein, wenn er sich – wie in den Erzählungen des Volks der Cashinahua, auf die Lyotard verweist – als jemand vorstellt, dem die Geschichte von einem anderen erzählt worden ist. Dadurch werden auch seine Zuhörer potentiell zu Erzählern dieser Geschichte gemacht. »Es läßt klar erkennen, wie die Tradition der Erzählungen gleichzeitig jene von Kriterien ist, die eine dreifache Kompetenz definieren, Sagen-Können, Hören-Können, Machen-Können, in der sich die Beziehungen der Gemeinschaft zu sich selbst und zu ihrer Umgebung einspielen. Das, was mit den Erzählungen überliefert wird, ist die Gruppe pragmatischer Regeln, die das soziale Band ausmachen« (ebd., 71f.). Schließlich ist jeder Erzählung ein spezifischer zeitlicher Rhythmus eigen, der die Erinnerung unterstützen und das Vergessen verhindern soll. Eine Kultur, die der narrativen Form den Vorrang einräumt, findet das Material ihres sozialen Bandes nicht nur in der Bedeutung der Geschichten, die ihre Mitglieder sich erzählen, sondern auch im Akt ihres Vortrags selber. Das bedeutet: Die narrative Pragmatik ist von Anbeginn an legitimierend. »Die Erzählungen bestimmen, wie man gesehen hat, Kriterien der Kompetenz und/oder sie illustrieren deren Anwendung. So bestimmen sie, was in der Kultur das Recht hat, gesagt und gemacht zu werden, und da sie selbst einen Teil von ihr ausmachen, werden sie eben dadurch legitimiert« (ebd., 75).

Auch die Wissenschaft kennt pragmatische Aspekte. Eine Aussage muss z.B. bewiesen werden, und es muss eine Gemeinschaft der Wissenschaftler geben, also Ebenbürtige, die den Beweis würdigen können. Im Unterschied zum narrativen Wissen bevorzugt die Wissenschaft ein besonderes Sprachspiel, das sogenannte »denotative«: Man weiß etwas, wenn man eine wahre Aussage über einen Referenten aussprechen kann. Diese Aussage muss prinzipiell verifizierbar bzw. falsifizierbar sein und der Referent anderen Experten zugänglich. Damit ist das Wissen von anderen Sprachspielen getrennt, deren Kombination das soziale Band darstellt. Weil es aber Teil eines Berufes oder von Institutionen werden kann (Wissenschaftler und Universitäten), ist es auf indirekte Weise dennoch ein Bestandteil des Sozialen. Innerhalb der Wissenschaftler ist die Kompetenz klar verteilt: der Aussagende (Sender) muss sie haben, der Empfänger aber nicht. »Man braucht hier nicht, wie im Narrativen, das sein zu können, was das Wissen sagt, daß man sei« (ebd., 82). Die Aussage selbst wiederum erlangt keine Gültigkeit dadurch, dass sie wiedergegeben wird. Ihre Gültigkeit ist bloß vorläufig, bis sie widerlegt wird. Schließlich besteht die Wissenschaft auch darin, in Kenntnis früherer Forschungen etwas Neues zu finden oder zu sagen. Andere Aussagen haben keinen wissenschaftlichen Wert. Weder kann man vom Narrativen die Wissenschaft, noch von der Wissenschaft das Narrative beurteilen, denn ihre Kriterien sind nicht die gleichen – obwohl die Wissenschaft seit den Anfängen des Abendlandes das Narrative abqualifiziert, weil es nicht dem Beweis unterworfen werden kann. Mythen, Fabeln und Legenden sind ihr bestenfalls Ausdruck des Obskurantismus, in den Licht gebracht werden muss.

Das Problem nun, das Lyotard aufdeckt, besteht darin, dass die Wissenschaft lange Zeit selbst auf eine Erzählung zurückgegriffen hat, um sich zu legitimieren. In der Moderne hat sich diese Erzählung dadurch entwickelt, dass man auf einen ersten Beweis, eine erste Autorität verzichtet und statt dessen die Spielregeln der Wissenschaft selbst als Beweis für ihre Legitimation ausgibt. Daraus folgt, dass »es keinen anderen Beweis für die Güte der Regeln gibt als den Konsens der Experten« (ebd., 92). Diese Lösung findet nun Eingang in der Legitimation der neuen Autoritäten, die seit der französischen Revolution entstanden sind. So wie in der Erzählung der Name des Helden Antwort auf die Frage gibt, wer das Recht hat, für eine Ge-

sellschaft zu entscheiden, so ist der Name des neuen Helden der
Moderne das Volk:

»[S]ein Konsens ist das Zeichen der Legitimität, die Überlegung ist seine
Weise der Normsetzung. Daraus entsteht unfehlbar die Idee des Fort-
schritts; sie stellt nichts anderes als die Bewegung dar, durch die das Wissen
als sich akkumulierend angenommen wird, diese Bewegung wird aber auf
das neue soziopolitische Subjekt erstreckt. Das Volk debattiert in derselben
Weise über das, was gerecht oder ungerecht ist, wie die Gemeinschaft der
Gelehrten über das, was wahr oder falsch ist; es akkumuliert bürgerliche
Gesetze, wie jene die wissenschaftlichen; es verbessert die Regeln seines
Konsens durch konstitutionelle Dispositionen, wie jene sie im Licht ihrer
Erkenntnisse revidiert, indem sie neue ›Paradigmen‹ schafft« (ebd., 93).

Diese Erzählungen nennt Lyotard »**Metaerzählungen**«. An anderer
Stelle hat er sie genauer charakterisiert:

»Diese Erzählungen sind keine Mythen im Sinne von Fabeln [...] Aber im
Unterschied zu den Mythen suchen sie die Legitimität nicht in einem ursprünglichen, begründenden Akt, sondern in einer einzulösenden Zukunft,
daß heißt in einer noch zu verwirklichenden Idee. Diese Idee (der Freiheit,
der ›Aufklärung‹, des Sozialismus usw.) hat legitimierenden Wert, weil sie
allgemeine Gültigkeit besitzt. Sie ist richtungsweisend für alle menschlichen
Realitäten. Sie verleiht der Moderne ihren charakteristischen Modus: das
Projekt« (*Le Postmoderne expliqué aux enfants*, 1986; dt. *Postmoderne für
Kinder. Briefe aus den Jahren 1982-1985*, 1987, 32).

Es sind im Wesentlichen zwei Metaerzählungen, die Lyotard im Auge
hat. Die eine, spekulative, beruft sich auf Hegel und Fichte, die ein
Metaprinzip postulieren, nämlich ein »Leben des Geistes«, der sich als
Metasubjekt selbst erkennen möchte und in der Erkenntnis seiner
selbst fortschreitet. Das Wissen hört hierbei allerdings auf, die positive
Erkenntnis seines Referenten zu sein, sondern bestimmt sich lediglich
als Wert, den es auf einer bestimmten Stufe in der Entwicklung des
Geistes einnimmt. »Das wahre Wissen ist in dieser Perspektive immer
ein indirektes Wissen, aus berichteten Aussagen gebildet und der Me-
taerzählung eines Subjekts einverleibt, das seine Legitimität sichert«
(*Das postmoderne Wissen*, 105). Die andere Metaerzählung ist die der
Emanzipation, der Freiheit, deren Held ein konkretes Subjekt ist, die
Bürger, die sich gegen alles zur Wehr setzen müssen, was sie daran
hindert, sich selbst zu regieren. Ihre Gesetze sind gerechtfertigt, weil
sie von ihnen selbst gemacht worden sind und sie sich freiwillig
ihnen unterwerfen. Beide Erzählungen, so lautet die Diagnose von
Lyotard, haben ihre Glaubwürdigkeit verloren.
   Die Gründe dafür liegen beim spekulativen Modell darin, dass es
den Entwicklungsgang des Geistes voraussetzen muss, diese Voraus-

setzung aber nicht mit wissenschaftlichen Methoden rechtfertigen kann. Die Erzählung der Emanzipation, die Erzählung der Aufklärung, scheitert daran, dass die Legitimität der Wissenschaft nur soweit reicht, wie denotative Aussagen eben reichen. Aus ihrer Wahrheit kann man aber keine Präskriptionen ableiten; aus dem Sein folgt kein Sollen. Den Grund für das Scheitern benennt der poststrukturalistische Gedanken, dass es kein Zentrum in einer Struktur gibt, das alle Elemente beherrscht und einheitlich ausrichtet – oder, übersetzt in die Terminologie Lyotards: dass es kein übergeordnetes Verfahren und keine übergeordnete Sprache gibt, die alle anderen legitimieren können. Noch die formale Logik des 20. Jahrhunderts scheitert an diesem Anspruch, wie Kurt Gödel mit seinem Beweis gezeigt hat, dass die Widerspruchsfreiheit eines formalen Systems nicht mit Mitteln des Systems bewiesen werden kann (Gödel 1931). Lyotards Schlussfolgerung besteht folglich darin, solche falschen Legitimationen zurückzuweisen. »Die Wissenschaft spielt ihr eigenes Spiel, sie kann die anderen Sprachspiele nicht legitimieren [...] Das soziale Band ist sprachlich, aber es ist nicht aus einer einzigen Faser gemacht« (*Das postmoderne Wissen*, 119).

Die postmoderne Wissenschaft, die Lyotard der modernen Wissenschaft entgegensetzt, zeichnet sich dadurch aus, dass ihr Interesse dem Unentscheidbaren, den Grenzen der Präzision der Kontrolle, den Katastrophen und pragmatischen Paradoxa gilt. Die Evolution des Wissens ist nicht mehr kontinuierlich und eindimensional, sondern diskontinuierlich, katastrophisch, paradox. Sie bringt Unbekanntes hervor und legitimiert sich durch eine »Paralogie«. Unter diesem Begriff versteht Lyotard die Prozedur einer offenen Systematik, einer Antimethode, die Regeln findet, die nur lokale Gültigkeit und keine universale mehr haben, eine Methode, die sich »kleiner Erzählungen« bedient. Sie betont den Dissens, da der Konsens sich immer noch auf die Erzählung der Aufklärung bezieht und schlägt neue Regeln des wissenschaftlichen Sprachspiels vor.

»Jede Aussage ist festzuhalten, sobald sie einen Unterschied zum Bekannten enthält, sobald sie argumentier- und beweisbar ist. Sie ist ein Modell eines ›offenen Systems‹, in welchem die Relevanz der Aussage darin besteht, ›Ideen zu veranlassen‹, das heißt andere Aussagen und andere Spielregeln. Es gibt in der Wissenschaft keine allgemeine Metasprache, in die alle anderen übertragen und in der sie bewertet werden können. Das verbietet die Identifikation mit dem System und letztlich den Terror« (ebd., 185f.).

Lyotard lehnt den Konsens ab, aber nicht die Gerechtigkeit, die er von der Idee des Konsens trennen möchte. Sprachspiele sind heteromorph, das muss man erkennen und nicht beseitigen wollen. Wenn

es Konsens gibt, über Regeln z.B., dann nur lokal und prinzipiell
auflösbar. Für die Legitimation des Sozialen lautet daher die Bedingung: »Man orientiert sich also an Vielfalten endlicher Metaargu-
mentationen, wir wollen sagen: Argumentationen, die Metaprä-
skriptionen zum Gegenstand haben und raum-zeitlich begrenzt
sind« (ebd., 191). Das Ergebnis ist der »zeitweilige Vertrag«, den die
verschiedenen gesellschaftlichen Gruppen immer wieder neu miteinander aushandeln und abschließen können. Nach dem Scheitern der
letztlich totalitären modernen Metaerzählung der Freiheit und
Emanzipation zeichnet Lyotard damit für das postmoderne Zeitalter
das Bild einer deliberativen Demokratie; einer Demokratie mithin,
in der durchaus Momente der politischen Utopien und Ideale der
Moderne aufgehoben sind. Darin aber besteht gerade die von Lyotard immer wieder betonte Pointe seiner Verwendung des Begriffs
»postmodern«: Denn die Postmoderne, so Lyotard, ist »nicht das
Ende des Modernismus, sondern dessen Geburt, dessen permanente
Geburt« (*Postmoderne für Kinder*, 26).

2.4   Ästhetische Positionen des Poststrukturalismus

Der Bereich der Ästhetik kann aus heutiger Perspektive nicht nur als
derjenige Bereich gelten, in dem sich poststrukturalistische Ideen
und Konzepte am stärksten durchsetzen, ja bisweilen gar paradigmatische Wirkung erzielen konnten – es gibt zudem gute Gründe für
die Annahme, dass sich zentrale Einsichten des Poststrukturalismus
ursprünglich ästhetischer Erfahrungen verdankten. Werke der
(hauptsächlich: modernen) Kunst und Literatur gelten allen Vertretern des Poststrukturalismus als exemplarisch für die Möglichkeit eines alternativen, nicht-diskursiven Zugangs zur Welt – eines Zugangs, der die ästhetische Erfahrung des nicht bereits in sinnhafte
Kontexte integrierten Anderen, der Differenz, Singularität, des Ereignisses wenn schon nicht garantiert, so doch zumindest andeutet.
Indem die ästhetischen Reflexionen von Derrida, Deleuze oder Lyotard, die wir im Folgenden darstellen, immer wieder Themen wie
das der Grenzen des Sinns und seiner Darstellbarkeit umkreisen,
tritt in ihnen der Impetus des poststrukturalistischen Denkens auf
eine geradezu exemplarische Weise hervor. In seiner Bedeutung für
den Poststrukturalismus tritt die **Reflexion des Ästhetischen** damit
zunächst neben die Thematisierung der Logik des Begehrens und
der libidinalen Intensitäten, die ihrerseits auch schon als Versuch
konzipiert war, die Grenzen des Sinns zu überschreiten. Ja, beide

Bereiche sind in ihrer für den Sinn subversiven Logik auf eine subtile Weise miteinander verknüpft.

Der späte Roland Barthes hat 1973 in seinem Essay *Le plaisir du texte* (dt. *Die Lust am Text*, 1974) diese Verbindung betont. »Die Lust am Text«, so Barthes, »das ist jener Moment, wo mein Körper seinen eigenen Ideen folgt – denn mein Körper hat nicht dieselben Ideen wie ich« (ebd., 26). Diese Lust allerdings ist nicht die der Lektüre – sondern des Schreibens. Damit wiederum deutet sich zugleich an, dass es nicht alleine ihre zahlreichen Schriften über Kunst oder Literatur sind, in denen sich die Bedeutung des Ästhetischen für die Poststrukturalisten manifestiert: Über die ästhetischen Positionen des Poststrukturalismus zu schreiben, hat entsprechend einen doppelten Sinn. Denn während damit einerseits die von den Autoren formulierten philosophischen Reflexionen *über* ästhetische Objekte gemeint sind, bezieht sich der Titel zugleich auf ein ästhetisches Moment *im* Poststrukturalismus selber – auf die **literarische Praxis seiner Vertreter** und ihres jeweils spezifischen Schreibstils als dem Versuch, auch innerhalb philosophischer Texte die subversive Logik des Ästhetischen ins Spiel zu bringen.

Der akademischen Philosophie ist der Poststrukturalismus vor allem auch aufgrund des gänzlich unakademischen Stils der meisten Texte seiner Vertreter lange Zeit suspekt geblieben. Dabei hat der Versuch, über die Praxis des eigenen Schreibens die vorgegebenen Strukturen der wissenschaftlichen Theoriebildung zu überschreiten, innerhalb der Philosophiegeschichte eine lange Tradition, für die Namen stehen wie Michel de Montaigne, Arthur Schopenhauer und natürlich wiederum Friedrich Nietzsche und Martin Heidegger, deren Texte für die Poststrukturalisten, wie wir bereits wissen, von zentraler Bedeutung sind. Schließlich sind es Autoren wie Antonin Artaud, Georges Bataille oder Pierre Klossowski, die auf unterschiedliche Weise die literarische Praxis der Poststrukturalisten unmittelbar beeinflusst haben.

In dem doppelten Sinn, in dem sich die ästhetischen Positionen von Derrida, Deleuze und Lyotard thematisch (als Reflexionen über ästhetische Werke) und stilistisch (als literarische Praxis) manifestieren, kulminiert noch einmal das poststrukturalistische Projekt. Zugleich ist es gerade die Wirkung der poststrukturalistischen Ästhetik, die sich durch die Aufnahme ihrer Begriffe, Argumentationsfiguren und Interpretationsverfahren im außerphilosophischen Bereich zeigt, die am Ende über das poststrukturalistische Paradigma hinausweist (s. Kap. 3).

2.4.1 Derrida und die Ästhetik der Negativität

1967, im gleichen Jahr, in dem die *Grammatologie* erscheint, legt
Derrida den Band *L'écriture et la différence* (dt. *Die Schrift und die
Differenz*, 1972) vor, in dem Aufsätze aus den Jahren 1963 bis 1967
zusammengefasst sind. Derrida stellt hier das gerade erst entstehende Projekt der Dekonstruktion am Beispiel von Lektüren so unterschiedlicher Autoren wie Edmund Husserl, Michel Foucault, Antonin Artaud, Emmanuel Lévinas, Edmond Jabès, Sigmund Freud
und Georges Bataille vor. Für das **ästhetische Programm der Dekonstruktion** ist Derridas Auseinandersetzung mit dem Schriftsteller
und Philosophen Georges Bataille im Aufsatz »Von der beschränk-
ten zur allgemeinen Ökonomie« in zweifacher Hinsicht besonders
wichtig: Einerseits entwickelt Derrida bereits hier zentrale Grundfiguren seiner Ästhetik – die, wie wir sehen werden, eine **Ästhetik der
Negativität** ist; andererseits tut er dies gerade nicht in Auseinandersetzung mit dem literarischen Werk Batailles, sondern im Rahmen
einer Lektüre von Batailles Rezeption Hegels. Dieses Verfahren entspricht einem gerade auch für die ästhetischen Schriften Derridas
zentralen Anspruch der Dekonstruktion: dem Anspruch nämlich,
die verschiedensten Texte und Genres aus Philosophie, Literatur
oder Kunst gleichermaßen dekonstruieren zu können. Die Dekonstruktion ist damit von vornherein nicht auf ein Verfahren der kritischen Lektüre *philosophischer* Texte beschränkt; das erklärt nicht nur
die thematische Vielfalt der Schriften Derridas, sondern auch die
Karriere, die seine Ideen und Begriffe außerhalb der Philosophie er-
lebt haben und erleben (s. Kap. 3.1 und 3.2). So wenig die Dekonstruktion Derridas sich auf die Lektüre philosophischer Texte beschränkt, so sehr sind seine eigenen philosophischen Texte darüber
hinaus zugleich als literarische konstruiert; das erklärt die zögerliche
bis ablehnende Haltung, mit der große Teile der akademischen Philosophie lange Zeit auf Derrida reagiert haben. Der doppelte Sinn
wiederum, in dem sich das ästhetische Programm der Dekonstruktion sowohl als ein Programm zur Deutung ästhetischer Objekte manifestiert als auch als das Verfahren, in dem Derrida seine Texte
konstruiert, ist für die Ästhetik des Poststrukturalismus schlechthin
charakteristisch.

Die ästhetischen Grundfiguren der Dekonstruktion entwickelt
Derrida in engem Zusammenhang mit seinen Reflexionen über die
Frage des Sinns. **Sinn ist ein Effekt der Differenz von Zeichen:**
Bereits oben (s. Kap. 2.1.1) haben wir gesehen, dass Derrida aus die-
ser auf Saussure zurückgehenden These weitreichende Konsequenzen
zieht. So bedeutet die Betonung der bedeutungskonstitutiven Funk-

tion der Abgrenzung von Zeichen gegeneinander für Derrida zunächst mit Saussure sowohl die Zurückweisung der idealistischen
Konzeption einer sprachexternen Realität, welche dem Sinn von
Zeichen zugrunde läge, als auch die Zurückweisung der nominalisti-
schen Utopie, dass das Zeichen in seinem materiellen Ausdruck die
Sache, die es bezeichnet, auf eine nicht-kontingente Weise wider-
spiegele. Aus der irreduziblen Angewiesenheit jedes einzelnen Zeichens auf die semantische Abgrenzung von anderen Zeichen nun
zieht Derrida die weitere Konsequenz, dass alle Zeichen miteinander
in einem kontextuellen Zusammenhang stehen – einem Zusammenhang, den er mit einem Begriff des späten Roland Barthes (s. Kap.
1.3) als den eines ›allgemeinen Textes‹ deutet (*La différance*, in:
Randgänge der Philosophie, 28). In einer für die Dekonstruktion
ebenso zentralen wie typischen Formulierung dieses Gedankens
heißt es in der *Grammatologie*: »Il n' y a pas de hors-texte« – »ein
Text-Äußeres gibt es nicht« (*Grammatologie*, 274). Ähnliche Formulierungen der gleichen These finden sich auch in anderen Texten,
etwa im Text »Hors livre«, der das 1974 publizierte Buch *La dissémination* (dt.: *Dissemination*, 1995) eröffnet, wo Derrida schreibt: »il
n' y a rien hors du texte« (*La dissémination*, 42) – »[E]s [gibt nichts]
außerhalb des Textes« (ebd., 43).

Es ist dieses Konzept des kon-textuellen Zusammenhangs aller
Zeichen miteinander innerhalb eines »allgemeinen Textes«, aus dem
Derrida nicht nur die Möglichkeit, sondern die Notwendigkeit ab-
leitet, die Dekonstruktion über die Genregrenze philosophischer
Texte hinaus zu erweitern – beziehungsweise innerhalb der Lektüre
philosophischer Texte auch auf ästhetische Zusammenhänge zu re-
kurrieren. Notwendig wird dieser Rückgriff für Derrida, weil er im
Prozess der Sinnbildung selber ein genuin ästhetisches Moment am
Werk sieht. Es ist dieses Moment, das er u.a. in der bereits zitierten
Auseinandersetzung mit Bataille als ein Moment der **Negativität des
Sinns** benennt. So wenig ein isoliertes Zeichen außerhalb des kon-
textuellen Zusammenhangs mit anderen Zeichen Sinn macht, so
wenig ist der Prozess der bedeutungskonstitutiven Differenzierung
der Zeichen an sich sinnvoll. Derrida spricht deswegen auch statt
von einem Prozess von einem Spiel, wenn er schreibt: »Der Sinn ist
eine *Funktion* des Spiels, er ist an einem Ort in die Konfiguration
eines Spiels, das keinen Sinn hat, eingeschrieben« (*Schrift und Differenz*, 394). Weil die sprachlichen Verweisungszusammenhänge potentiell unendlich sind, bleibt dieses Spiel immer offen: Es lässt sich
nie gänzlich beherrschen. Das aber bedeutet auch, dass kein Sprecher, Autor oder Leser den Satz, die Aussage bzw. den Text, den er
artikulieren oder verstehen will, je vollständig kontrollieren könnte.

Die These über die Negativität des Sinns lautet entsprechend: Es
gibt am Grunde allen Verstehens ein Zusammenspiel von Sinn und
Nicht-Sinn – von, so der belgisch-amerikanische Literaturtheoretiker Paul de Man in der Nachfolge Derridas: »blindness and insight«
(s. Kap. 3.1) –, das jeder Sinnbildung noch vorausgeht.

Kritisch wendet sich die These der Negativität des Sinns gegen
den Anspruch, den Sinn eines Satzes, einer Aussage oder eines Textes ohne Rest und absolut richtig verstehen zu können. Ein solches
ideales Verstehen wäre nur möglich, wenn der Prozess der Bedeutungszuschreibung sich still stellen, sich gleichsam einfrieren ließe –
wenn das Spiel der Differenzen sich mithin doch abschließen, beherrschen und kontrollieren ließe. Bereits der Versuch einer vollständigen Dechiffrierung von Sinn geht daher laut Derrida notwendigerweise einher mit einer totalitären Haltung. Dieser totalitären
Haltung, welche die Dekonstruktion als ein wiederkehrendes Motiv
in den Texten verschiedenster Autoren und Epochen aufspürt, setzt
Derrida in der Nachfolge Batailles die Souveränität entgegen, das
Spiel zu spielen – und dabei zu riskieren, es zu verlieren, den Sinn
zu verfehlen. Die Anerkennung dieses Risikos nun weist die Souveränität selber als ästhetisch aus: »Das Poetische der Souveränität«, so
Derrida mit Bataille, »kündigt sich an im ›Augenblick, da die Poesie
auf das Thema und auf den Sinn verzichtet‹« (*Schrift und Differenz*,
395).

Dieser Augenblick ist derjenige, an dem Literatur und Kunst be-
gonnen haben, sich nicht länger als referentielles Abbild der Realität
oder als Repräsentation einer Idee zu verstehen, sondern vielmehr
als Experiment mit den eigenen Möglichkeiten und Erkundung ihrer Grenzen. Wie die Malerei im Zug ihrer zunehmenden Abstraktion Probleme wie die von Farbe und Form als solcher zu thematisieren begann, fingen Schriftsteller an, mit dem sprachlichen Material
jenseits seiner semantischen Bedeutung zu experimentieren. In der
radikalen Betonung des Materials, so lässt sich dieser Augenblick
der Moderne auch beschreiben, kommt den Signifikanten ihr Signifikat abhanden – und die Zeichen treten in ihrer nackten Materialität *als* Zeichen hervor. Die im Umgang mit entsprechenden Werken
der modernen Kunst und Literatur vertraute (ästhetische) Erfahrung, dass die Frage nach ihrer Bedeutung ins Leere zu gehen und
unser Verständnis immer wieder zu scheitern droht, bedeutet für
Derrida nichts anderes, als das hier, im spezifisch *ästhetischen* Verstehen, die Negativität des Sinns, die doch *allem* Verstehen immer
schon zugrunde liegen soll, offen hervortritt. In einer Verallgemeinerung seiner These über das ästhetische Verstehen schreibt Derrida
dann entsprechend: »Das Poetische ist, was *in jedem Diskurs* dem

absoluten Verlust seines Sinns [...] sich erschließen kann« (*Schrift und Differenz*, 395). Das heißt mit anderen Worten: Als ästhetisch zu verstehen ist für Derrida jenes Moment der Negativität, das allem Verstehen zugehört. Mit dieser **Konstruktion ästhetischer Negativität** reiht sich Derrida ein in eine moderne Tradition einer Vernunftkritik, die in der Nachfolge von vor allem Friedrich Nietzsche versucht hat, den Aufweis einer internen ästhetischen Verfasstheit der Sprache und des sprachlichen Verstehens zu verbinden mit dem Anspruch der Aufklärung vernünftigen Sprechens und Verstehens über sich selbst.

Derridas Verfahren, philosophische Argumentationen (auch) als literarische Texte zu lesen bzw. zu schreiben, erhält vor diesem Hintergrund seine kritische Pointe: der Versuch, diskursive Zusammenhänge theoretischer Texte zu dekonstruieren, wird erkennbar als Versuch, im Zuge einer gewissermaßen rhetorischen Lektüre diejenige Negativität sichtbar zu machen, die *auch* philosophischen Theorien zu Grunde liegt – aber gerade *von* den rationalistischen Verfahren der philosophischen Wissenschaft systematisch verdrängt wird. Der Stil, in dem Derrida seine eigenen Texte verfasst, ist entsprechend ein Versuch, die ästhetische Negativität des Sinns von vornherein in die Argumentation einzuschreiben; der Versuch also, eben jene Souveränität dem Spiel von Sinn und Nicht-Sinn gegenüber, die Derrida als eine poetische Haltung definiert hat, in einen eigenen philosophischen Stil zu übersetzen.

Auf die Bedeutung der ästhetischen Erfahrung im Umgang mit Werken der modernen Kunst für die These der Negativität des Sinns haben wir bereits hingewiesen. Man kann sogar so weit gehen, die zentralen Konzepte der Dekonstruktion – von der *différance* über die *Spur*, die *dissémination*, ect. – als »verallgemeinerte Strukturen ästhetischer Erfahrung« (Menke 1988, 179) zu deuten. Die Legitimität einer solchen Verallgemeinerung ist nicht unumstritten – und der Vorwurf, die Dekonstruktion ebne zu Unrecht die Differenzen der Gattungen von Philosophie und Literatur ein, ist einer der zentralen Vorwürfe, der beispielsweise von Jürgen Habermas gegen Derrida erhoben wurde (s. Kap. 3.4). Die Kritik betrifft allerdings nur die eine Seite des ästhetischen Programms der Dekonstruktion – ihre Betrachtung philosophischer Werke als literarische Texte. Daneben hat sich Derrida, und dies ist, wie gesagt, die zweite Seite seines ästhetischen Programms, immer wieder mit verschiedensten Werken der Literatur, der Kunst, Architektur, Fotografie etc. auseinandergesetzt. Dazu gehören seine Bücher über den französischen Lyriker Francis Ponge (*Signéponge*, 1988), über Paul Celan (*Schibboleth. Für Paul Celan*, 1986) oder James Joyce (*Ulysses Gram-*

mophon. Zwei Deut für Joyce, 1988); der gemeinsam mit Paule Thévenin herausgegeben Katalog über das zeichnerische Werk von Antonin Artaud (*Antonin Artaud. Zeichnungen und Portraits*, 1985) oder die von ihm organisierte Ausstellung »Mémoires d'aveugles« im Pariser Louvre 1990 (der Katalog *Aufzeichnungen eines Blinden* erschien 1997 auf deutsch); die Arbeit mit dem amerikanischen Architekten Peter Eisenmann (s. Kap. 3.2) ebenso wie seine »Lektüre« der Fotografien von Maire-Françoise Plissart (*Recht auf Einsicht*, 1997).

Das allgemeine Ziel von Derridas Auseinandersetzungen mit ästhetischen Werken ist dasselbe wie das seiner Dekonstruktion philosophischer Texte: Auch in seinen »Lektüren« von Kunst oder Literatur spürt Derrida den Verschiebungen, Zerstreuungen, der »Logik der Supplementarität« nach, die der These der Negativität des Sinns zufolge überall dort zu Gange ist, wo es um das Verstehen von Zeichen geht, und das bedeutet natürlich auch im Umgang mit ästhetischen Objekten. Anders freilich als im diskursiven Kontext von Wissenschaft und Theorie tritt im Bereich der genuin ästhetischen Erfahrung die Negativität des Sinns unverdeckt hervor – nur aus diesem Grunde konnte sie ja auch für die Dekonstruktion exemplarisch sein. Mit anderen Worten: Während philosophische Texte erst dekonstruiert werden müssen, damit das in ihnen wirkende Zusammenspiel von Sinn und Nicht-Sinn sichtbar wird, stellt sich im Versuch, ästhetische Objekte zu verstehen, immer schon ein Überschuss an Nicht-Sinn ein; und das gilt nicht nur für die ästhetische Erfahrung im Umgang mit Kunstwerken der Moderne. Denn während unser Verstehen sich immer als ein sprachliches nach Regeln der Logik und Vernunft vollzieht, sind die Zeichensysteme ästhetischer Objekte non-verbal und folgen in ihrer Konstruktion den Regeln einer spezifisch ästhetischen Ordnung. (Die einzige Ausnahme bildet die Literatur, deren Sprache zwar verbal – aber eben eine poetische ist, und auch diese folgt anderen Regeln als unser alltagssprachliches Verstehen.) Was Derrida interessiert, ist nun zweierlei: Einerseits möchte er herausfinden, welche spezifische Logik der jeweiligen ästhetischen Ordnung von Literatur, Kunst etc. zu Grunde liegt. Und andererseits möchte er der Frage nachgehen, was geschieht, wenn man versucht, den in den ästhetischen Werken artikulierten Sinn in Sprache zu übersetzen.

»Es käme darauf an«, so Derrida in seinem Versuch, über die Zeichnungen von Artaud zu schreiben, »ein Idiom zu erfinden« (*Antonin Artaud*, 56) – ein Idiom, das allerdings in der Lage sein müsste, gleichsam über die Sprache hinauszugehen, um der Erfahrung des Bildes gerecht zu werden. Artaud selber hatte im Kontext seiner Theaterarbeit die Idee einer »Schrift des Körpers« entwickelt, die »die Worte über ihren Sinn hinaus« (ebd., 66) führen sollte. Artaud schreibt selber, er wolle »die Sprache dazu benützen, das *auszudrücken*, was sie für gewöhnlich nicht ausdrückt« (ebd., 68). Dieser Anspruch wiederum kehrt bei Derrida wieder, der in einem Interview sagt, was er mit Kunstwerken mache, sei der Versuch, »das Non-Verbale im Verbalen erscheinen zu lassen« (Brunette/Wils 1994, 20). Zugleich weiß Derrida natürlich, dass der Versuch, **mit Mitteln der Sprache die Grenzen der Sprache zu überschreiten**, von vornherein zum Scheitern verurteilt ist – dass, mit anderen Worten, das Idiom, das es zu erfinden gelte, nie erfunden werden kann. Unter anderem deswegen sind Derridas Annäherungen an ästhetische Objekte auf eine für die Dekonstruktion typische Weise immer auch Texte, in denen Derrida sich auf andere Deutungsversuche oder Erklärungsmodelle bezieht, denen er dann wiederum nachweisen kann, an welcher Stelle ihnen die intendierte Artikulation des Sinns misslingt.

Ein gutes Beispiel ist Derridas Auseinandersetzung mit der bildenden Kunst in dem zuerst 1978 erschienenen Buch *La vérité en peinture* (dt. *Die Wahrheit in der Malerei*, 1992). Der Titel geht zurück auf den französischen Maler Paul Cézanne, der in einem Brief an Émile Bernard geschrieben hat: »Ich schulde Ihnen die Wahrheit in der Malerei, und ich werde sie Ihnen sagen« (zit. nach *Die Wahrheit in der Malerei*, 17). Das aber ist, so Derrida, eine für einen Maler »befremdliche Aussage« (ebd.) – anhand derer sich zugleich das Grundproblem aufzeigen lässt, dem die einzelnen Kapitel des Buchs sich aus verschiedenen Perspektiven anzunähern versuchen: Warum schreibt Cézanne, er wolle die Wahrheit in der Malerei »sagen«? Müßte er sie nicht einfach malen? Aber geht das überhaupt? Was heißt »Wahrheit« in Bezug auf Malerei? Und warum kann ein Maler diese Wahrheit jemandem »schulden«? Man merkt deutlich, dass es um genau die Frage der Übersetzung von ästhetischen Werten in die Ordnung der Sprache geht. »Ich interessiere mich«, schreibt Derrida dann auch hier, »für das Idiom der Wahrheit in der Malerei«. Die Rede von der »Wahrheit in der Malerei« bleibt dabei absichtlich mehrdeutig, weil Derrida sie sowohl auf die Frage der in einem Bild zum Ausdruck kommenden Wahrheit bezieht als auch auf das Problem der Wahrheit einer über ein Bild gemachten Aussage – und in dieser doppelten Annäherung zugleich versucht, die Frage zu erörtern, was (die Wahrheit der) Malerei ist.

Im Rahmen eines fiktiven Dialogs – ein literarisches Mittel, das Derrida immer wieder einsetzt – geht das letzte Kapitel des Buchs

diesen Fragen nach, ausgehend von einer Kritik des amerikanischen
Kunsthistorikers Meyer Schapiro an einem Text des Philosophen
Martin Heidegger. In seinem berühmten Aufsatz aus den 30er Jahren »Der Ursprung des Kunstwerks« hatte sich Heidegger an einer
Stelle auf ein Bild von Vincent van Gogh bezogen. Dieses Bild, auf
dem zwei halbhohe alte Lederschuhe zu sehen sind, führt Heidegger
zunächst nur an, um eine seiner Thesen durch eine »Veranschauli-
chung zu erleichtern« (Heidegger 1980, 17). Dabei deutet der Philosoph nun die auf dem Bild dargestellten Schuhe als ein Paar Bauernschuhe – und kommt am Ende u.a. zu der Feststellung, dass
»van Goghs Gemälde [...] die Eröffnung dessen [sei], was das Zeug,
das Paar Bauernschuhe, in Wahrheit *ist*« (ebd., 20f.). Dreißig Jahre
später liest Meyer Schapiro diesen Aufsatz, in dem sich weder eine
Abbildung noch ein präziser Hinweis darauf findet, welches Bild
von van Gogh denn gemeint sei: Heidegger hatte schlicht von einem »bekannten Gemälde« gesprochen. Als Kunsthistoriker ist Meyer Schapiro nun an der Identifizierung des Bildes interessiert. Er
wendet sich brieflich an Heidegger, der ihm mitteilt, das Bild habe
er in einer Ausstellung in Amsterdam im März 1930 gesehen. Für
Meyer Schapiro reicht dieser Hinweis aus, das Gemälde zu bestimmen – und zugleich Heideggers Interpretation als falsch zu entlar-
ven. Das Bild, das den Titel »Alte Schnürschuhe« trägt, zeige nämlich, so Meyer Schapiro, mitnichten die Schuhe eines Bauers bzw.
einer Bäuerin; vielmehr handele es sich um van Goghs eigene Schuhe. Dann aber muss auch Heideggers Schlussfolgerung falsch sein,
wonach die *im* Bild dargestellten, gemalten Schuhe die Wahrheit
über die *vom* Bild dargestellten, realen Schuhe enthüllen sollen.

Vor dem Hintergrund dieser Kritik nun entwickelt Derrida seinen fast einhundertfünfzig Seiten langen Text, in dem er die Positionen Meyer Schapiros und Heideggers immer wieder neu einander
gegenüberstellt. Der programmatische Titel des Textes – »*Restitutio-
nen*« (im Original: »Restitutions de la vérité en pointure«) – bedeutet soviel wie »Wiedergutmachung«, »Rückerstattung« oder »Wie-
dereinsetzung«: Er ist programmatisch für die verschiedenen
Ebenen, auf denen Derrida argumentiert – und er nimmt Cézannes
Beteuerung, er ›schulde‹ seinem Briefpartner die Wahrheit in der
Malerei, wieder auf. Auf einer ersten Ebene, so Derrida, ist Meyer
Schapiros Kritik an Heidegger eine gerechte Wiedergutmachung an
van Gogh, weil sie ihm gewissermaßen seine Schuhe rückerstattet.
Was Meyer Schapiro Heidegger zu Recht vorwirft, ist die falsche
Zuordnung der dargestellten Schuhe. Heideggers »Naivität« (*Die
Wahrheit in der Malerei*, 343) besteht darin, dass er die Abbildfunk-
tion des Gemäldes falsch interpretiert: Seine »massive Versicherung

der Identifizierung ›eines Paars Bauernschuhe‹« ist »lächerlich und jämmerlich« (ebd.).

Bei einem erneuten und genaueren Blick in Heideggers Text jedoch ändert sich die Perspektive – denn für Heidegger ist Kunst »weder eine ›Nachahmung‹, noch eine das ›Wirkliche‹ kopierende ›Beschreibung‹, noch eine ›Reproduktion‹, so daß sie ein einzelnes Ding oder ein allgemeines Wesen repräsentiert« (ebd., 364). Das aber bedeutet, dass Meyer Schapiros Einwand schlicht auf der falschen Ebene argumentiert. Freilich: Es bleibt dabei, dass Heidegger zunächst vorschnell und naiv die dargestellten Schuhen *als* Bauernschuhe identifiziert. Dennoch ist die Abbildfunktion des Gemäldes für ihn im Grunde irrelevant – und so schreibt Heidegger auch: »Aber meinen wir denn, jenes Gemälde van Goghs male ein vorhandenes Paar Bauernschuhe ab und sei deshalb ein Werk, weil ihm dies gelingt? Meinen wir, das Gemälde entnehme dem Wirklichen ein Abbild und versetze dies in ein Produkt der künstlerischen Produktion? Keineswegs.« (Heidegger 1980, 21). Wenn Heidegger nun gleichwohl in den dargestellten Schuhen in einem emphatischen Sinne eine »Eröffnung« der Wahrheit sieht, bedeutet dies – mit einem klassischen, kunsthistorischen Gegensatz formuliert – dass er das Gemälde nicht als *Abbild* sondern als *Sinnbild* deutet. Statt auf eine Korrespondenz zwischen Bild und Realität zielt Heideggers Begriff der Wahrheit in der Malerei auf die Enthüllung der »Unverborgenheit des Seienden« im Bild, die er auch mit dem griechischen Wort »aletheia« bezeichnet – und die sich, so Heidegger, im Bild van Goghs unmittelbar dadurch mitteilt, dass das Bild »gesprochen« hat (ebd., 20).

Das allerdings macht die Dinge nur noch schlimmer: »Hier haben wir jetzt«, lässt Derrida an dieser Stelle einen seiner fiktiven Gesprächspartner sagen, »das Bild, das enthüllt, indem es spricht, in der unmittelbaren Nähe seiner Präsenz, angesichts deren man sich bloß zu platzieren oder zu befinden bräuchte« (*Die Wahrheit in der Malerei*, 377). Heideggers Versuch, die Wahrheit der Malerei als Enthüllung der Wahrheit des Seienden zu deuten – der an dieser Stelle selbstverständlich nur ebenso verkürzt wiedergegeben werden kann wie Derridas Kritik –, entspricht eben jener Metaphysik der Präsenz, gegen die Derrida ursprünglich angetreten ist. Heidegger muss, um diese Wahrheit aus dem Kunstwerk herauslesen zu können, das Bild in seiner konkreten Materialität vernachlässigen – und er muss es zugleich gänzlich aus den sinnstiftenden Kontexten lösen, in die doch jedes Werk irreduzibel eingebunden bleibt.

Hier bringt Derrida einen Gedanken zur Sprache, den er an einer früheren Stelle in seinem Buch bereits entwickelt hatte: Ein

Werk ist ein Werk nur durch seinen Rahmen, der es als eben dieses eine Werk kenntlich macht. Zugleich aber bleibt es mit gewissermaßen unsichtbaren Linien in die den Rahmen transzendierenden Kontexte seines Ursprungs, der Kunstgeschichte, anderer Kunstwerke eingebunden. Diese Einbindung aber sieht Derrida wiederum durch eine grundsätzliche Logik der Supplementarität gekennzeichnet. Das vorhandene Bild bildet dabei gleichsam das Supplement seines eigenen Ursprungs – will man es verstehen, muss man sich auf eine Art »ästhetische[r] Spurensicherung« begeben (Wetzel 1997, 134). Im Falle des Gemäldes von van Gogh tut Derrida dies, indem er das kunsthistorische Identifikationsangebot von Meyer Schapiro gewissermaßen überbietet: er reflektiert zum Beispiel angesichts der dargestellten Schuhe über Freuds Thesen über den Fetischismus und stellt das Bild van Goghs in einen Kontext mit Bildern von René Magritte und Richard Lindner. Die verzweigten Assoziationsketten allerdings, die Derrida dabei produziert, sollen keineswegs die Wahrheit über das Gemälde behaupten, das sie in Gang setzt. Sie sind vielmehr ein Beispiel für den Versuch, ein Idiom zu erfinden, das der Spur einer solchen Wahrheit nachgeht, ohne sie abschließend zu formulieren.

Malerei, darin folgt Derrida dem französischen Phänomenologen Maurice Merleau-Ponty, macht etwas sichtbar – jedoch evidenterweise ohne es zu sagen. Sie ist keine Darstellung, keine Repräsentation – im Sinne eines Abbildes der Realität oder eines Sinnbildes einer Idee. Sie ist vielmehr eine Präsentation ihrer selbst. Die Sichtbarmachung durch die Malerei geschieht dabei »als Bahnung der Spur eines irreduzibel Unsichtbaren« (ebd., 133). Der Versuch, dieses Unsichtbare mit Mitteln des sprachlichen Verstehens zu identifizieren – und so die »Wahrheit in der Malerei [...] zu sagen«, wie Cézanne versprach – muss notwendigerweise scheitern. Die ästhetische Erfahrung bleibt dem Zugriff des diskursiven Verstehens entzogen – und die Malerei zeigt sich als weiteres Beispiel für die ästhetische Negativität des Sinns.

2.4.2 Deleuze und die Logik der Sensationen

Im umfangreichen Werk von Gilles Deleuze finden sich – neben seinen Reflexionen zu Fragen des Sinns (s. Kap. 2.1.2) und dem gemeinsam mit Guattari entwickelten Projekt *Kapitalismus und Schizophrenie* (s. Kap. 2.3.1) – zwei große Themen, denen er sich immer wieder zuwendet. Das eine ist die **Geschichte der Philosophie**. So ist seine erste Publikation über den Empirismus eine Auseinander-

setzung mit David Hume (*Empirisme et subjectivité*, 1953); es folgen
Bücher über Friedrich Nietzsche (*Nietzsche et la philosophie*, 1962
und *Nietzsche*, 1965), Immanuel Kant (*La philosophie de Kant*,
1963), Henri Bergson (*Le Bergsonisme*, 1966); Baruch de Spinoza
(*Spinoza et le problème de l'expression*, 1968 und *Spinoza – philosophie pratique*, 1981) und zuletzt Leibniz (*Le pli. Leibniz et le baro-
que*, 1988). Philosophie, so hat Deleuze einmal gesagt, »ist die
Kunst der Bildung, Erfindung, Herstellung von Begriffen« (*Was ist
Philosophie?*, 6): Gerade seine historischen Arbeiten sind dafür ein
gutes Beispiel – so, wenn er im Buch über Leibniz den ursprünglich
in einem Text über Michel Foucault (*Foucault*, 1986) entwickelten
Begriff der »Falte« verwendet, um die leibnizsche Philosophie ebenso wie die Zeit des Barock zu beschreiben: und dabei zugleich ein
Konzept findet, dass den Stil und das Anliegen seiner eigenen Philosophie reformuliert.

Das zweite große Thema im Werk von Deleuze ist seine **Auseinandersetzung mit Literatur, Kunst und Film**. Neben Monographien
über Marcel Proust (*Proust et le signe*, 1964) Sacher-Masoch (*Présen-
tation de Sacher-Masoch*, 1967) oder Franz Kafka (*Kafka – pour une
litérature mineure*, 1975), einer zweibändigen Theorie des Kinos (*Cinéma 1 – L'image mouvement,* 1983 und *Cinéma 2 – L'image-temps,*
1985) und einem umfangreichen Kommentar zum Werk von Francis Bacon (*Francis Bacon: Logique de la sensation*, 1981) hat Deleuze
sich in zahlreichen Artikeln und Interviews immer wieder zu ästhetischen Fragen geäußert. Darüber hinaus tauchen auch in seinen
philosophischen Untersuchungen stets aufs Neue mehr oder weniger
ausführliche Verweise auf ästhetische Werke auf. Ein gutes Beispiel
dafür ist das oben dargestellte Buch *Logik des Sinns*, in dem Deleuze
die Texte des Schriftstellers Lewis Carroll als einen der zentralen
Ausgangspunkte seiner Argumentation gewählt hat (s. Kap. 2.1.2).
Dass er dieses Buch zugleich als den »Versuch eines logischen [...]
Romans« (*Logik des Sinns*, 14) ankündigt, deutet bereits an, dass
auch im Fall von Deleuze der Begriff ›ästhetisch‹ und die Bedeutung, die ihm in seinen Arbeiten zukommt, auf die für den Poststrukturalismus charakteristische Weise doppelt zu verstehen ist –
nämlich einerseits im Sinne der von ihm formulierten explizit ästhetischen Reflexionen über Kunst, Literatur und Film und andererseits
im Sinne des spezifisch ästhetischen Moments, dass den von ihm ge-
wählten Stil der Konstruktion seiner Texte auszeichnet.

Jacques Derrida hatte die Ausweitung der Dekonstruktion auch
auf ästhetische Werke u.a. mit der systematischen These vom »allgemeinen Text« legitimiert (s. Kap. 2.4.1). Für Deleuze ist die Auseinandersetzung mit anderen als philosophischen Texten oder Gegen-

ständen zunächst und vor allem eine Konsequenz seiner Vorstellung, seines Bildes des philosophischen Denkens – eines Denkens, das er verschiedentlich auch als »nomadisches Denken« charakterisiert hat. Der nomadisierende Philosoph wandert von Gegenstand zu Gegenstand – und er spürt den Fragen, die ihn interessieren, noch in die entlegensten Winkel, noch in die letzte »Falte« der begrifflichen Konstellationen und Zusammenhänge nach. Der Leitgedanke seiner Streifzüge durch die Felder von Philosophie, Wissenschaft und Kunst ist die Idee, dass diese Bereiche »die drei großen Formen des Denkens« (*Was ist Philosophie?*, 234) darstellen – wobei die Philosophie für das Denken in Begriffen, die Wissenschaft für das Denken in Funktionen und die Kunst für das Denken in Empfindungen, oder, wie Deleuze sagt: »Sensationen« steht. Denken wiederum, und das verbindet die verschiedenen Bereiche, ist vor allem eines: »immer dem Chaos trotzen, einen Plan entwerfen, einen Plan durch das Chaos ziehen« (ebd.).

Das Chaos, das Deleuze meint, ist die **unendliche Mannigfaltigkeit der Dinge**, Zustände, Zusammenhänge, Gefühle; es ist jener anarchistische Strom der reinen Differenzen und Singularitäten, den theoretische und politische Systeme immer wieder zu ordnen und zu regulieren versuchen. Diesen Versuchen, das Chaos zu bannen – für die der Strukturalismus nur ein Beispiel ist – stellt Deleuze nun eine optimistische Alternative entgegen: Denn Philosophie, Wissenschaft und Kunst können auf ihre spezifische Weise auch vom Chaos *erzählen*, statt es zu *bannen*; sie können *mit dem* statt *gegen* das Chaos kämpfen. Die Grundbedingung dafür lautet, mit vorgegebenen Ordnungen zu brechen und herrschende Vorurteile und Meinungen zu überwinden. Deswegen *muss* der Philosoph immer wieder neue Begriffe erfinden – und auch immer wieder andere, literarische Ausdrucksformen entwickeln.

Auch der Künstler hat es in seiner Auseinandersetzung mit dem Chaos zunächst mit zahlreichen Klischees zu tun, die es zu überwinden gilt. Das wiederum bedeutet mit den Worten von Deleuze:

»Der Maler malt nicht auf einer noch unberührten Leinwand, wie auch der Schriftsteller nicht auf einem weißen Blatt schreibt, vielmehr sind Blatt wie Leinwand schon derart bedeckt mit bereits bestehenden, fertigen Klischees, daß als erstes ausgewischt, gewaschen, gewalzt, ja zerfetzt werden muß, um einen Luftzug vom Chaos her eindringen zu lassen, der uns die Vision bringt« (ebd., 241f). »Wenn«, so Deleuze am Beispiel des italienischen Malers Luigi Fontana, dieser »die farbige Leinwand mit einem Rasiermesser einschneidet, dann durchschneidet er nicht die Farbe, im Gegenteil: Er macht uns durch den Schlitz die reine Farbfläche sichtbar« (ebd., 242). Ein solcher Kampf der Kunst mit dem Chaos vermittelt uns »eine Vision [...], die es einen Augenblick illuminiert, eine Empfindung (frz.: sensation)« (ebd.).

Der Begriff der Sensation, auf den wir ja eben bereits gestoßen sind, ist für Deleuzes ästhetische Reflexionen zentral. Dabei meint das französische Wort »sensation« zunächst wörtlich übersetzt das sinnliche Empfinden, die Sinneswahrnehmung; es spielt aber zugleich auf das Ereignis an und bewahrt zudem einen assoziativen Zusammenhang zur Frage des Sinns. Angesichts dieser Bedeutungsvielfalt ist in deutschen Ausgaben der französische Ausdruck zu Recht übernommen worden. Die spezifische Differenz, die Philosophie und Kunst voneinander trennt, besteht darin, dass jene im Feld der Begriffe operiert und diese im Feld der Sensationen. Hatte sich seine philosophische Auseinandersetzung mit der Frage sprachlicher Bedeutung in dem Buch *Logik des Sinns* niedergeschlagen, so ist die 1981 zuerst erschienene Monographie *Francis Bacon: Logik der Sensation* zugleich eine kongeniale Auseinandersetzung mit dem Werk Bacons und eine bündige Zusammenfassung der ästhetischen Reflexionen von Deleuze.

Die Malerei der Sensation ist eine Malerei jenseits der Repräsentation. Deleuze bezieht sich damit (ähnlich wie bereits Derrida) allgemein auf jene (moderne) Form der Malerei, die sich nicht länger als illustratives Abbild der konkreten Realität oder als narrative Darstellung einer Idee bzw. einer Geschichte verstehen lässt. Dem Schritt aus dem Paradigma der Repräsentation stehen laut Deleuze zwei Wege offen – der Weg der Abstraktion und der Weg des Figuralen. Der Weg der Abstraktion mündet im formalen Selbstbezug der Malerei, die damit evidenterweise nichts anderes mehr darstellt, nichts präsentiert als sich selbst. Der Weg des Figuralen demgegenüber, den Deleuze am Beispiel von Bacon nachzeichnet, ist der Versuch einer figürlichen Malerei jenseits des Abbildrealismus.

Den Begriff des »Figuralen« entlehnt Deleuze dem Buch *Discours, Figure* von Jean-François Lyotard – einer Untersuchung, mit der sich der 47-jährige Lyotard nach fast zwanzigjähriger Tätigkeit als Lehrer im Jahre 1971 promoviert und seine Karriere als professioneller Philosoph beginnt. Das Figurale benennt bei Lyotard den Gegensatz zum Figurativen, und das bedeutet eben jener figürlichen Darstellungsweise, die dem Paradigma der Repräsentation zugehörig ist. Im konkreten Fall von Francis Bacon führt der Weg zur nicht figurativen sondern figuralen Darstellung zunächst über eine Isolierung der Figur. Wer sich ein beliebiges Gemälde Bacons anschaut, weiß, was Deleuze meint: auf eine immer wieder variierte Weise inszeniert Bacon die dargestellte(n) Figur(en) – einen oder mehrere

Körper, einen Kopf, einzelne Gliedmaßen u.a. – vor einem Hintergrund, der sie wie auf einer Bühne zugleich räumlich verortet wie als diese eine, spezifische (und deswegen: isolierte) Figur bzw. Figurenkonstellation vorführt. Bacon bedient sich hier einer Methode, die sich in der Porträtmalerei bereits in der Frührenaissance um 1450 zu etablieren beginnt. Bei ihm dient die Isolierung der Figur nun, so Deleuze, genau dazu, »den figurativen, illustrativen, narrativen Charakter zu bannen, den die Figur notwendig besäße, wäre sie nicht isoliert« (*Logik der Sensation*, 9): »Isolierung ist also das einfachste, notwendige, aber nicht hinreichende Mittel, um mit der Repräsentation zu brechen, die Narration zu zerschlagen, die Illustration zu verhindern, die Figur zu befreien: sich an das Faktum zu halten« (ebd., 10).

Wie zentral dieser Versuch, »sich an das Faktum zu halten«, tatsächlich für Bacon war, zeigt sich nicht zuletzt daran, dass die *Gespräche mit Francis Bacon*, die David Sylvester geführt und herausgeben hat, im englischen Original den Titel tragen: *The Brutality of Facts* (London 1987; dt. *Gespräche mit Francis Bacon*, München 1982). Durch diese Affirmation des Faktums oder der Faktizität wiederum stellen die Bilder Bacons ein geradezu paradigmatisches Beispiel eines Plädoyers für die Differenz, für das Andere dar, um das es dem Poststrukturalisten Deleuze schließlich geht.

Als notwendiges Mittel einer solchen Affirmation der Faktizität wäre die bloße isolierte Inszenierung menschlicher Körper noch nicht hinreichend. Der Grund dafür ist nun gerade die Tatsache, dass unsere Vorstellungen vom Körper immer schon besetzt sind von Vorurteilen, durchdrungen von Klischees, eingeordnet mithin in eine Struktur semantischer Verweisungen. Entsprechend der zitierten Bedingung muss auch Bacon die Leinwand, auf der er malt, erst von diesen virtuell auf sie eingeschriebenen Vor-Bildern befreien. Neben der Isolierung der Figuren durch die Art und Weise, wie er sie auf der Leinwand inszeniert, ist es vor allem die Deformation der dargestellten Körper, durch die er seine Figuren jeder möglichen Einordnung in das Raster präetablierter Körperbilder entfremdet. Die Deformation, so Deleuze, zeigt den Versuch der Körper, sich selbst zu entkommen, zu entweichen – und sie zeigt zugleich die reine Materialität des Fleisches, auf die der Körper immer bezogen bleibt: »Das nackte Muskelfleisch ist jener Zustand des Körpers, in dem Leib und Knochenbau einander lokal gegenübertreten, anstatt sich struktural zusammenzusetzen« (ebd., 20). Das Ziel ist die Auflösung in die nur noch *materielle* Struktur, so dass die Faktizität des Fleisches sich mit der Farbfläche vereinigen kann, »um darin wirklich zu verschwinden [...] damit eine Gerechtigkeit herrscht, die nur

noch Licht und Farbe sein wird« (ebd., 23). Das Plädoyer für die
Differenz zielt durch die Affirmation der Faktizität auf jene ›Gerech-
tigkeit dem Heterogenen gegenüber‹, die Adorno der modernen
Kunst als Aufgabe zugewiesen hat – und die, darauf haben wir be-
reits eingangs verwiesen, zugleich gewissermaßen als Motto für den
Poststrukturalismus selber gelten kann.

Die Überschreitung der Repräsentation und des Figurativen über
eine derart inszenierte Darstellung der Figur (bzw. des Figuralen)
setzt die Logik der Sensation in Gang – denn, so die zentrale These
von Deleuze: »Die Figur ist die auf die Sensation bezogene sinnliche
Form« (ebd., 27). Die Sensation aber – und Deleuze bezieht sich an
dieser Stelle auf Paul Cézanne als einen frühen Gewährsmann – ist
die ästhetische Realisierung eines unauflösbaren Zusammenspiel der
triebhaften, somatischen Aspekte der Subjektivität und der Objektivität eines Ereignisses. Eine Malerei, die sich der Logik der Sensation verschrieben hat, ist – und hier lässt Deleuze Bacon selber sprechen – eine »Malerei[, die] direkt auf das Nervensystem stößt«
(ebd., 27f.).

Wenn Deleuze über Bacon sagt, er habe »das intensive Faktum
des Körpers gemalt« (ebd., 33), so ist es eben diese Intensität der de-
formierten Körper, der die unmittelbare Wirkung, die Wucht der
Bilder sich verdankt. Man kann Bacon mögen oder auch nicht; man
kann sich ihm nicht entziehen. In dieser Intensität tritt dem Betrachter der »organlose Körper« entgegen, der nur aus »Fleisch und
Nerven« besteht (ebd., 32). Den Begriff des »organlosen Körpers«
wiederum kennen wir bereits aus dem *Anti-Ödipus* – wo Deleuze
und Guattari damit jenen Zustand des Individuums bezeichnen, der
seiner Vernetzung in soziale, politische oder sprachliche Kontexte
vorgängig sein soll, in welchem dessen Wunschströme noch nicht
reguliert sind (s. Kap. 2.2.1). Das ästhetische Arbeiten gemäß der
Logik der Sensation ermöglicht es, dass unterhalb seiner Subsumpti-
on unter die Regeln der Repräsentation die »reine Präsenz der Körper [...] sichtbar« wird (ebd., 36): »Gegenwart, Gegenwart, das ist
das erste Wort, das einem vor einem Gemälde Bacons in den Sinn
kommt« (ebd., 35). Die Pointe dabei ist die Tatsache, dass die Malerei Bacons gerade durch den Verzicht auf eine realistische Abbildung
der Körper »die materielle Realität des Körpers [entdeckt]« (ebd.,
37). Für Deleuze verbirgt sich dahinter das Programm Bacons:
»Ähnlichkeit mit nicht-ähnlichen Mitteln erzeugen« (ebd., 96). Als
Konsequenz wiederum – aufgrund der ebenso unmittelbaren wie
unentrinnbaren Intensität, mit der die Bilder Bacons die unbegriffli-
che Realität der materiellen Faktizität eines Körpers aufscheinen lassen, der Trieb und Ereignis zugleich ist – ist die Sensation *real*. Das

ästhetische Denken in Sensationen, das sich in den Bildern Bacons
manifestiert, operiert außerhalb der Logik des Sinns: damit durch-
bricht die Logik der Sensation endgültig die engen Grenzen der Repräsentation.

Die Kunst folgt der Logik der Sensation – das bedeutet für Deleuze allgemeiner auch, dass es in allen Künsten »um das Einfangen von Kräften« – oder, wie man wiederum in Anlehnung an die
Theorie des *Anti-Ödipus* sagen könnte: von ›Strömen‹ geht (ebd.,
39). Paul Klee hat einmal gesagt: »Kunst gibt nicht das Sichtbare
wieder, sondern macht sichtbar«. Deleuze konkretisiert diese These, indem er die Aufgabe der Malerei »als Versuch definiert, Kräfte
sichtbar zu machen, die nicht sichtbar sind« (ebd.). Durch diese
Modifizierung der These von Klee gelangt Deleuze zu einer Definition der Malerei, die zumindest in ihrem Bezug auf die Dimension des Unsichtbaren derjenigen ähnelt, die Derrida u.a. im
Rückgriff auf Merleau-Ponty entwickelt hatte (s. Kap. 2.4.1). Bei
Deleuze stellen die irreduzibel unsichtbaren Kräfte ein Synonym
dar für die unendliche Mannigfaltigkeit der reinen Differenzen
und Singularitäten: Sie sind jenes Chaos, mit dem »[d]ie Kunst
kämpft, [...] um es spürbar zu machen« (*Was ist Philosophie?*, 242f.)
– und das der Philosoph Deleuze in Texten wie der *Logik der Sensation* begrifflich retten will.

2.4.3 Lyotard und die Ästhetik des Erhabenen

»La philosophie et la peinture à l'ère de leur expérimentation«: »Philosophie und Malerei im Zeitalter ihres Experimentierens« – so lautet der Titel eines 1981 zuerst auf französisch publizierten Aufsatzes
(und der Titel einer deutschen Buchausgabe von 1986) von Jean-
François Lyotard. Die These dahinter ist ebenso schlicht wie für
Lyotard programmatisch: Hat die Philosophie es mit der Frage »was
heißt denken?« zu tun, so geht es der Malerei um die Frage »was
heißt malen?«. Da es für keine der Fragen eine vorgegebene Antwort
gibt – ja, nicht einmal verbindliche Verfahren, wie nach einer Antwort zu suchen sei, sehen sich Philosophie und Malerei mit der gleichen Aufgabe konfrontiert: sie müssen im Vollzug ihres Arbeitens
die **Regeln des Philosophierens bzw. Malens erst (er-)finden**: »Die
Regel der Malerei liegt [...] darin, nach [...] Regeln bildnerischer
Gestaltung zu suchen, wie auch die Philosophie nach den Regeln
philosophischer Sätze zu suchen hat« (*Immaterialien*, 93). Diese ana-
loge Suche aber macht aus Philosophen und Malern »Brüder im Experimentieren« (ebd., 102).

Die postulierte Verwandtschaft von Philosophie und Malerei deutet die signifikante Bedeutung bereits an, die der Bereich des Ästhetischen im Werk von Lyotard einnimmt – und sie zeigt zugleich, dass auch in seinem Fall die Auseinandersetzung mit ästhetischen Werken bzw. Objekten zugleich eine Auseinandersetzung mit Grundfragen des eigenen Philosophierens ist. Von dem 1971 erschienenen (und leider, wie viele Texte Lyotards, bis heute unübersetzt gebliebenen) Buch *Discours, Figure* bis zu der 1996 publizierten Biographie des Schriftstellers André Malraux *Singé Malraux* (dt. *Gezeichnet: Malraux*, 1999) hat Lyotard sich immer wieder zu ästhetischen Fragen (nicht nur, aber vor allem der Malerei) geäußert: Dazu zählen seine Untersuchungen über Marcel Duchamp (*Les transformateurs Duchamp*, 1977) oder die Frage, was malen überhaupt bedeutet (*Que peindre? Adami, Arakawa, Buren*, 1987) ebenso wie die als Gemeinschaftsprojekte realisierten Bücher *Sur la constitution du temps par la couleur* (mit dem Maler Albert Ayme 1980) oder *L'assassinat de l'expérience par la peinture, Monory* (mit dem Maler Jacques Monory 1984); hinzu kommen zahlreiche Aufsätze und nicht zuletzt die 1985 im Pariser Centre Georges Pompidou gezeigte Ausstellung »Die Immaterialien«, deren Konzept Lyotard mitentwickelt und deren Realisierung er kommissarisch geleitet hat (dazu auf deutsch: *Immaterialität und Postmoderne*, 1985). Steter Bezugspunkt seiner ästhetischen Reflexion ist dabei die Avantgarde – das heißt jene Kunst, die von vornherein eben dadurch definiert ist, dass sie die Kunst schlechthin immer neu wieder neu erfinden muss.

In den ästhetischen Schriften der frühen 70er Jahre entwickelt Lyotard zunächst das Modell einer **affirmativen Ästhetik der Intensitäten**: Im theoretischen Umfeld seines Entwurfs der libidinalen Ökonomie (s. Kap. 2.2.2) beschreibt Lyotard dabei die verschiedenen künstlerischen Ausdrucksformen als libidinöse Dispositive, die – in kritischer Opposition zu den repressiven Strukturen von Theorie, Kapital oder Politik – dazu dienen, die Energie des Begehrens in intensive Wirkungen zu transformieren (siehe die *Essays zu einer affirmativen Ästhetik*, 1986). Im Zuge seiner philosophischen Umorientierung, die sich schließlich in seinem Hauptwerk, dem *Widerstreit* (s. Kap. 2.1.3) niederschlägt, nimmt auch die ästhetische Reflexion Lyotards eine neue Wende. Er bricht mit der ganz auf das Ereignis und die Intensität fokussierten libidinalen Ästhetik und formuliert schließlich eine **Ästhetik des Erhabenen**, die weit über die Grenzen Frankreichs und des Poststrukturalismus hinaus Beachtung findet (vgl. Pries 1989) und – neben der Bedeutung der Dekonstruktion – als der vielleicht wichtigste Beitrag des Poststrukturalismus zur philosophischen Ästhetik gelten kann.

Wie bereits seine sprachphilosophische Theorie des Widerstreits ist allerdings auch die Stellung seiner Ästhetik des Erhabenen im bzw. zum Poststrukturalismus auf eine gewisse Weise ambivalent: Denn einerseits lässt sich dieses späte ästhetische Modell Lyotards durchaus noch als poststrukturalistisch lesen, weil es, dem Grundtenor des Poststrukturalismus verpflichtet, dessen ästhetische Positionen lediglich aus einer neuen Perspektive reformuliert; anderseits überschreitet Lyotard hier tendenziell das poststrukturalistische Paradigma insofern, als die Ästhetik des Erhabenen sich, wie auch die Theorie des Widerstreits, nicht länger schlicht als ein kritisches Gegenmodell zu den Vorgaben des Strukturalismus lesen lässt – sondern als eine eigenständige, philosophische Theorie präsentiert, die er vor allem in einer intensiven Auseinandersetzung mit Kant entwickelt hat: einer Auseinandersetzung, die vor allem für die ethische Dimension in seinem Spätwerk insgesamt zentral ist.

Im Vorwort seiner Aufsatzsammlung *L'inhumain* (dt. *Das Inhumane*, 1989) betont Lyotard die Kontinuität, die seine theoretischen und ästhetischen Arbeiten durchzieht – und ihn zugleich mit den anderen Vertretern des Poststrukturalismus verbindet. Er schreibt, ihm falle im Nachhinein auf, »daß ich unter verschiedenen Namen: Arbeit, Figural, Heterogenität, Dissens, Ereignis, Sache immer versucht habe, das Unvereinbare fest zu halten« (*Das Inhumane*, 16; Übersetzung modifiziert). Auch das aber ist ein Plädoyer für die Differenz, das Andere, für das den diskursiven Strukturen gegenüber Inkommensurable – und so bezieht sich Lyotard auch später immer wieder etwa auf Derridas Konzept der *Spur* und der *Schrift* oder Deleuzes Modell der *Differenz* (vgl. *Immaterialität*, 61). Der (modernen) Kunst weist Lyotard in diesem Kontext eine ausgezeichnete Rolle zu – sie nämlich kann nicht nur, sie muss sogar Zeugnis ablegen vom Undarstellbaren: »Sichtbar zu machen, daß es etwas gibt, das man denken, nicht aber sehen oder sichtbar machen kann: das ist der Einsatz der modernen Malerei« (*Postmoderne für Kinder*, 24).

Lyotards Ästhetik des Erhabenen will diesen »Einsatz« der Kunst philosophisch erläutern. Der Begriff des Erhabenen, den Lyotard aufgreift, geht ursprünglich zurück auf die antike Rhetorik, verschwindet dann jedoch aus der philosophischen Begriffsgeschichte und taucht erst im Kontext der Naturphilosophie des 18. Jahrhunderts wieder auf. Die steile Karriere, die der Begriff hier als Signatur einer ästhetischen Erfahrung bzw. eines ästhetischen Gefühls macht, verdankt sich vor allem Edmund Burkes *Philosophische Untersuchung der Ursprünge unserer Ideen über das Erhabene und das Schöne* (1756) – und Immanuel Kants *Kritik der Urteilskraft* (1790). Wie Burke setzt auch Kant das Erhabene dem Schönen entgegen. »Schön«, so

lautet eine der prominenten Formulierungen Kants, »ist das, was
ohne Begriff allgemein gefällt« (*Kritik der Urteilskraft*, A 32). Das
Erhabene hingegen – ein monumentaler Berg zum Beispiel – gefällt,
sagt Kant, zunächst überhaupt nicht, weil es schlicht zu groß ist, als
dass unsere sinnliche Wahrnehmung es unmittelbar genießen könnte. Wir sind schlechthin überwältigt. Das Besondere des erhabenen
Gefühls ist jedoch, dass die anfängliche Unlust in Lust umschlägt.
Das Scheitern der sinnlichen Wahrnehmung nämlich gibt dem Betrachter zu denken. Wir können uns zwar einen zu großen Berg
nicht mit einem Blick sinnlich vergegenwärtigen – wir können uns
aber über seine Nichtdarstellbarkeit eine Menge Gedanken machen.
Der Aufschub der ästhetischen Erfahrung angesichts erhabener Na-
turgegenstände eröffnet damit den Raum einer schier unendlichen
Reflexion, in der, so Kant, das Individuum das eigene, intelligible
Vermögen – und damit zugleich lustvoll die Überlegenheit der Vernunft über die Natur entdeckt.

Lyotard greift die kantische Version des Erhabenen auf – und
deutet sie zugleich in entscheidenden Punkten um. Die erste Um-
deutung ist die Übertragung des Begriffs von der sinnlicher Wahrnehmung der Natur auf die ästhetische Erfahrung der Kunst der
Moderne. Dabei kann Lyotard sich hier auf den amerikanischen
Künstler Barnett Newman, einen der Vertreter des sogenannten Abstrakten Expressionismus, berufen. Newman hatte 1948 einen programmatischen Artikel mit dem Titel »the sublime is now« publiziert, in dem er den Begriff des Erhabenen (engl. *sublime*) als
kritisches Gegenkonzept zur Verpflichtung der Kunst auf die Idee
des Schönen mobilisiert. Die abstrakten Gemälde, die er propagiert,
sollen, so schreibt er, durch die reinen Gefühle, die sie hervorrufen,
zu »selbstevidenten Bildern der Enthüllung« werden.

Newman selbst malt großformatige Tafelbilder, die aus einzelnen,
monochromen Farbblöcken bestehen, welche durch senkrechte Lini-
en (die sogenannten *zips*; dt. Reißverschlüsse) voneinander getrennt
sind. Der Verzicht auf jegliche Abbildfunktion löst die Bilder aus
der Logik der Repräsentation. Die Bilder sind, was sie sind – oder,
wie Newmans Kollege Frank Stella in einer anderen Zusammenhang
sagt: »What you see is what you see«. Hinzu kommt Newmans Di-
rektive, seine Gemälde so zu hängen, dass der Betrachter sie nur aus
unmittelbarer Nähe – und so, aufgrund ihrer schon an sich nicht
unerheblichen Ausmaße, nie im Ganzen sehen kann. Nähe und Un-
überschaubarkeit wecken das Gefühl der Unbegrenztheit – ein Gefühl, das durch die gleichmäßige Farbverteilung und die tendenzielle
Offenheit der Farbflächen dem Bildrahmen gegenüber noch verstärkt wird.

Während die geforderte Nähe die Sinne überwältigt, suspendiert ihre Abstraktheit die Dechiffrierung der Bilder. Die ästhetische Erfahrung wird ganz auf die intensive Wahrnehmung der Farbflächen innerhalb des Rahmens (sub-limitas) reduziert, die Übersetzung der (sinnlichen) Erfahrung in (sinnhaftes) Verstehen aber bleibt ausgesetzt. Für Lyotard artikuliert sich in Newmans Bildern das Erhabene als Ausdruck der Präsenz der Bilder selbst. In seinem Text »L'instant, Newman« von 1984 (dt. »Der Augenblick, Newman«, in: *Das Inhumane*) schreibt er:

> »Ein Bild von Newman [...] will selbst das Ereignis (*occurrence*) sein, der Augenblick, der geschieht. [...] Alles ist da, Dimensionen, Farbe, Linien, ohne Anspielung. Das macht die Sache problematisch für den Kommentator. Was soll man sagen, was nicht schon vorgegeben ist? Die Beschreibung ist leicht, aber platt wie eine Paraphrase. Die beste Deutung ist die Frageform: Was soll man sagen? oder ein Ausruf: Ah! oder Überraschung: Na sowas! So viele Ausdrücke für eine Gefühl, das in der modernen ästhetischen Tradition (und im Werk Newmans) einen Namen hat: das Erhabene. Es ist das Gefühl des ›da ist es‹. Es gibt also fast nichts zu ›konsumieren‹ oder sonst irgendetwas. Man konsumiert nicht das Ereignis (*occurence*), sondern nur seinen Sinn. Den Augenblick fühlt man nur einen Augenblick lang« (*Das Inhumane*, 143f.).

Die Selbstevidenz des Bildes, von der Newman selber spricht, ist für Lyotard das Vorkommnis des Bildes als Ereignis. »Wenn er«, so schreibt Lyotard 1983 im Aufsatz »Le sublime et l'avantgarde« (dt. »Das Erhabene und die Avantgarde«, in: *Das Inhumane*), »die Erhabenheit im Hier und Jetzt sucht, bricht Newman mit der Eloquenz der romantischen Kunst. Aber er verwirft nicht die grundlegende Aufgabe: dass die bildende, wie jede andere, Expression vom Nichtausdrückbaren Zeugnis abzulegen hat. Das Unausdrückbare ist nicht in einem Jenseits beheimatet, sondern darin, dass ›es geschieht‹.« Die Bilder Newmans sind damit ein Beispiel jener Ästhetik des Erhabenen, die für Lyotard die avantgardistische Kunst der Moderne schlechthin auszeichnet: »Das hier und jetzt ein Bild ist, und nicht vielmehr nichts, das ist das Erhabene. [...] Das Werk beugt sich keinem Vorbild, es versucht darzustellen, daß es ein Nichtdarstellbares gibt [...]« (*Das Inhumane*, 164f.).

Lyotards ästhetisches Modell steht in mehr oder weniger ausgeprägter und deutlicher Relation zu anderen ästhetischen Theorien der Moderne. Unübersehbar ist zum Beispiel die Nähe zu Martin Heidegger, auf dessen Konzeption des Kunstwerks als »Öffnung ins Seiende« durch das »›factum est‹ [...], daß solches Werk ist und nicht vielmehr nicht ist« (Heidegger 1980, 51), auf die Lyotards Deutung der avantgardistischen Kunst als erhaben fast wörtlich verweist – auch wenn es Heidegger dann im weiteren nicht darum geht, dass die Kunst vom Nichtdarstellbaren Zeugnis abzulegen habe. Wichtiger noch, wenn auch weniger deutlich, ist die Nähe, in die Lyotard selber seine (nicht nur) ästhetischen Überlegungen zur Philosophie von Heideggers deutschem Antipoden Theodor W. Adorno rückt: Bereits die *Essays zu einer affirmativen Ästhetik*, so schreibt Lyotard im Vorwort zur deutschen Ausgabe, »verfolgen [das Ziel], nach Kenntnisnahme des in der Ästhetischen Theorie [Adornos] unerbittlich dargelegten Bankrotts [der modernen Kunst] einen Neuanfang zu skizzieren« (ebd., 9). Der Bezug auf Adorno durchzieht Lyotards Schriften fortan als immer wiederkehrendes Motiv – sowohl in den Schriften zur Postmoderne als auch in seinen ästhetischen Reflexionen (zum Verhältnis von Adorno und Lyotard vgl. Wellmer 1985).

Im Kontext der poststrukturalistischen Theoriebildung lässt sich Lyotards Konzeption des Erhabenen als Abgrund im ästhetischen Verstehen durchaus auch als eine Ästhetik der Negativität verstehen. Wie für Derrida und Deleuze ist für Lyotard der Schritt der modernen Kunst aus der Logik der Repräsentation zugleich durch die Unmöglichkeit ausgezeichnet, die ästhetische Erfahrung in diskursiven Sinn aufzuheben, den ästhetischen Sinn im diskursiven Verstehen aufzulösen. Für Lyotard ist dies allerdings nur der erste Schritt. Indem die Kunst vom Nichtdarstellbaren zeugt, regt sie – und hier greift Lyotard wiederum auf die traditionellen Konzeptionen des Erhabenen zurück – zu denken an. Dabei entsteht auch hier zunächst ein »Widerstreit«: ein Widerstreit zwischen »dem Vermögen zu denken und dem Vermögen der ›Darstellung‹« (*Postmoderne für Kinder*, 23).

Bereits Kant hatte dieses Vermögen zu denken *angesichts* eines solchen Widerstreits als ein Denken nach den Regeln einer »reflektierenden Urteilskraft« beschrieben; als ein Denken nämlich, das reflektierend mit jenen Situationen umzugehen weiß, für die es keine Vorbilder, keine präetablierten Regeln gibt. Was für Kunst und Philosophie gilt: dass sie die Regeln, nach denen sie arbeiten, während ihrer Arbeit erst finden, gilt auch für die ästhetische Erfahrung im Umgang mit Werken der Moderne. Pathetisch betont nun Lyotard, einzig die »Fähigkeit, das zu empfangen, was zu denken das Denken nicht vorbereitet ist, verdient, Denken genannt zu werden« (*Das Inhumane*, 133).

Anders als Kant freilich deutet Lyotard diese Denkleistung nicht im Sinne einer Selbstbestätigung der Metaphysik des Subjekts. Er sieht hier vielmehr eine »Widerstandslinie« (so der Titel eines Aufsatzes in: *Postmoderne für Kinder*) zusammenlaufen, die Kunst und

Philosophie den repressiven und totalisierenden Strukturen wissenschaftlicher Systeme und kapitalistischer Ökonomie entgegensetzen können. Hier zeigt sich, dass die Ästhetik des Erhabenen über den engen Rahmen einer Theorie der modernen Kunst den politischen Anspruch fortsetzt, den bereits Lyotards frühe ästhetische Schriften erhoben – und seine Reflexionen über den Widerstreit sprachphilosophisch reformuliert haben. Eine »rationale Ästhetik des Erhabenen«, so Lyotard in einem Interview, wäre entsprechend der Versuch, »die menschliche Gemeinschaft zu verfassen nach einer Idee der Vernunft, die trotzdem nicht darstellbar ist« (in: Reese-Schäfer 1988, 133). Lyotards Ästhetik des Erhabenen und seine Theorie des Widerstreits liefern dabei auf die Frage, wie der Widerstand gegen eine strukturelle Überformung der (ästhetischen) Erfahrung bzw. der (diskursiven oder politischen) Kommunikation auszusehen habe, eine gemeinsame Antwort, die noch einmal ganz im Tenor des Poststrukturalismus formuliert ist: »Krieg dem Ganzen, zeugen wir für das Nicht-Darstellbare, aktivieren wir die Differenzen, retten wir die Differenzen [...]« (*Postmoderne für Kinder*, 31) – eine Maxime, der Lyotard auch durch den literarischen Stil seines eigenen Philosophierens immer wieder gerecht zu werden versucht.

3. Rezeptions- und Wirkungsgeschichte des Poststrukturalismus

Ihre Popularität haben die Poststrukturalisten nur zum Teil der philosophischen Diskussion ihrer Texte zu verdanken – wenngleich gerade die bereits mehrfach erwähnte heftige Kritik, mit der die akademische Philosophie immer wieder auf die Thesen von Derrida, Lyotard, Deleuze oder Foucault reagiert hat, gewiss das ihre dazu beigetragen hat, die französischen Denker bekannt zu machen. Ja, man könnte sogar sagen, dass die Wirkungsgeschichte des Poststrukturalismus innerhalb der Philosophie zu einem großen Teil die Geschichte seiner kritischen Rezeption ist. Ein Blick auf die Kritik am Poststrukturalismus ist schon aus diesem Grund unerlässlich (s. Kap. 3.2). Ebenso wichtig für den Erfolg des Poststrukturalismus freilich war die Tatsache, dass die Ideen seiner Vertreter auf unterschiedliche Weise auch außerhalb der Philosophie aufgenommen, weiterentwickelt und variiert wurden – und es auch heute immer noch werden: Längst sind Versatzstücke der philosophischen Ideen der poststrukturalistischen Denker ein fester Bestandteil kultureller, soziologischer und politischer Diskurse. Spätestens seit den Debatten um die Postmoderne zu Beginn der 80er Jahre (vgl. Welsch 1987) wird das Vokabular des Poststrukturalismus mobilisiert, um Entwicklungen in Kunst, Musik, Theater, Literatur und nicht zuletzt den sogenannten neuen Medien zu beschreiben. Die Popularität bedeutet hier oft genug auch Popularisierung – und die damit immer wieder einhergehende Verflachung und Verfälschung zeigt sich zum Beispiel, wo das philosophische Plädoyer für die Differenz im feuilletonistischen Zeitgeistgewand zum beliebigen Slogan »Think different« mutiert (s. Kap. 3.3). Daneben gibt es zahlreiche anspruchsvolle Versuche, Konzepte der Philosophie der Poststrukturalisten in anderen wissenschaftlichen Kontexten fruchtbar zu machen. Ein Beispiel sticht hier besonders hervor – das Beispiel der Dekonstruktion und ihrer Karriere als einer Methode, die sich auf verschiedene Bereiche anwenden lässt. Ein Überblick über diese Karriere der Derrida'schen Dekonstruktion eröffnet deswegen das letzte Kapitel.

3.1 Dekonstruktion als Methode

Der Erfolg des Strukturalismus bestand darin, aus der Sprachtheorie von Saussure eine Methode gewonnen zu haben, die dann auf die unterschiedlichsten Bereiche angewendet werden konnte. Der Post-strukturalismus ist seinem Vorgänger auch darin verwandt, dass zu-mindest eine seiner Theorien einen ähnlichen Weg mit vergleichba-rem Erfolg gegangen ist. Die Theorie, um die es sich dabei handelt, ist die der Dekonstruktion, die Derrida in Auseinandersetzung mit Texten der Philosophietradition entwickelt hat. Für die Karriere der Dekonstruktion als einer angewandten Methode (vgl. Ulmer 1992) sind drei Bereiche besonders exemplarisch:

– die amerikanische Literaturtheorie der sog. »Yale-School« um Paul de Man,
– der französische Feminismus vor allem von Hélène Cixous und Luce Irigaray und
– die sogenannte »dekonstruktive« bzw. »dekonstruktivitsische« Ar-chitektur.

Weil die Dekonstruktion einen bestimmten Umgang mit Texten be-trifft – und Derrida selber nicht nur philosophische, sondern auch literarische Texte einer dekonstruktivistischen Lektüre unterzieht – ist ihre Adaption durch die Literaturtheorie und -kritik naheliegend. Und auch die Anwendung der Dekonstruktion im Bereich des Fe-minismus bezieht sich, wie wir sehen werden, auf Texte. Es handelt sich hier z.B. um Texte der psychoanalytischen Theoriebildung, aber auch um die Literatur von Frauen und die Frage nach einem spezi-fisch weiblichen Schreiben. Mit der Übertragung auf den Bereich der Architektur jedoch – die es schließlich mit der Konstruktion von Häusern statt dem Verfassen oder der Lektüre von Texten zu tun hat – löst sich die Dekonstruktion dann zumindest tendenziell aus ihrem ursprünglichen Kontext.

3.1.1 Die dekonstruktivistische Literaturtheorie

Die bekanntesten Vertreter der dekonstruktivistischen Literaturtheo-rie arbeiteten alle einmal an der Yale-Universität, weshalb sie auch als »Yale Critics« oder »Yale-School« bezeichnet werden. Ihr akade-mischer Durchbruch erfolgte spätestens im Jahre 1979, als der Sam-melband *Deconstruction and Criticism* erschien, der Aufsätze von Paul de Man, J. Hillis Miller, Geoffrey Hartman, Harold Bloom und Jacques Derrida versammelte. Der eigentliche Beginn dieser Bewegung geht allerdings auf das Jahr 1966 zurück, als Derrida bei einer Konferenz an der Johns Hopkins Universität in Baltimore seinen Text »Die Struktur, das Zeichen und das Spiel im Diskurs der Wissenschaften vom Menschen« vorgetragen hat (s. Kap. 1.3). Dieses Ereignis war die Initialzündung, die aus einigen der Zuhörer die späteren Vertreter der Yale-School werden ließ. Dabei vollzog sich die Entstehung der dekonstruktivistischen Literaturtheorie in kritischer Abgrenzung von der im Amerika der 60er Jahre immer noch einflussreichen literaturtheoretischen Richtung des »New Criticism«, einer Form der Literaturwissenschaft, welche durch das »close reading« Dichtung werkimmanent auf Form, Stil und Bilder hin untersucht, und sich explizit gegen eine psychologische, ideologische, soziologische, philosophische oder historische Deutung wendet. Die Dekonstruktion der »Yale-School« freilich bleibt dieser Richtung ebenso verhaftet, wie der Poststrukturalismus dem Strukturalismus. Die Ideen Derridas haben dieser Abgrenzung allerdings den entscheidenden Anstoß gegeben und seine Theorie diejenigen Begriffe geliefert, die dann zur Etablierung einer neuen, alternativen Literaturtheorie führten (vgl. Bossinade 2000).

Dekonstruktion bei Derrida bedeutete, philosophische Texte auf innere Widersprüche hin zu lesen und diese mit den formulierten Absichten der Texte zu konfrontieren. Damit zeigt er erstens, dass die von ihm derart dekonstruierten Texte auf der einen Seite etwas behaupten, was auf der anderen Seite genau diese Behauptung untergräbt, und zweitens, dass eine Behauptung immer nur funktioniert, wenn ihr Gegenteil ausgeschlossen wird. Der Eindeutigkeit des Sinns stellte er die Mehrdeutigkeit entgegen und zog für sein eigenes Schreiben daraus die Konsequenz, auch andere Organisationsprinzipien für Texte zu verwenden, als nur die klassische Argumentation. Das führte zu einer Umwertung von Hierarchien, bei denen nun nicht mehr gesagt werden kann, das eine sei richtig, das andere falsch, das eine vor-, das andere nachgeordnet, das eine würde dies bedeuten und nicht das. Diese Motive werden nun von den Dekonstruktivisten der Yale-School auf die Betrachtung von literarischen Texte übertragen (vgl. Culler 1988).

Es sind im Wesentlichen drei Momente der Theorie von Derrida, die für die dekonstruktivistische Literaturkritik von zentraler Bedeutung sind. Zum einen ist es der Widerspruch, der in Texten gesucht wird. Literarische Texte, so lautet eine der Grundüberzeugungen der Yale-School, enthalten immer eine Aporie, deren Aufdeckung das Ziel der Interpretation darstellt. Der klassischen Interpretation von Literatur, die eine möglichst einheitliche Deutung anstrebte, stellen die Dekonstruktivisten die Suche nach dieser Aporie entgegen, die wiederum eine einheitliche Deutung gerade nicht erlaubt, sondern prinzipiell unmöglich macht. Zum Zweiten wird daraus die Konsequenz gezogen, Interpretationen eines Textes nicht einzuschränken, sondern auszuweiten, zu vervielfältigen, auch wenn manche Lesarten »subjektiv« scheinen mögen. Zum Dritten wollen sie dadurch den Unterschied zwischen dem literarischen Primärtext und der Sekundärliteratur einebnen, da es keine eindeutige Rangfolge mehr gibt. Auch Literaturkritik erlangt den Status von Literatur und stellt sich neben das Kunstwerk, ja vollendet es manchmal sogar erst. Dies wird durch die Schreibweise der Dekonstruktivisten noch unterstrichen, die in Anlehnung an Derrida Wortspiele, Assonanzen und Assoziationen als Stilmerkmale verwenden und sich dadurch vom traditionellen akademischen Stil des wissenschaftlichen Diskurses deutlich abgrenzen (als allgemeine Einführungen vgl. Culler 1988; Horstmann 1983; Norris 1992; Zima 1994).

Paul de Man (1919-1983) ist sicher der bekannteste Vertreter der **dekonstruktivistischen Literaturtheorie.** Die von ihm entwickelte Form der Literaturkritik betont den rhetorischen Charakter der Sprache, der nicht nur im Kunstwerk eine entscheidende Rolle spielt. Unter Rhetorik versteht de Man weniger das Moment der Überzeugung in der Rede, als vielmehr die Summe sprachlicher Bilder, Wendungen, Stilmittel und Redefiguren. Diese literarischen Elemente eines Textes erzeugen eine Bedeutungssphäre, die gegen andere Text-Elemente wie Grammatik und Referenz steht, die eine scheinbare Einheit des Sinns ermöglichen. Am Beispiel der letzten Zeile des Gedichtes »Among School Children« von William Butler Yeats (»Wie können wir vom Tanz den Tänzer unterscheiden?«) veranschaulicht de Man seine These: Liest man diese Zeile auf einer ersten Ebene gemäß ihrer grammatikalischen Form und im buchstäblichen Sinne, so artikuliert sie die Frage, wie man zwei verschiedene Dinge, also Tanz und Tänzer, unterscheiden kann. Figürlich jedoch kann man die Zeile als rhetorische Frage lesen, und dies haben die klassischen Interpretationen des Gedichts auch immer getan. Tanz und Tänzer erscheinen dann als eine Einheit, die gerade nicht geteilt werden kann. Darin erscheint genau die Aporie, auf die es die dekonstruktivistischen Literaturkritiker immer abgesehen haben. »Die beiden Lektüren müssen sich in direkter Konfrontation aufeinander beziehen, denn die eine ist genau der Irrtum, der von der anderen denunziert wird und von ihr aufgelöst werden muß« (*Allegories of Reading*, 1979; dt. in Auszügen in: *Allegorien des Lesens*, 1988, 42). Es handelt sich also nicht um eine einfache Mehrdeutigkeit, sondern um zwei Interpretationen, die sich gegenseitig ausschließen. Die eine geht von einer Einheit aus, welche die andere in ihrer Voraussetzung leugnet.

Diese Form eines logischen Widerspruchs wird von Paul de Man als die eigentliche Bedeutung von Rhetorik aufgefaßt: »Rhetorik ist die radikale Suspendierung der Logik« (ebd., 40). Aus ihr gewinnt er auch seine Bestimmung dessen, was Literarizität, was das eigentümlich Literarische an Literatur ausmacht: »Ich [würde] nicht zögern, die rhetorische, figurative Macht der Sprache mit der Literatur selber gleichzusetzen« (ebd.). Die Sprache besitzt ein autonomes Potential, das sich nicht auf Bezeichnung reduzieren lässt, das keine Verlässlichkeit schafft, weil ihr die Eindeutigkeit fehlt. Literatur ist dann für de Man der Ort, »an dem dieses negative Wissen von der Verläßlichkeit sprachlicher Äußerungen erwiesen werden kann« (*The Resistance to Theory*, 1986; dt. *Der Widerstand gegen die Theorie*, in Bohn 1987, 91).

Paul de Man versucht seine Auffassung noch durch die Behauptung zu erhärten, dass er seine dekonstruktivistische Interpretation nicht an das Gedicht von außen herangetragen hat, sondern dass die Dekonstruktion gleichsam von innen den literarischen Text bestimmt. »Die Dekonstruktion ist nichts, was wir dem Text hinzugefügt hätten, sondern sie ist es, die den Text allererst konstituiert hat. Ein literarischer Text behauptet und verneint zugleich die Autorität seiner eigenen rhetorischen Form« (*Allegorien*, 48). Damit wäre die Dekonstruktion allerdings mehr als eine *Methode* – sie wird zu einem *Bestimmungsgrund* von Literatur und Sprache überhaupt. In der eigentümlichen Spannung zwischen buchstäblicher und figürlicher Lektüre ergibt sich immer eine Aporie, die nicht aufgelöst werden kann und die jeglichen Versuch, Bedeutung zu fixieren, aufschiebt. In ihr wird Literatur konstituiert – und alle hermeneutischen Bestrebungen, eindeutige und einheitliche Interpretationen zu erzielen, unternehmen nicht nur das Unmögliche, sondern wenden sich gegen die Literatur selbst (als allgemeine Einführungen zu de Man vgl. Bohrer 1993 und Norris 1991).

Auch für **J. Hillis Miller** (geb. 1928) macht Literatur eine Aporie erfahrbar. Sie inszeniert ihre eigene *mise en abyme*, das Aufschieben eines Bedeutungszentrums, das letztendlich allen Sinn wie ein Strudel ergreift und mit sich in den Abgrund reißt. Literatur zeigt damit, dass sie keinen festen Grund im Bewusstsein, der Natur oder in irgendeiner metaphysischen Instanz besitzt. Sie thematisiert diesen Verlust und will ihn »heilen«. Ist die Sprache jedoch so beschaffen, wie Derrida sie beschreibt, kann der Literatur gerade dies nicht gelingen; doch um das festzustellen, braucht Literatur den Kritiker, muss Literatur in der Kritik verlängert werden. Das Verhältnis der Literatur zu einem festen Grund wird dabei im Verhältnis des Kritikers zum Werk wiederholt. Dekonstruktion wird auch von Miller nicht als eine von außen an einen Text herangetragene Methode verstanden: Es ist das Werk selbst, das dekonstruktiv ist. Der Kritiker hat die dekonstruktive Bewegung im Text lediglich nachzuvollziehen und explizit zu machen. »Wenn Poesie die unmöglich mögliche Heilung des Grundes ist, ist Kritik die unmöglich mögliche Heilung von Literatur« (*Theory Now and Then*, 1991, 118).

Die Verlängerung der Literatur in der Kritik macht jede Lektüre des Kritikers zu einem Teil der von ihm behandelten Literatur selbst. Da Literatur eine Inszenierung der Aporie ist, also selbst schon dekonstruktiv, und der dekonstruktive Kritiker diese Aporie noch einmal auf seiner Ebene wiederholt, unterscheiden sich beide Aktivitäten tatsächlich nicht wesentlich. Die Grenzen zwischen Literatur und Kritik stürzen ein; der Kritiker »ist bestenfalls gezwungen, die Widersprüche in dem Werk in einer anderen Form zu wiederholen« (ebd., 119).

Er tut dies, indem er das alogische Element in einem Text sucht, den »losen Stein«, den er dann herauszieht und damit alles zum einstürzen bringt (ebd., 126). Dieses Moment nennt Miller auch *linguistic moment*: »Mit ›linguistischem Moment‹ meine ich denjenigen Moment in einem literarischen Werk, an dem sein eigenes Medium in Frage gestellt wird« (ebd., 168). Eine dekonstruktive Interpretation ist deshalb »keine Zerlegung der Struktur eines Textes, sondern der Nachweis, daß er sich selbst bereits zerlegt hat. Sein scheinbar solider Grund ist kein Fels, sondern dünne Luft« (ebd., 126). Damit läuft die dekonstruktivistische Interpretation letztlich auf die immer gleiche Feststellung hinaus, dass in (jeglicher) Literatur das Kollabieren der Bedeutungsfunktion der Sprache dargestellt wird. Der Kritiker sucht lediglich den Punkt im Text, an dem er demonstrieren kann, dass der Text dies demonstriert.

Die Aporie, so der gemeinsame Tenor der Vertreter der Yale School, schafft eine Situation, in welcher der Sinn eines Textes nicht eindeutig ist, sondern vielfältig. **Geoffrey Hartman** (geb. 1930) nimmt dies als Ausgangspunkt für die Bestimmung seiner Form der Literaturkritik, die um den **Begriff der** »**Unbestimmtheit**« kreist. Wenn es keine eindeutige Interpretation für literarische Texte gibt, dann muss man diese Situation nicht bedauern, sondern ins Positive wenden. Unbestimmtheit ist kein Mangel, sondern ein Vorteil; sie sollte unsere Lektüre leiten und dabei unsere Aufmerksamkeit steigern, anstatt uns eine Methode aufzudrängen. Es geht dann nicht mehr darum, »Ideen in einem Text« zu suchen, sondern die Lektüre zu verzögern, aufzuschieben. Im Lesen selbst wird damit die Bedeutungsbewegung der Zeichen, die mit Derridas Figur der *différance* als Aufschub verstanden wird, mimetisch nachvollzogen. Voreilige Schlussfolgerungen und Interpretationen werden verzögert, um die Komplexität der Lektüre besser genießen zu können. Anstatt sich an der Wissenschaft und einem mechanischen Reduktionsmodell des Sinns zu orientieren, der immer auf etwas anderes zurückgeführt wird, möchte Hartman gerade die Unbestimmtheit des Sinns so weit und so lang wie möglich offen halten. Die Unbestimmtheit fungiert als eine Trennlinie zwischen Verstehen und Wahrheit. Das Verstehen wird nicht ausgesetzt, »sondern auf die Bedingungen seiner Wahrheit zurückgedrängt« (*Criticism in the Wilderness. The Study of Literature today*, 1980, 272). Anstatt eine Reduktion *von* Bedeutung zu sein, führt das Konzept der Unbestimmtheit zu einer Reduktion *auf* Bedeutung: Das Lesen selbst wird das Ziel. »Wir lesen eher, um zu verstehen, was Lesen als eine Lebensform beinhaltet, als um das herauszufinden, was in glänzende Ideen hineingelesen wird« (ebd.).

Der Aufschub der Lektüre und das Offenhalten ihrer Unbestimmtheit führt zu einer Art »Stottern«, zu einer Verzögerung, die wiederum zur »Unlesbarkeit« der Werke führt. Darunter versteht Hartman sein Bemühen, die Bedeutungsbewegung gerade nicht durch eine »richtige« Interpretation zum Stoppen zu bringen, sondern das Werk immer wieder neu und uninterpretiert offenzuhalten. Unlesbar ist es, weil es immer wieder anders verstanden werden kann, und das ist nach Hartmans Verständnis auch das Ziel der Dekonstruktion: Sie ist die Methode, Texte unlesbar zu machen. Sein »hermeneutisches Zögern« führt daher, so Hartman, »zu einem positiveren Bewußtsein der Andersheit« (ebd., 37). Es zielt nicht auf die Bemächtigung der Bedeutung eines Textes mit technokratischen, autoritären oder berechenbaren Mitteln. Durch die Arbeit des Lesens wird der Sinn am Laufen gehalten, »kommt das Kunstwerk niemals zur Ruhe« (ebd., 186; als allgemeine Einführung zu Hartman vgl. Atkins 1990).

Auch **Harold Bloom** (geb. 1930) wird zu den dekonstruktivistischen Literaturtheoretikern gezählt, weil er ebenfalls in Yale lehrte und in dem berühmten Sammelband von 1979 vertreten ist. Trotzdem weist seine Theorie nur Berührungspunkte mit den Modellen seiner Kollegen auf. Der deutlichste Widerspruch zum und seine größte Abweichung vom poststrukturalistischen Paradigma besteht darin, dass er die individuelle Psyche des einzelnen Autors in den Mittelpunkt stellt und damit einem Subjektbegriff huldigt, den bereits der Strukturalismus abschaffen wollte. Außerdem bezieht er sich weniger auf den Zeichencharakter von Texten, sondern betrachtet Texte als ein »psychisches Schlachtfeld, auf dem authentische Kräfte um den einzigen Sieg kämpfen, der Wert ist, gewonnen zu werden, der verheißene Triumph über die Vergessenheit« (*Poetry and Repression: Revisionism from Blake to Stevens*, 1976, 2).

Unter Rückgriff auf Freuds Begriff des »Familienromans« und Nietzsches »Willen zur Macht« bestimmt Bloom Dichtung als die Auseinandersetzung eines Autors mit einem Vorgänger, den er zu überwinden trachtet. Ort der Auseinandersetzung ist die Poesie, die einerseits unter Einfluss des Vorgängers steht, der andererseits aber abgeschüttelt werden soll. Die Bedeutung eines Gedichtes ist für Bloom daher nicht mit dem Konzept der *différance* zu erklären, sondern besteht in dem Bezugsgedicht, und zwar in der *Andersheit* dieses Gedichtes, das der jeweilige Dichter zu übertreffen versucht. Ziel dieses Prozesses ist die Selbsterschaffung als ein origineller Dichter, als ein eigenständiger Poet. Es beginnt damit, dass der junge Dichter die Texte seines Vorbilds seinen Vorstellungen entsprechend verändert, sie im Sinn einer Freud'schen Verdrängung missversteht, und sie ab einem gewissen Punkt weiterschreibt. »In seinem eigenen Gedicht erscheint dies dann als eine korrektive Bewegung, was bedeutet, daß das Vorläufer-Gedicht bis zu einem gewissen Punkt korrekt lief, dann aber hätte abweichen sollen und zwar genau in die Richtung, in die das neue Gedicht geht« (*The Anxiety of Influence. A Theory of Poetry*, 1973; dt. *Einflußangst. Eine Theorie der Poesie*, 1995, 16). Diesen Vorgang versteht Bloom als »Fehllektüre« oder »Fehlverständnis«, die der erste notwendige Schritt des neuen Dichters ist.

Der Loslösungsprozess eines Dichters von seiner Vaterfigur wird von Bloom in sechs Etappen unterteilt, denen er jeweils mit Freud einen speziellen psychischen Abwehrmechanismus zuordnet, eine dominante rhetorische Figur, die Bezeichnung der Dialektik der »Revision« des Vorbildes und eine abstrakte Kategorisierung der Bilder eines Gedichtes. Diese Unterteilung dient ihm dann als Schema für seine Interpretationen, die entsprechend das kämpferische Verhältnis eines Textes zu seinem Vorbild untersuchen. Dabei geht es nicht um stilistische Beeinflussung, die Ähnlichkeit von Bildern usw., sondern um die Konstruktion eines Bezuges (durch Bloom), der dem Dichter selbst nicht einmal bewusst zu sein braucht. Dekonstruktivistisch erweist sich Bloom in diesem Fall auch dadurch, dass das Gedicht des Vorgängers seinen Einfluss gerade dadurch ausübt, dass es auf der Oberfläche des untersuchten Gedichts abwesend ist, dass der Dichter-Sohn es nicht einmal kennen muss. Weit davon entfernt, dass der Nachfolger sich aussucht, von wem er beeinflusst wird, ist es der Vorgänger, der sich seinen Nachfolger erwählt. Da es auch bei Bloom keine eindeutigen Interpretationen gibt, sondern lediglich Fehllektüren und Missinterpretationen, die notwendig sind, damit sich ein Dichter von seinem Übervater löst, reiht auch seine Theorie sich ein in den Rahmen der dekonstruktivistischen Literaturtheorie – auch wenn die Psyche von Subjekten und nicht die Zeichen im Mittelpunkt seines Interesses steht (als allgemeine Einführung zu Bloom vgl. Allen 1994; Fite 1985).

3.1.2 Dekonstruktion und Feminismus

Innerhalb der politischen Bewegung des Feminismus ging es immer auch um theoretische Fragen. Eine dieser Fragen war und ist die Suche nach einer Position »der Frau« innerhalb von (männlichen) Theorien, eine andere die nach einer spezifisch weiblichen Literatur. Für diese beiden Fragen eröffnet der Poststrukturalismus eine neue Perspektive, die es zugleich erlaubt, sie miteinander zu verbinden. Einen möglichen Ausgangspunkt der **Suche nach der Position der Frau** stellt die Psychoanalyse dar – genauer die Psychogenese der weiblichen Sexualität, wie sie von Freud und Lacan bestimmt worden ist. Die poststrukturalistische Pointe dieser Suche besteht darin, die psychoanalytischen Methoden nicht anzuwenden, sondern die Texte von Freud und Lacan über die Frau zu dekonstruieren. Mithilfe der Methode von Derrida lassen sich auch diese Texte auf Widersprüche und Ungereimtheiten hin untersuchen, die in ihren Konsequenzen Aufschluss geben über die Behandlung der Frau in der abendländischen Philosophie (vgl. Feder 1997). Gerade für die feministische Theoriebildung ist zudem die Tatsache von signifikanter Bedeutung, dass Derrida selber die Dekonstruktion nicht lediglich als Kritik an der Philosophie formuliert, sondern zugleich in neuen Ausdrucksformen philosophischen Schreibens praktiziert: Denn vor diesem Hintergrund lässt sich die Suche nach der theoretischen Position der Frau mit der Frage nach einem spezifisch weiblichen Schreiben leicht verbinden – zumal Derrida selbst in einem Text über Nietzsche (*Sporen. Die Stile Nietzsches*, 1986) Dekonstruktion und weibliches Schreiben in einen Zusammenhang gebracht hatte (vgl. Vinken 1995). Unter dem Stichwort »Französischer Feminismus« haben sich daraus unterschiedliche Ausdifferenzierungen und Theorievarianten ergeben. Zwei davon möchten wir nun vorstellen.

   In ihrem Buch *Speculum de l'autre femme* (1974; dt. *Speculum. Spiegel des anderen Geschlechts*, 1980) untersucht **Luce Irigaray** (geb.

1932) zunächst diejenigen Texte Freuds, in denen er die weibliche
Sexualität zu bestimmen versucht. Diese Texte unterzieht sie einer
mustergültigen Dekonstruktion, indem sie deren Widersprüche und
Ungereimtheiten herausstellt. Oft geht sie dabei Satz für Satz vor,
stellt rhetorische Fragen an den Text und zeigt, inwiefern Freud bei
seiner Darstellung von einem grundlegenden Unverständnis der
Frau gleitet wird. Ihr zentraler Kritikpunkt ist die Tatsache, dass
Freud die weibliche Sexualität durchweg von der männlichen aus
bestimmt. Dreh- und Angelpunkt für Freud ist hierbei der »Penisneid«, den das kleine Mädchen entwickelt, wenn es entdeckt, dass
seine Klitoris, die es zunächst für einen Penis gehalten hat, nicht
wächst und hinter dem mächtigeren Organ des kleinen Jungen zu-
rückbleibt. Aus diesem Penisneid heraus, der von Freud als anatomi-
sches Schicksal bestimmt wird, entwickelt die Frau dann ihre »normale Weiblichkeit«, die von Neid, Eifersucht und Hass auf die
Mutter bestimmt ist, die auch keinen Penis hat und ihrer Tochter
keinen geben konnte. Diese Bestimmung weist Irigaray zurück –
und sie zeigt dabei, inwiefern Freud die Unterschiedlichkeit der Geschlechter negieren möchte, indem er das männliche als Grundmo-
dell identifiziert. Die Frau erscheint dann vom Mann abgeleitet und
in ihrer Weiblichkeit auf ihn bezogen; sie ist der Spiegel des Mannes.

Dem stellt Irigaray ihre »Schamlippen-Theorie« entgegen, welche
die Frau ausgehend von ihrem eigenen Sexualorgan bestimmen
möchte. Sie will nicht mehr ein Geschlecht auf ein anderes reduzieren, sondern die Differenz bestehen lassen und nicht beseitigen. Aus
den »Lippen, die sich selbst berühren« entwickelt sie daher eine andere Deutung der weiblichen Sexualität, die mehr dem Fließenden
und Vielfältigen verpflichtet ist, als der männlichen Ausrichtung an
der Eindeutigkeit des Phallus.

Irigarays Dekonstruktion zeigt nicht nur die Widersprüche bei
Freud, sondern will auf mehr hinaus. Im Anschluss an Derrida (vgl.
Schällibaum 1991), der in der *Grammatologie* die Abwertung der
Schrift nicht einfach als ein Faktum identifiziert, sondern als grund-
legende Geste des abendländischen Logozentrismus, reiht Irigaray
Freud in diese Denktradition ein. Freud ist der »Metaphysik der
Präsenz« verfallen, die sich an der Sichtbarkeit orientiert und daher
das weibliche Geschlecht nur als fehlenden Penis verstehen kann,
und nicht als ein eigenes Geschlecht, da man »es nicht sehen kann«.
Das Sichtbare, der Penis, wird zur Bezugsgröße der Bestimmung
weibliche Sexualität. Da diese Tradition weiter als nur bis zu Freud
reicht, untersucht Irigaray in ihrem Buch ebenfalls Texte von Platon,
Aristoteles, Plotin, Descartes, Kant und Hegel.

Der Logozentrismus, der bereits von Derrida schon als ein »Phallogozentrismus« bestimmt worden ist (in: *Sporen. Die Stile Nietzsches*), stellt gleichzeitig auch eine Ökonomie der Repräsentation dar, eine Ordnung, die das Funktionieren von Zeichen regelt. Da diese Ordnung an der Sichtbarkeit ausgerichtet ist, an dem Identifizierbaren und damit am Eindeutigen, hat das für die Frau schwerwiegende Konsequenzen: »Es gibt also für die Frau keine mögliche Repräsentation« (*Speculum*, 51); die Frau »verfügt über zuwenig Bilder, Figurationen, Vorstellungsinhalte, um sich in dieser Figur des ›Lochs‹, der Spalte, des Mangels repräsentieren zu können. Nicht daß ihr ein bestimmter Schlüssel-Signifikant fehlte, ihr nicht sogar aufgedrängt würde; doch der Zugang zu einer Bedeutungsökonomie, zur Prägung von Signifikanten, zu deren Austausch ist für sie schwierig, wenn nicht unmöglich, da sie als Subjekt an der Festsetzung von deren Eichmaß, von deren Wert keinen Anteil hat. Sie borgt sie aus, ohne ihren Stempel dabei aufdrücken oder ablesen zu können« (ebd., 88). Die Ordnung der Zeichen ist männlich und lässt der Frau keine Möglichkeit, sich selbst zu repräsentieren.

In der Geschichte zeigt sich dies unter anderem auch an der »weiblichen Krankheit« der Hysterie, die von Irigaray als Versuch von Frauen verstanden wird, der männlichen Ordnung der Zeichen und ihrer Logik zu entkommen. Eine weitere, spezifisch weibliche Ausdrucksform ist für Irigaray die Mimesis, das Nachahmen männlicher Rede, allerdings in spielerischer Absicht und ohne sich darauf reduzieren zu lassen. Das Ziel der Frau ist es, die männliche Logik der Repräsentation, »den Sinn *radikal zu erschüttern* [...], auf jene *weißen Stellen* im Diskurs bewußt zu insistieren, die an die Orte ihres Ausschlusses erinnern [...], *[d]ie Syntax umzustürzen*« (ebd., 181). Dieses Projekt versteht sie als »Frau-Sprechen«, als Entwicklung einer anderen Sprache und einer eigenen weiblichen Ausdrucksform. Ihre »Schamlippen-Theorie« erweist sich vor diesem Hintergrund als nicht unbedingt wörtlich zu verstehen, sondern einerseits als Mimesis Freud'scher und Lacan'scher Gedankengänge, andererseits als ein Versuch des »Frau-Sprechens« (im Original: »parler-femme«), des Entwurfs einer anderen Ausdrucksform und einer anderen Theorie der Weiblichkeit, die nicht mehr am Sexualorgan des Mannes ausgerichtet und auf dessen Ökonomie der Repräsentation angewiesen ist (als allgemeine Einführung vgl. Whitford 1991).

»Women must write her self«: So heißt es in einem Text von **Hélène Cixous** (geb. 1937) über »Das Lachen der Medusa«. Die englische Version dieser programmatischen Aufforderung von Cixous ist hier präziser als ihre deutsche Übersetzung; und sie ist es deswegen, weil ihr Lautbild – ganz ähnlich der *différance* Derridas – offen lässt, ob es tatsächlich heißt: »Frauen müssen ihr Selbst schreiben« oder aber »Frauen müssen selber schreiben«. In dieser Ambiguität liegt die Pointe – richtig verstanden, sagt der Satz beides, nämlich: Frauen sollen, indem sie selber schreiben, sich ihr Selbst erschreiben (allgemein zu Cixous vgl. Andermatt Conley 1992; Penrod 1996; Sellers 1996; Shiach 1991).

Die Literaturwissenschaftlerin Hélène Cixous ist Professorin für Anglistik und versucht – ähnlich wie Luce Irigaray – in Auseinandersetzung mit der Freud'schen und Lacan'schen Psychoanalyse und mit Bezug auf das Werk von Derrida einen Begriff dessen zu formulieren, was »**weibliches Schreiben**« heißen könnte. Zugleich ist Cixous auch eine Schriftstellerin, die in ihren eigenen poetischen Texten und Theaterstücken Beispiele für weibliches Schreiben geben möchte. Um durch das eigene Schreiben – sei es theoretisch oder literarisch – das zu finden, was innerhalb unserer patriarchalen Kultur als das Andere galt, gilt es, die Zerstörung, Destruktion des Vorgegebenen mit einem Vorstoß ins Unvorhersehbare zu verbinden. Dies ist das dekonstruktive Verfahren à la Cixous – und wie oft im Poststrukturalismus sind ihre wissenschaftlichen und literarischen Arbeiten miteinander eng verbunden.

Ausgangspunkt ihrer theoretischen Überlegungen ist eine Kritik am Binarismus, an der Aufgliederung aller Bedeutungssysteme in oppositionelle Paare, für die der klassische Strukturalismus ein exemplarisches Beispiel geliefert hat. Sie lehnt sich in dieser Kritik stark an Derrida an, lenkt seine Theorie aber in eine feministische Richtung, indem sie die Opposition »Mann/Frau« als die grundlegende Opposition unserer Kultur begreift. Alle anderen Oppositionen lassen sich auf diese eine zurückführen und stellen Paare dar, zwischen denen es Spannung und Kampf gibt:

»Mann/Frau heißt auch automatisch groß/klein, überlegen/unterlegen ... das heißt oben oder unten, das heißt Natur/Geschichte, das heißt Veränderung/Unbeweglichkeit. In der Tat ist alle Theorie der Kultur, alle Theorie der Gesellschaft, sämtlichen symbolischen Systeme – also alles, was sich spricht, sich organisiert als Diskurs, Kunst, Religion, Familie, Sprache, alles das, was uns verhaftet ist, was uns macht – organisiert in hierarchisierenden Oppositionen, die zurückgehen auf die Opposition Mann/Frau« (*Le sexe ou la tête?*, 1976; dt. »Geschlecht oder Kopf?«, in: *Die unendliche Zirkulation des Begehrens*, 1977, 21).

Diejenige Opposition, die für die Entwicklung einer Vorstellung weiblichen Schreibens wichtig ist, ist für Cixous die zwischen der ›männlichen‹ und der ›weiblichen‹ Ökonomie. Die männliche Ökonomie beruht auf *Aneignung* – die aus der Furcht des Mannes resultiert, selbst enteignet zu werden; in psychoanalytischen Begriffen ausgedrückt: aus seiner Kastrationsangst. Sie beruht auf dem »Einkommen«, auf dem männlichen Bemühen, alle Ausgaben unter der einen Bedingung zu tätigen, dass sie wieder zurückkommen. Die weibliche Ökonomie hingegen beruht auf *Annäherung* – die nicht das Andere sich einverleiben möchte, sondern es als Anderes stehen lässt und sich ihm nur nähert. Die weibliche Ökonomie möchte die Differenz nicht auf eine Einheit reduzieren und damit beseitigen, sondern sie als Differenz belassen. »Wir müssen die Annäherung, die das Andere/die Anderen lebend an ihren Plätzen läßt, retten [...]: wir müssen uns davor hüten, die Identifikation so weit zu treiben, zu übertreiben bis hin zum Einverleiben der Anderen. Wir müssen das Ähnliche und das Unterschiedliche belassen« (*Weiblichkeit in der Schrift*, 9).

Männliche und weibliche Ökonomie weisen einen je eigenen, charakteristischen Bezug zur Sprache auf. In der Theorie von Lacan ist es die männliche Bezogenheit auf den »Phallus«, die den Eintritt in die symbolische Ordnung, in die Sprache garantiert. Da Cixous die Weiblichkeit nicht auf den Phallus bezogen versteht (wie Freud und Lacan), bleibt der Frau der Eintritt in das (männliche) Symbolische verwehrt. Das Bild für diesen Zustand ist wieder die Hysterikerin, deren Merkmal das Schweigen ist. Der Frau entspricht daher nach Cixous das Bild der Enthauptung, des Verlustes des Kopfes als Sinnbild für den Verlust von Logos und Sprache. Aus dieser Situation heraus entwickelt sie nun ihre Vorstellung vom weiblichen Schreiben.

Die Enthauptung als Bild für die Situation der Frau lässt ihr allein den Körper zurück. Dieser ist nun für Cixous der zentrale Angelpunkt weiblichen Schreibens: »Das Schreiben kommt vom Körper [...]; wenn es mit dem eigenen Körper in Beziehung steht, läßt der Körper etwas durch, schreibt er etwas ein, das ihm ähnelt. Das Schreiben ähnelt deinem Körper und ein Frauenkörper funktioniert nicht wie ein Männerkörper« (*Die unendliche Zirkulation*, 57). Im Schreiben bringt sich die sexuelle Differenz zur Geltung, die mit den beiden Ökonomien verbunden ist. Es ist dabei nicht entscheidend, ob der Autor tatsächlich eine Frau ist. Auch Männer können weiblich schreiben, wofür Joyce als ein Beispiel steht, weil er, so Cixous, diesem weiblichen Schreiben sehr nahe gekommen ist. Ein »weiblicher textueller Körper« zeichnet sich für Cixous dadurch aus, »daß er immer ohne Ende (f-i-n) ist: er ist ohne Schluß, er geht nicht zu Ende. Und das ist es übrigens, was den weiblichen Text oft schwer lesbar macht [...] Ein weiblicher Text beginnt auf allen Sei-

ten gleichzeitig, das beginnt zwanzigmal, dreißigmal« (ebd., 40f.).
Weibliche Texte sind unvorhersehbar, ergießen sich, fließen über,
anstatt zu verschlingen und operieren an den Grenzen der binären
Oppositionen, ohne sich auf eine der beiden Seiten zu schlagen.
Weibliche Texte befinden sich »zunächst auf dem Niveau des Füh-
len-Wollens« (ebd., 42) und weisen einen Bezug zu dem auf, was
vom Symbolischen abgeschnitten wurde.

Damit spielt Cixous auf Lacan an, der den Frauen durch seine
Theorie des Phallus und der symbolischen Ordnung den Zugang
zur Sprache verwehrt hat. Sie möchte ins Jenseits des Symbolischen
gelangen, was in der Psychogenese des Kindes ein Zurück hinter die
phallische Phase bedeutet. Hier ist das Kind noch ganz im Zustand
der Einheit mit der Mutter, einer Einheit, die durch den Eintritt in
die symbolische Ordnung verlassen wird. Das Niveau des Fühlens
wird daher von Cixous in Bezug zur Stimme der Mutter verstanden,
was sich in weiblichen Texten ausdrückt: »Weiblich schreiben heißt,
das hervortreten zu lassen, was vom Symbolischen abgetrennt wurde, nämlich die Stimme der Mutter, heißt, Archaisches hervortreten
zu lassen. Die archaische Kraft, die einen Körper affiziert und die
durch das Ohr eintritt und das Innerste erreicht. Dieses Berühren
des Innersten hallt immer in einem Text der Frau nach« (ebd., 42f.).
Diese abstrakten Kennzeichnungen weiblichen Schreibens bleiben
bei Cixous nicht abstrakt. Ihr literarisches Werk – Prosawerke wie
LA (frz. 1976), *Angst* (frz. 1977), *Messie* (frz. 1996) oder *Das Buch
von Promethea* (dt. 1990) und Theaterstücke wie *On ne part pas, on
ne revient pas* (frz. 1991) oder das vom Théâtre du Soleil aufgeführte
*L'histoire terrible mais inachevée de Norodom Sihanouk, Roi du Cam-
bodge* (1985) – ist der Versuch, ihre eigene Theorie einzulösen und
umzusetzen.

3.1.3 Dekonstruktion und Dekonstruktivismus in der Architektur

Die Übertragung der Methode der Dekonstruktion auf den Bereich
der Architektur muss auf den ersten Blick problematischer erscheinen als ihre Anwendung auf Literatur- bzw. Textkritik, da sie bestenfalls eine Analogie darstellen kann. Texte lassen sich nicht unbedingt in erhellender Weise mit Gebäuden vergleichen – und
Gebäude sich entsprechend nicht, zumindest nicht im wörtlichen
Sinne, einer dekonstruktivistischen Lektüre unterziehen. Trotzdem
nennt sich eine gewisse Richtung in der Architektur »Dekonstruktion« oder »Dekonstruktivismus«. Der zweite Titel stellt einen archi-

tekturgeschichtlichen Bezug zum »Konstruktivismus« her, einer architektonischen Bewegung aus den 20er und 30er Jahren dieses Jahrhunderts in der Sowjetunion, und zeigt damit, dass »Dekonstruktion in der Architektur« eine eigene Position innerhalb des Feldes der Architektur darstellt (als allgemeine Einführungen vgl. Johnson/Wigley 1988; Növer 1991; Papadakis 1994). Ein Bezug zur Philosophie, der sich in den Schriften der entsprechenden Architekturkritiker immer wieder findet, ist gleichwohl nicht unbedingt wesentlich. Es sind jedoch nicht nur Kritiker gewesen, die eine bestimmte Art, Gebäude zu bauen, mit der Dekonstruktion in Verbindung gebracht haben, sondern oft die Architekten selbst, die sich nicht selten auf Derrida und seine Schriften beziehen (vgl. Wigley 1994). Einige von ihnen, zum Beispiel Peter Eisenmann oder Bernhard Tschumi, haben sogar mit Derrida zusammengearbeitet.

Dekonstruktive Gebäude zeichnen sich vornehmlich dadurch aus, dass sie »schräg« sind. Dies muss man einerseits ganz wörtlich nehmen, denn die Wände sind selten im rechten Winkel und die Gebäude daher eigentümlich schief – sie weichen auffällig von der »Kiste« ab, wie man polemisch die Grundform eines jeden »normalen« Gebäudes bezeichnen könnte. Das Auffällige weist andererseits aber auch auf eine zweite Bedeutung von »schräg« hin, auf das Ungewöhnliche, Verrückte, Nicht-Normale dieser Gebäude. »Dekonstruktion in der Architektur« kann auf diesem Hintergrund in unterschiedlicher Weise verstanden werden.

Zum einen beschreibt die »destruktive« Bewegung, die in dem Ausdruck »Dekonstruktion« enthalten ist, das Auseinandernehmen der herkömmlichen Formen und Elemente eines Gebäudes. Wände sind nicht mehr gerade, Häuser stehen nicht mehr parallel zu Straße, Fenster nicht mehr in regelmäßigen Abständen zueinander. Dekonstruktive Architektur wirkt, als habe sie die gewohnten Formen genommen und auseinandergeschlagen, um sie dann neu wieder zusammenzusetzen; denn es gibt natürlich auch hier Wände, Fenster, Zugänge usw. Das ist die konstruktive Bewegung, die in dem Begriff der »Dekonstruktion« steckt. Ein Beispiel dafür kann man in dem »Jüdischen Museum« sehen, das Daniel Libeskind für Berlin entworfen hat. Die Grundform gleicht einem auseinandergebrochenen Davidstern, der von oben gesehen wie ein langgezogener Blitz schräg in den Boden schlägt. Im Innern des Gebäudes gibt es leere Räume, sogenannte »Voids«, die immer frei bleiben werden, um an die Vertreibung der Juden aus Deutschland und der deutschen Kultur zu erinnern. Den Namen »Voids« übernimmt Libeskind von Lacan, der den Begriff »Le vide« eingeführt hat. Diese Voids haben ihre Entsprechung in einer Art von Säulen, die um das Gebäude

herum verteilt sind und in ihren Maßen genau den freien Räumen
im Museum folgen. Durch dieses Neu-Arrangement einer zerbro-
chenen Form gelingt es Libeskind, zahlreiche Assoziationen zur Vernichtung der Juden und ihrer Kultur anzustoßen.

Zum anderen versucht der Dekonstruktivismus, den Begriff der
»Bedeutung« auf architektonische Weise zu thematisieren und dabei
auf Theoreme des Poststrukturalismus Bezug zu nehmen. Bernhard
Tschumi zum Beispiel, der sein Konzept selbst »post-struktural«
nennt und eine Dekonstruktion jeglicher Bedeutung anstrebt, ist
der Überzeugung, dass »Bedeutung heutzutage unmöglich sei« (in:
Kähler 1990, 135). Bei der Konstruktion des Parks von »La Villette«
in Paris war er daher bemüht, »in gewisser Weise den Leuten den
Akt der Bedeutungsgebung« (ebd., 137) zu überlassen. »[E]s ist
schön, wenn das Monument dauernd die Bedeutung ändert. Ich
versuche nicht, den Wettstreit der Bedeutungen zu vermeiden. Ich
sage, dass die Bedeutungen, die ihnen gegeben werden, nicht mir
gehören, sondern den Benutzern« (ebd.). Die Beziehung zwischen
Architektur und Funktion möchte er nicht mehr festlegen, sondern
eher auflösen und die Funktion in die Macht der Benutzer stellen.
Es gibt immer mehrere Möglichkeiten, wie sich das Programm und
die Räume zueinander verhalten. Alles kann funktional gestaltet sein
und reibungslose Abläufe garantieren, dann aber unflexibel für andere Nutzungen sein. Eine andere Möglichkeit wäre ein flexibler
Raum, »ein großer Schuppen oder was auch immer. Ich nenne diese
Variante auch ›Indifferenz‹, weil eben alles möglich ist« (ebd., 138).
Schließlich gibt es auch noch die Möglichkeit, ein widersprüchliches
Verhältnis zwischen Architektur und Funktion herzustellen, etwa
ein Tennisspiel in der Sixtinischen Kapelle stattfinden zu lassen. Für
Tschumi gibt es »keinen moralischen Standort mehr, von dem aus
man sagen könnte, daß eine Beziehung besser als die anderen sei; es
gibt sie alle und man benutzt sie alle« (ebd., 138).

Tschumi selbst sieht sein Verhältnis zum Poststrukturalismus
freilich nicht dadurch gekennzeichnet, dass er dessen theoretische
Vorstellungen einfach auf die Architektur anwendet. Er praktiziert
eher eine Art der Übersetzung und will Ideen importieren, um seinerseits andere oder verwandelte Ideen wieder zu exportieren. Aus
diesem Grund hat er bei der Gestaltung des Parks von »La Villette«
den Architekten Peter Eisenmann mit Jacques Derrida zusammenge-
bracht, damit sie sich gemeinsam Gedanken zur Gestaltung eines
bestimmten Raumes in »La Villette« machen. Aufgrund dieser Erfahrung sieht Derrida tatsächlich die Möglichkeit einer dekonstruktiven Architektur, da sie »damit beginnt, alle Dinge in Frage zu stellen, denen die Architektur unterworfen wurde: nämlich die Werte

des Wohnens, der Nützlichkeit, der technischen Zweckmäßigkeit, der religiösen Investitionen, der Sakralisation – alles Werte, die an sich nicht architektonisch sind« (*Auslassungspunkte*, 227). Außerdem konstruieren diese Architekten, »indem sie ihre Architektur mit anderen Räumen der Schrift in Beziehung bringen: mit den kinematographischen, den narrativen (den kompliziertesten Formen literarischer Erzählungen); den Experimenten formeller Verknüpfung schließlich« (ebd.). Durch die Ausführung des Bauens ist die dekonstruktive Architektur nach Derrida auch auf Institutionen und soziale wie politische Strukturen angewiesen, die sie herausfordert. Dekonstruktion in der Architektur ist daher besonders schwierig, »denn es genügt nicht, über diese Architektur zu sprechen, man muß dabei die Schrift des Steins oder Metalls mit den härtesten und hartnäckigsten politischen, kulturellen oder wirtschaftlichen Mächten aushandeln« (ebd.).

3.2. Der Poststrukturalismus und seine Kritiker

Im Laufe seiner Karriere sind die Vertreter des Poststrukturalismus immer wieder oftmals heftig kritisiert worden. Die Kritik richtete sich aus unterschiedlichen Richtungen einmal gegen die postulierte Verabschiedung des Subjekts und des Humanismus, einmal gegen den angeblichen Verzicht auf rationale Argumentationsverfahren; sie war manchmal eher philosophisch und ein anderes Mal eher politisch motiviert und richtete sich immer wieder pauschal gegen den Poststrukturalismus schlechthin. Einige warfen seinen Vertreter vor, sie propagierten in Abkehr von ihren ehemals linken Positionen einen neuen »Neo-Konservatismus« (so etwa Jürgen Habermas) und den gänzlichen Verzicht auf intellektuelle Kritik an gesellschaftlichen Missständen, andere wiederum monierten vor allem den unwissenschaftlichen und unverständlichen Stil poststrukturalistischer Texte (vgl. Laermann 1986). Nicht selten war die Kritik ebenso undifferenziert wie polemisch – doch manchmal trafen die Einsprüche auch ins Schwarze. Wir haben im Folgenden einige der prominentesten kritischen Erwiderungen auf poststrukturalistische Thesen zusammengestellt. Von Luc Ferrys und Alain Renauts philosophischer Polemik »gegen die französischen Meisterphilosophen« bis zu Alan Sokals und Jean Bricmonts naturwissenschaftlicher Abrechnung mit dem »eleganten Unsinn« des Poststrukturalismus öffnet diese Zusammenstellung verschiedene Perspektiven möglicher Einwände gegen seine Vertreter.

In ihrer zuerst 1985 in Frankreich unter dem Titel *La pensée 68. Essai sur l'anti-humanisme contemporain* erschienenen Polemik (dt. *Antihumanistisches Denken. Gegen die französischen Meisterphilosophen*, 1987) kritisieren **Luc Ferry** und **Alain Renaut** verschiedene poststrukturalistische Theoreme in der Absicht, einen Humanismus zu verteidigen, der nicht metaphysisch ist und an dem Konzept eines autonomen Subjektes festhält; dementsprechend wendet sich die Hauptstoßrichtung ihrer Argumentation gegen die poststrukturalistischen Thesen zur Verabschiedung des Subjekts.

Foucault hatte in seinem Buch *Wahnsinn und Gesellschaft* die These formuliert, dass die Vernunft den Wahnsinn ausschließe, um sich selbst als Vernunft behaupten zu können – und damit eine zentrale Argumentationsfigur des Poststrukturalismus formuliert, dass nämlich Identität notwendig immer die Abgrenzung und Abwertung ihres Gegenteils mit sich bringe (s. Kap. 1.2.2). Ferry und Renaut werfen Foucault nun Ambiguität in der Argumentation vor: Einerseits betrachte er den Ausschluss des Wahnsinns als Werk der »Rationalität«, andererseits aber mache er ganz marxistisch den »Aufstieg des Kapitalismus« dafür verantwortlich. Diese zwei Register, derer sich Foucault bediene, verursachen ein ständiges Wechseln der Positionen, das als Effekt die Bildung einer Allianz so unterschiedlicher Denker wie Foucault und Derrida mit dem linken Soziologen Pierre Bourdieu und dem strukturalistischen Marxisten Louis Althusser ermögliche. Allerdings schließen sich beide Register nach Ferry/Renaut aus: eine marxistische Kritik könne nicht im Namen der Irrationalität erfolgen, sondern nur den Ausschluss des Wahnsinns als Pseudorationalität im Namen einer vollkommeneren, echt emanzipatorischen Rationalität denunzieren. Foucaults Geschichtsschreibung des Wahnsinns ist in ihren Augen daher widersprüchlich. Zudem zeigen Ferry und Renaut unter Verweis auf Derrida, dass Foucaults Descarteslektüre in *Wahnsinn und Gesellschaft* falsch ist – und sie verweisen auf eine alternative historische Untersuchung zur Entstehung von Asylen für Wahnsinnige, die ihnen plausibler erscheint (Marcel Gauchet und Gladys Swain, *La pratique de l'esprit humain. L'institution asilaire et la révolution démocratique*, 1980). Die Kritik trifft damit jedoch höchstens die Angemessenheit von Foucaults Geschichtsschreibung, nicht aber das Theorem von den Bedingungen der Identität. Zu seiner Widerlegung müssten sie sich Derrida zuwenden, was sie auch tun.

Ihre Kritik an Derrida allerdings beschränkt sich darauf, ihn als Epigonen Heideggers zu betrachten, der außer einem kapriziösen Stil keinen eigenständigen Beitrag zur Philosophie geleistet habe. Ihre Argumentation zielt darauf, Derridas Begriff der *différance* mit

Heideggers Begriff der »ontologischen Differenz« (der Differenz von Sein und Seiendem) in eins zu setzen. Sie beziehen sich dabei auf Derridas programmatischen Aufsatz mit dem Titel »Die différance« (in: *Randgänge der Philosophie*), in dem Derrida tatsächlich seinen Begriff mit dem Heidegger'schen in Beziehung setzt. Was Ferry und Renaut allerdings übersehen, ist die sprachphilosophische Ableitung des différance-Gedankens aus der Kritik an Saussure, Husserl und Rousseau, die Derrida in der *Grammatologie* und *Die Stimme und das Phänomen* durchgeführt hat. Die Reduktion auf die heideggersche ontologische Differenz übergeht somit unweigerlich den entscheidenden Punkt, dass es Derrida anders als Heidegger um das Funktionieren von Sprache, und speziell: um das Funktionieren von Begriffen geht. Ihre Diskussion solcher Begriffe wie »Supplement«, »Pharmakon«, »Hymen« etc. bei Derrida übersieht außerdem deren eigentliche Pointe: Derrida zeigt schließlich anhand diese Begriffe, dass sie sowohl etwas wie zugleich sein Gegenteil bezeichnen (das »Pharmakon« bei Platon zum Beispiel sowohl ein Heilmittel als auch ein Gift). Der abschließende Vorwurf schließlich, dass Derridas Schreiben immer noch der von ihm doch kritisierten Metaphysik unterstehe, trifft zwar auf eine gewisse Weise zu – zugleich jedoch ist eben dieses Verhaftetsein in der Metaphysik etwas, das Derrida explizit gar nicht bestreitet. Im Gegenteil: Sein angeblich »kapriziöser« literarischer Stil ist ja dadurch von ihm gerechtfertigt, dass man aus der Metaphysik gar nicht aussteigen *könne* – und er ist nichts anderes als jener »Diskurs der *différance*«, der nach Ferry/Renaut noch ausstehe (Ferry/Renaut 1987, 153).

Die Alternativen, die sich für die beiden Autoren aus Derridas Thesen ergeben, lauten: entweder »nicht die Illusion eines vollkommeneren oder weniger deformierenden Zugangs zur *différance*« zu nähren (ebd.), dadurch jedoch die »Unabdingbarkeit eines vernunft- und willengeleiteten Diskurses« (ebd.) anzuerkennen, oder »nach einer *Schrift der différance*« zu suchen (ebd., 154), was »den Prämissen des Unternehmens schlicht widerspricht« (ebd.). Gerade dies aber sind Alternativen, die sich aus Derridas Programm eben nicht ergeben können. Erstens gibt es nach ihm keinen »vollkommeneren« Zugang zur *différance* (das genau ist ein Denken, gegen das er sich wendet), da sie den Zugang zum Sinn erst regelt, und zweitens kann es keine Schrift der *différance* geben, da sie zugleich die Bedingung von so etwas wie Schrift überhaupt darstellt. An den Sackgassen, in die man laut Ferry und Renaut geraten solle, wenn man einer der Alternativen folge, führt der Weg der Dekonstruktion immer schon vorbei.

Einer der ersten in Deutschland, der sich intensiv mit dem Post-strukturalismus auseinandergesetzt hat, war **Manfred Frank**. Sein Buch über die Frage *Was ist Neostrukturalismus?* (zuerst 1983), ist eine detaillierte und anspruchsvolle Kritik des gesamten poststruktu-ralistischen Programms von Lacan über Foucault, Derrida und De-leuze bis Lyotard. In ebenso ausführlichen wie detaillierten Lektüren der theoretischen Hauptwerke geht er drei zentralen Fragen über die Geschichte, das Subjekt und die Deutung von Sinn nach. Die Hauptlinie seiner Argumentation folgt der These, dass man das Subjekt nicht so ohne weiteres verabschieden kann, da es wichtige Funktionen in den drei Bereichen ausübt. Keiner der poststruktura-listischen Versuche hat laut Frank überzeugend darstellen können, dass es auch ohne Subjekt ginge.

Aus der Fülle seiner Kritikpunkte wollen wir je einen aus den drei Bereichen vorstellen. An Foucaults Theorie der Geschichte als Kampfplatz von Machtverhältnissen bemängelt Frank einen Wider-spruch: »Der Machtwille ist – in der Maske der Rationalität – ein Folterinstrument (›La raison, c'est la torture‹), sein Werk sind die Institutionen, die Disziplinen, die Verbote und Gebote, die die wildwüchsigen Reden in Ordnungen einsperren; andererseits wäre es aufgrund der sprachtheoretischen Prämissen von Foucaults Arbeit absurd zu glauben, man könne den Diskurs auf einen Zustand hin überschreiten, der nicht wieder Diskurs wäre« (Frank 1984, 240). Da sich Frank hier nur auf Foucaults Antrittsvorlesung am Collège de France von 1970 bezieht und die weiteren Arbeiten zur Macht-theorie nicht berücksichtigt, spricht er in dem Zitat von »Diskurs«. Sein Argument verliert aber auch im Blick auf spätere Schriften nicht seine Gültigkeit, denn man kann »Diskurs« einfach durch »Macht« ersetzen: Für Foucault gibt es tatsächlich kein »Außen« der Macht. Die rhetorische Frage von Frank: »Ist die Archäologie also selbst [...] mit dem Machtwillen im Bunde?« (ebd., 239) muss mit ja! beantwortet werden und führt daher zur richtigen Diagnose, »daß Foucault der von ihm entlarvten Omnipräsenz der Macht nichts entgegenstellen kann« (ebd., 240). Bleibt als Frage an Frank nur, warum er darin einen Widerspruch sieht? Schließlich kann man doch eine Diagnose z.B. der Macht als einer bestimmten Strategie versuchen, die selbst auch einer Strategie untersteht und damit auch als Ausdruck der Macht verstanden werden kann. Ein Denken, das meint, man könne außerhalb der Macht stehen, reflektiert sich im Blick dieser Diagnose nicht selbst, sondern setzt sich auf eine naive Weise absolut. Den Widerspruch bei Foucault, wenn es denn einer wäre, kann man daher auch als eine Tugend begreifen; als ein Den-ken der Macht, das sich selbst – als Denken – eben nicht absolutiert, sondern ebenfalls zum Teil einer Strategie erklärt. Das mag man bedauern, doch sollte man bedenken, dass gerade eine absolute Position immer auch Macht beansprucht – im Namen der Wahrheit, Gerechtigkeit oder sonst einer Größe, und damit nicht außerhalb der Macht stehen *kann*.

Im Bereich des Subjekts wirft Manfred Frank dem *Anti-Ödipus* von Deleuze und Guattari vor, sich gegen jede Ordnung überhaupt zu wenden, um die Wünsche in ihrem Strömen nicht »zu zerschneiden, zu zerstückeln, zu vergewaltigen« (ebd., 422), sondern zu befreien. Sein Fazit lautet dementsprechend: »Die Rede vom wilden Wunsch und seiner ungebrochenen, negationsfreien Positivität ist ein reines Phantasma aus vorkritischen Jahrhunderten und verdient nicht die geringste Beachtung« (ebd., 424). Frank übersieht allerdings, dass die Wünsche laut Deleuze/Guattari nie rein auftreten, sondern *zwischen* den Wunsch*maschinen* und dem organlosen Körper angesiedelt sind. Der organlose Körper ist das reine Fließen, das durch die Wunschmaschinen in Bahnen gelenkt wird. Eine Befreiung des Wunsches aus seinen Regulierungen durch die Maschinen ist im Modell von Deleuze/Guattari gar nicht erst vorgesehen. Dieser Zusammenhang scheint Frank entgangen zu sein, weswegen die Begriffe »Maschine« und »organloser Körper« in seiner Diskussion auch gar nicht auftauchen. Das Ziel von Deleuze und Guattari ist mithin auch nicht die Beseitigung jeglicher Ordnung, sondern die Reduktion der psychoanalytischen Frage darauf, »wie es funktioniert« statt darauf, »was es bedeutet« (nämlich der Ödipus, die Kastrationsangst etc.).

Wirklich bedenkenswert und komplexer ist Franks Kritik an Derridas *différance*, die er im Kontext seiner Untersuchung der poststrukturalistischen Erklärung des Sinns ausführt. Sie betrifft die Differenzierung von »Marken«, wie Derrida den Saussure'schen Begriff des »Signifikanten« auch nennt, und die These, nach welcher die Differenz der Signifikanten Sinn erzeugt, indem sie die Signifikate als ihre Effekte generiert. Franks intern operierende Gegenthese lautet, dass die Differenz reiner Signifikanten nur eine Differenz auf der Ebene von Naturdingen sein kann, nicht aber eine Differenz auf der Ebene von Symbolen. Denn im symbolischen Bereich müsste ihnen bereits Sinn zugesprochen worden sein, um sie als identische Einzeldinge bestimmt zu haben, damit sie dann untereinander in Differenz stehen können. »An sich« different, d.h. unberührt von symbolischen Ordnungen jeglicher Art, sind nur Naturdinge, die so sind, wie sie eben sind, und dadurch anders sein können als andere Naturdinge. Um auf der Ebene von Sprache überhaupt Signifikanten zu erhalten, müsste ihnen nach Frank ein Sinn zugeordnet wer-

den. »Wenn aber diese Sinn-Zuordnung die Bedingung ist, unter
der ich überhaupt erst von der Einheit der Marke sprechen kann,
hieße es, einer *petitio principii* sich schuldig zu machen, wenn man
den Sinn seinerseits als von der ›Wirkung der Marke‹ determiniert
ausgeben wollte« (ebd., 552). Gegen dieses Argument ließe sich nur
vorbringen, dass Signifikanten immer der materielle Teil der Zeichen sind, der Zeichenträger, der tatsächlich als konkretes Objekt in
der Welt vorliegen muss, da der Sinn ja an irgendeinem »Körper«
dingfest gemacht werden muss. Als konkretes Objekt rangiert er
dann natürlich zumindest partiell auf der Ebene der Naturdinge.
Derrida könnte auf Franks Einwand also entgegnen, dass die Materialität des Signifikanten als Materialität immer Teil von Naturdingen ist, es sogar sein muss. Signifikanten wären somit immer auf der
Ebene von Naturdingen und daher »an sich«, d.h. als Dinge der natürlichen Ordnung der Objekte von anderen Dingen unterschieden.
Es muss ihnen daher keine Identität jenseits ihrer Materialität zugeordnet werden. Dass sie Dinge sind, heißt, dass sie die notwendige
Identität bereits haben, die Frank ihnen verleihen möchte.

Der französische Sprachphilosoph **Jacques Bouveresse** hat 1984 in
seiner Polemik *Rationalité et Cynisme* aus einer wittgensteinschen
Perspektive Lyotards Theorie des Widerstreits kritisiert. Sein Ansatzpunkt sind Lyotards Reflexionen zur Verkettung von Sätzen, die irgendeine Ungerechtigkeit oder ein Unrecht implizieren würde. Dem
hält Bouveresse Wittgensteins Bemerkung entgegen, dass ein Wort
ohne Rechtfertigung zu gebrauchen nicht bedeute, dass es zu Unrecht benutzt würde (Bouveresse 1984, 146). Außerdem folgt man
einer Regel (der Satzverknüpfung zum Beispiel) nicht nur aus Notwendigkeit, Faulheit oder Konformismus, sondern durchaus auch
aus freiem Willen: Regeln existieren nicht nur, um blind befolgt zu
werden, sondern auch, damit man ihre Gültigkeit bestreitet, diskutiert und gegebenenfalls ändert. Der dritte Aspekt, den Lyotard
nach Bouveresse übersieht, besteht darin, dass die Einheit einer
Sprache nicht nur in der Definition der Worte besteht, sondern genauso stark auf den Urteilen der Sprachteilnehmer und vielleicht
noch stärker auf ihren Handlungen beruht (ebd., 147). Schließlich
kann nach Bouveresse so etwas wie ein »Widerstreit« nur auf der
Grundlage einer Einheit entstehen, zu der so etwas wie eine Sprache
gehört und das heißt auf einer Grundlage normaler Übereinstimmung und harmonischem und friedlichem Austausch der Sprachteilnehmer. Der Konflikt zwischen Bouveresse und Lyotard besteht
im Grunde in einer unterschiedlichen Sicht auf die Sprache – für
Bouveresse erscheint sie als ein prinzipiell einheitliches Geschehen,

für Lyotard hingegen ist sie geprägt durch Differenzen. Das Argument von Bouveresse, dass die Differenz der Einheit folgen müsse und nicht umgekehrt, ist eine These, die im Poststrukturalismus gerade bestritten wird. Das hieße, das Angewiesensein der Einheit auf die Differenz zu übersehen und mit dem Errichten einer Hierarchie genau diese Geste des Ausschlusses zu vollziehen, die Derrida der Metaphysik immer ankreidet. Die Frage allerdings bleibt, ob eine wittgensteinsche Perspektive damit überhaupt getroffen werden kann.

Von Seiten der sprachanalytischen Philosophie war es der Amerikaner **John R. Searle**, der sich in seinem Aufsatz »Reiterating the differences. A Reply to Derrida« (1977) kritisch mit der dekonstruktivistischen Sprachphilosophie auseinandergesetzt hat – und mit seiner Kritik unwillentlich eine ganze Debatte auslöste, da Derrida Searles Aufsatz, der einen Umfang von lediglich zehn Seiten hatte, mit einem fast 200 Seiten starken Essay geantwortet hat (*Limited inc.*). Searle selbst ging in seinem Aufsatz von Derridas Vortrag »Signature, événement, contexte« aus dem Jahr 1971 aus (dt. »Signatur, Ereignis, Kontext«, in: *Randgänge der Philosophie* 1988, 291-314), der die Sprechakttheorie von Searles Lehrer John L. Austin in einigen Punkten kritisiert hat. Searles Zurückweisung der Überlegungen Derridas weist zwei Teile auf, von denen der erste allgemeine Thesen von Derrida zum Gegenstand hat, während der zweite sich explizit mit der Kritik an Austin und der Sprechakttheorie auseinandersetzt. Wir werden hier nur Aspekte der Kritik aus dem ersten Teil vorstellen und Searles Kritik Derridas Antwort entgegenhalten. Die gesamte Debatte ist durchaus amüsant zu lesen – und als Einführung in Derridas Denken sehr gut geeignet.

Searle wirft Derrida dreierlei vor: Zum einen verwechsle er Iterabilität und Dauer, d.h. die prinzipielle Möglichkeit der Wiederholbarkeit eines Zeichens mit der Tatsache, dass ein geschriebener Text auch dann noch gelesen werden kann, wenn der Autor längst verstorben ist. Dann weist Searle die vermeintliche These Derridas zurück, dass alle Elemente der Sprache Grapheme seien. Und drittens sei, so Searle, der Unterschied zwischen geschriebenem Text und gesprochener Sprache im Hinblick auf die Bedeutung gegenstandslos; Bedeutung sei immer Ausdruck der Intentionen des Autors oder eben des Sprechers. Derrida habe, schreibt Searle, eine beklagenswerte Neigung, Dinge zu sagen, die offenkundig falsch seien.

Dem ersten Einwand begegnet Derrida durch den schlichten Hinweis, dass in seinem Text gar nicht von »Dauer« (*permanence*) die Rede war, sondern von »Rest« (*remainder*), und Searle den entsprechenden Paragraphen ja auch zitiert habe. Dieser »Rest« jedoch, der nichts mit dem Phänomen des *scripta manent* zu tun habe, sei allerdings mit der Struktur der Wiederholbarkeit verbunden, denn dafür sei es notwendig, dass in jeder Marke (jeder Zeichenverkörperung) ein identifizierbarer Rest bestehen bleibe, der die Marke als Wiederholung einer vorangegangenen Marke zu erkennen erlaubt. Die Struktur der Wiederholung impliziere sowohl Identität der Marke wie auch Differenz; Identität, weil sie als die gleiche wiedererkannt werden kann, Differenz, weil die zweite Marke als eine andere auf eine erste bezogen werden muss, damit sie deren Wiederholung sein kann. Mit derjenigen »Dauer«, von der Searle gesprochen hat, hat dies allerdings nichts zu tun.

Beim seinem zweiten Einwand habe Searle übersehen, dass der Ausdruck »Graphem« von Derrida eingeführt worden sei, um den traditionellen Unterschied zwischen gesprochenem Wort und Schrift zu umgehen – und deutlich zu machen, dass für gesprochene und geschriebene Sprache die gleichen, grundlegenden Bedingungen gelten; beide nämlich seien durch die Struktur der *différance* gekennzeichnet. Derrida behauptet daher nicht, alle Elemente der Sprache seien (im wörtlichen Sinne) Schriftzeichen, sondern alle Elemente der Sprache funktionieren nach den gleichen Regeln – und das heißt: *auch* wie Grapheme.

Den dritten Einwand schließlich entkräftet Derrida durch den Verweis darauf, dass es ihm nicht um die Rolle der Intentionalität ginge, sondern um ihr Telos einer voll erfüllten, realisierten und anwesenden Bedeutung, die dem Hörer oder Leser vollständig zugänglich sei. Die Struktur der Iterabilität würde dieses Ziel von vornherein verhindern, da sie immer schon eine Differenz voraussetze, welche die *différance* sei und die dadurch auch die Intention tangiere. Es sei deswegen immer prinzipiell möglich, dass ein Signifikant, eine Marke unabhängig von der Intention ihres Autors oder Sprechers funktioniere – das aber war die strukturell bedingte Möglichkeit, um die es Derrida ursprünglich ging.

Die Debatte ist von Derridas Seite ebenso ironisch wie polemisch geführt worden. Searle hat sie vermutlich aus diesem Grunde auch nicht weiterführen wollen; mit Ausnahme einer Rezension des Werkes von Culler zur Dekonstruktion (Culler 1988) und einer Replik auf eine Kritik an dieser Rezension (Searle 1983 und 1984), in denen er seine alten Argumente wiederholt, hat Searle zum Thema Derrida nichts mehr geschrieben (zur Debatte vgl. Frank 1989, 491-560). In einem Nachwort zur amerikanischen Ausgabe von *Limited inc.* (1990) bezieht Derrida seinerseits noch einmal Stellung und bekennt sich in ungewohnt deutlicher Form zu einer Rationalität, die ihm von seinen Kritikern oft abgesprochen wird. Unter anderem taucht hier auch der immer wieder gern übersehene Satz von Derrida auf, dass es auch für ihn Wahrheit gibt und geben müsse (ebd., 150). Was jedoch nicht heißt, dass man als Philosoph diese nicht in Frage stellen darf.

Neben Manfred Frank ist es in Deutschland vor allem **Jürgen Habermas** gewesen, der sich in seinen 1985 erschienenen Vorlesungen *Der philosophische Diskurs der Moderne* auch kritisch mit den Poststrukturalisten auseinandergesetzt hat. Besonders die vermeintlichen Angriffe auf Rationalität und Vernunft haben seinen Widerspruch herausgefordert – unter anderem wohl auch, weil er seine eigenen Arbeiten zur *Theorie des kommunikativen Handelns* (1981) dadurch betroffen sieht. Schließlich versucht Habermas in seiner Theorie, die Grundlegung einer Ethik zu leisten, die er aus einem argumentativen, an Rationalität orientierten Verständigungshandeln abzuleiten bemüht ist. Außerdem fühlt er sich dem Projekt der Aufklärung und der Moderne verbunden, das er gegen dessen angebliche Verabschiedung durch die poststrukturalistischen Kritiker verteidigen möchte.

In diesem Zusammenhang wirft er Derrida zunächst zweierlei vor: Zum einen entkomme auch Derrida nicht der »fundamentalistischen Beharrlichkeit der Subjektphilosophie« (Habermas 1988, 211), die er doch zu überwinden trachtet, da er »nur, was dieser als das Fundamentale gegolten hatte, von dem noch tiefer liegenden, ins Schwanken geratenen oder in Schwingung versetzten Boden einer temporal verflüssigten Ursprungsmacht abhängig« (ebd.) mache. Die Schwäche der Metaphysikkritik, von einer Ursprungsphilosophie nicht loszukommen, ist auch die Schwäche Derridas. Zum anderen führt Habermas Derridas Konzept einer Dekonstruktion auf dessen jüdischen Glaubenshintergrund zurück und rückt sie damit in die Nähe der Mystik. »Derridas grammatologisch eingekreistes Konzept einer Urschrift, deren Spuren nur um so mehr Interpretationen hervorrufen, je unkenntlicher sie werden, erneuert den mystischen Begriff der Tradition als eines *hinhaltenden* Offenbarungsgeschehens« (ebd., 216).

»Die Arbeit der Dekonstruktion dient dann der uneingestandenen Erneuerung eines Diskurses mit Gott, der unter den *modernen* Bedingungen einer unverbindlich gewordenen Ontotheologie abgerissen ist. Nicht die Überwindung der Moderne unter Rückgriff auf archaische Quellen wäre dann die Intention, sondern eine spezifische Berücksichtigung der Bedingungen des nachmetaphysischen Denkens, unter denen der ontotheologisch abgeschirmte Diskurs mit Gott nicht fortgeführt werden kann« (ebd., 218, Fn. 46).

Den schärfsten Vorwurf aber erhebt Habermas – wir haben oben bereits darauf hingewiesen (s. Kap. 2.4.1) – gegen Derridas »Einebnung des Gattungsunterschiedes zwischen Philosophie und Literatur«. Derridas Ziel sei es, »die Souveränität der Rhetorik über das Gebiet des Logischen« auszudehnen, »um jenes Problem zu lösen, vor dem die totalisierende Vernunftkritik steht« (ebd., 221). Da Derrida nach Habermas nicht zu den argumentationsfreudigsten Philosophen gehöre, diskutiert er dessen Thesen in der Version des amerikanischen Literaturtheoretikers Jonathan Culler, der ein Einführungsbuch zu Derrida und der dekonstruktiven Literaturinterpretation verfasst hatte (vgl. Culler 1988). Indem Habermas das genre*überschreitende* Prinzip der Dekonstruktion als Einebnung der Genre*differenz* zwischen Literatur und Philosophie versteht, kann er Derrida die Leugnung unterschiedlicher Funktionen der Sprache und ihre Reduktion auf den allein poetischen, welterschließenden Sprachgebrauch vorwerfen. Dadurch übersehe Derrida die Problemlösungskapazität der Sprache als eines Mediums, »über das die kommunikativ Handelnden in Weltbezüge eingelassen sind, wenn sie sich miteinander über etwas in der objektiven Welt, in ihrer gemeinsamen sozialen Welt oder in einer jeweils privilegiert zugänglichen subjektiven Welt verständigen« (Habermas 1988, 241). Der Blick für die normalsprachliche Alltagspraxis gehe Derrida so verloren, in der es zwar rhetorische Elemente gebe, die aber »gleichsam gezähmt und in Dienst genommen [sind] für spezielle Zwecke der Problemlösung« (ebd., 245).

An Derrida freilich geht diese Kritik auf eine merkwürdige Weise vorbei. Zum einen übersieht Habermas – wie auch Ferry und Renaut –, dass Derrida gar nicht der Ansicht ist, dass man der Metaphysik entkommen kann und entkommen sollte; er versucht jedoch, innerhalb der (für ihn unausweichlich metaphysischen) Sprache, die Sprache immer wieder an jene Grenzen zu bringen, die ihr von der Metaphysik gezogen sind. Zum anderen mag es zwar stimmen, dass auch Derrida der Subjektphilosophie nicht entkommt: Gleichwohl bemüht er sich, sie in ihrer Gültigkeit zu hinterfragen, indem er Begriffe wie den der »Intention des Autors« oder das »Erfassen der vollen Bedeutung« etc. in ihrem Anspruch als unhaltbar ausgewiesen hat. Ein »Entkommen aus der Subjektphilosophie« setzt die un-derridasche Vorstellung voraus, es gebe einen von dieser Philosophie abgegrenzten Bereich, in den man sich nur hineinbegeben müsse, um die Subjektphilosophie hinter sich zu lassen. Derridas Bemühen zielt vielmehr auf den Nachweis, dass solche Grenzen nie absolut sind und die Bereiche immer aufeinander bezogen bleiben und sich gegenseitig durchdringen.

Keineswegs versucht Derrida deshalb auch, die Rhetorik über die Logik zu stellen – denn das wäre schlicht die gleiche Operation. Er versucht vielmehr zu zeigen, dass auch die Logik philosophischer Texte immer wieder von der jeder Argumentation intrinsischen Rhetorik gestört oder doch tangiert wird – was wiederum auch bedeutet, dass Habermas' Vorstellung der »Zähmung des Rhetorischen« eine Wunschvorstellung ist. Was Habermas allerdings zu Recht betont, ist die Vernachlässigung der normalsprachlichen Alltagspraxis bei Derrida, in der wir ja tatsächlich Bedeutungen in der Kommunikation erfassen und uns verstehen können. Derrida allerdings würde darauf wohl erwidern, dass ihn ein solcher Normalfall eben nicht interessiert, weil er nur zeigen will, wo die Sprache (und zwar vor allem die philosophische Sprache) an ihre Grenzen stößt und eben nicht mehr »funktioniert«. Im Jahr 2003 kam es in Frankfurt zu einer »Versöhnung« zwischen Habermas und Derrida. Die dabei festgestellte Nähe ihrer politischen Positionen dokumentiert auch das gemeinsam verfasste Buch über die *Philosophie im Zeichen des Terrorismus* (Habermas/Derrida 2006).

So enttäuschend die Auseinandersetzung mit Derrida ist, so interessant ist diejenige mit Foucault (zur Debatte Habermas/Foucault vgl. Kelly 1994). Zunächst rekonstruiert Habermas intern auf überzeugende Weise die Wendung zur Machttheorie als Ausweg aus Schwierigkeiten der Archäologie, um dann den Vorwurf an Foucault zu richten, dass dessen Machttheorie ein selbstbezügliches Unternehmen sei, weshalb sie sich in Aporien verstricke, die keinen Ausgang aus der Subjektphilosophie ermöglichen würden. Denn der Wille zur Macht, der nach Foucault allem zugrunde liege, gelte für *alle* Zeiten und *alle* Gesellschaften, und der Wille zum Wissen sei ein Wille zur Macht, der allen Diskursen innewohnen soll. Ein so gewendeter Machtbegriff kaschiere seine Herkunft und ermögliche Foucault eine systematisch zweideutige Verwendung: Einmal diene er – unschuldig deskriptiv – der empirischen Analyse der Machttechnologien, andererseits bewahre er auch den Sinn eines konstitutionstheoretischen Grundbegriffs, welcher zur Erklärung ihrer Entstehung diene (Habermas 1988, 317). Diese doppelte, empirische und transzendentale Rolle ermögliche nun keinen Ausweg aus der Subjektphilosophie. Macht ist nach Habermas dasjenige, »womit das Subjekt in erfolgreichen Handlungen auf Objekte einwirkt« (ebd., 323), und dieses Verhältnis würde von Foucault umgedreht. »Foucault kann nicht alle jene Aporien, die er der Subjektphilosophie vorrechnet, in einem der Subjektphilosophie entlehnten Begriff der Macht zum Verschwinden bringen« (ebd.).

Die Aporien, in die Foucault geriete, treten dann zutage, wenn man den Genealogen befragen würde, welchen Status seine Geschichtsschreibung denn beanspruche.

»Die vorgebliche Objektivität der Erkenntnis sieht sich dann nämlich in Frage gestellt (1) durch den unfreiwilligen *Präsentismus* einer Geschichtsschreibung, die ihrer Ausgangssituation verhaftet bleibt; (2) durch den unvermeidlichen *Relativismus* einer gegenwartsbezogenen Analyse, die sich selbst nur noch als kontextabhängiges praktisches Unternehmen verstehen kann; und (3) durch die willkürliche *Parteilichkeit* einer Kritik, die ihre normativen Grundlagen nicht ausweisen kann. Foucault ist unbestechlich genug, um diese Inkonsequenzen einzugestehen – freilich zieht er daraus keine Konsequenzen« (ebd. 325).

Die drei Vorwürfe an Foucaults Geschichtsschreibung als Machtanalytik sind von Habermas' Perspektive aus, und das ist diejenige der philosophischen Tradition seit der Aufklärung, sicher gerechtfertigt. Man kann aber fragen, ob nicht Foucaults Position trotzdem verständlich oder vielleicht sogar konsequent erscheint. Aus Foucaults Perspektive ist der Präsentismus seiner Geschichtsschreibung natürlich keine unschuldige Darlegung reiner Fakten, sondern steht selbst in einem Feld der Macht und ist daher interessegeleitet. Streng genommen ist es daher kein Präsentismus, sondern die Erzählung einer Entwicklung, die man als Strategie verstehen kann. Der Relativismus ergibt sich dann aus dem Ernstnehmen der eigenen Theorie: wenn alles Macht ist, Macht also transzendental, dann fällt natürlich auch dasjenige darunter, was Foucault unternimmt. Ehrlicherweise gesteht das Foucault ein, um eine ganz andere Aporie zu vermeiden, nämlich seinen eigenen Standpunkt außerhalb der Macht zu positionieren, obwohl das nach seiner eigenen Theorie nicht möglich ist. Damit hängt dann auch der dritte Punkt der Parteilichkeit zusammen. Nach Foucaults Theorie gibt es eben keinen Bereich, der von der Macht unberührt bleibt. Außerhalb der Parteilichkeit kann man sich nicht stellen, ohne ehrlicherweise einzugestehen, dass man selber eine Strategie verfolgt und damit der Macht untersteht. Es gibt kein Außen zur Macht. Alle Wahrheitsdiskurse verschleiern nach Foucault diese Tatsache, indem sie genau diesen Wahrheitsbegriff als davon ausgenommen postulieren. Dem möchte Foucault entgehen, auch wenn er im Horizont dieses Wahrheitsbegriffs dann den drei Kritikpunkten von Habermas untersteht.

Terry Eagleton ist Literaturwissenschaftler und Marxist und hat aus dieser Perspektive eine politische Kritik an einigen Theoremen des Poststrukturalismus formuliert. Sein 1997 auf deutsch erschienener

Essay *Die Illusionen der Postmoderne* (orig. *The Illusions of Postmodernism*, 1996) ist eine glänzende Polemik, die jedoch ihren Gegner nicht immer eindeutig identifiziert. Was er im Titel ganz global »Postmoderne« nennt, wird auch im Text weder einzelnen Autoren noch einzelnen Texten zugeordnet. Seine Kritik bezieht sich daher auch eher auf Schlagwörter und Verallgemeinerungen aus dem poststrukturalistischen Umfeld, als dass sie eine detaillierte Auseinandersetzung mit originalen Argumenten wäre. Trotzdem ist seine politische Kritik bedenkenswert und geht über die sonst übliche Qualifizierung des Poststrukturalismus als Neo-Konservativismus hinaus.

Als Marxist fühlt sich Eagleton besonders vom Geschichtsbegriff des Poststrukturalismus herausgefordert. Auch wenn er die Autoren nicht erwähnt, so ist es doch Foucaults Konzept einer diskontinuierlichen Geschichte, die sich ohne erkennbare Einheit schlicht einfach vollzieht, in Verbindung mit Lyotards Diagnose vom Scheitern der großen Erzählung der Moderne, die seinen energischen Widerspruch hervorrufen.

»Aus sozialistischer Perspektive gibt es in der Tat eine große Erzählung, und zwar eine bedauernswerte [...]. Sicher wäre es weitaus besser, die Postmodernisten hätten recht, und es gäbe tatsächlich nichts Konstantes und Kontinuierliches am Geschichtsverlauf. Doch eine solche Sicht käme einem Verrat an den Toten und der Mehrheit der Lebenden gleich. Was einen Sozialisten am stärksten an der bisherigen Geschichte beeindruckt, ist vielmehr eine erstaunliche Konsistenz – und zwar die der grausam fortbestehenden Realität von Elend und Ausbeutung« (Eagleton 1997, 68).

Die poststrukturalistische Kritik an der Kontinuität der Geschichte ist ihm zudem zu pauschalisierend, da sie Kontinuität mit Progression gleichsetze, obwohl beides nicht unbedingt zusammenhänge. Auch seien, so Eagleton, die großen Erzählungen nicht gescheitert, weil sie falsche Vorstellungen oder chimärische Erzählungen wären;

»nichts von all dem ist für den Bankrott der großen Erzählungen verantwortlich, es handelt sich einfach um die Tragödie einer Geschichte, deren Ideale sich in den Augen der Erben als leer erwiesen, da sie aufgrund ihrer Struktur nicht dazu in der Lage war, sie praktische Realität werden zu lassen [...] Da die bürgerliche Gesellschaft nur ein schwächlicher Patriarch ist, der nicht in der Lage ist, seine Ideale von Freiheit, Gerechtigkeit oder Selbstbestimmung universell durchzusetzen, wird auch die Vorstellung des Universalen selbst durch diese Tatsache beeinträchtigt. Dies bedeutet freilich nicht, daß Universalität als solche trügerisch ist« (ebd., 85).

Die poststrukturalistischen Denker, die solches behaupten, sind in den Augen von Eagleton ödipale Kinder, die »sich angesichts der

Diskrepanz zwischen den großen Reden des Vaters und seinen kläglichen Taten vor Verlegenheit« krümmen (ebd.).

Eagleton kritisiert aus politischer Perspektive auch das Theorem des Poststrukturalismus, dass Identität immer durch Ausschluss des Anderen erreicht würde. Dem setzt er entgegen: »Alle menschlichen Praktiken, vom Sturm auf die Bastille bis zum Zähneputzen, funktionieren mittels Ausschluss, Negation, Unterdrückung; nur sollte man versuchen, nicht die falschen Dinge auszuschließen oder die falschen Leute zu unterdrücken« (ebd., 126f.). Diese Position hinge damit zusammen, dass der Poststrukturalismus Macht instinktiv negativ sehe, da die Machtformen, mit denen er sich beschäftige, tatsächlich negativ wären. »Aber Macht und Autorität sind natürlich etwas Hervorragendes; alles hängt nur davon ab, wer sie unter welchen Umständen zu welchen Zwecken besitzt. Die Macht, die das Elend beseitigt, ist zu begrüßen und nicht zu belächeln, die Macht, die es vollkommen beseitigt, ist sogar absolut zu begrüßen« (ebd., 75).

Aus marxistischer, das heißt auch materialistischer Sicht muss die Konzentration der Poststrukturalisten auf Begriffe, ihr Verhältnis zueinander und ihre Voraussetzungen natürlich in politischer Hinsicht zu kurz greifen. Dabei übersieht Eagleton jedoch, dass alle Poststrukturalisten praktische politische Arbeit geleistet haben; Foucault und Deleuze in Bezug auf die Situation von Gefangenen, Derrida in Bezug auf Dissidenten und Apartheid, Lyotard in der Gruppe »Sozialismus oder Barbarei«. Und er übersieht, dass auch theoretische Arbeit politisch wirksam sein kann; die Rolle Derridas für den Feminismus oder Foucaults für die Homosexuellenbewegung ist ein Ausdruck dafür – auch wenn ihre Theorien keine eindeutige Ableitung bestimmter politischer Haltungen ermöglichen. Die späte Entwicklung ihres Denkens jedoch – Foucaults Hinwendung zu Fragen einer Ethik der Existenz, Lyotards Arbeiten über die Ethik des Widerstreit und Derridas Schriften über das Problem der Gerechtigkeit (und des Marxismus) – die allerdings nicht mehr im engeren Sinne poststrukturalistisch genannt werden kann, versucht das Politische in die Theorie einzuholen und zu bedenken.

Aus einer ganz anderen Richtung kommt schließlich die Kritik von **Alan Sokal** und **Jean Bricmont**. In ihrem Buch *Fashionable Nonsense. Postmodern Intellectuals' Abuse of Science* von 1998 (dt. *Eleganter Unsinn. Wie die Denker der Postmoderne die Wissenschaften missbrauchen,* 1999) werfen sie einigen französischen Denkern, zu denen auch einige Poststrukturalisten gehören, eine ebenso falsche wie irreführende Verwendung von Begriffen aus den Naturwissenschaften vor, die sie entweder nicht verstanden oder in ungeeigneter Weise auf andere Bereiche übertragen haben. Ihr Buch geht ursprünglich auf eine Parodie zurück, die Alan Sokal einer kulturwissenschaftlichen Zeitung zur Veröffentlichung anbot. In diesem Text montiert er Originalzitate teilweise poststrukturalistischer Autoren mit einer oft falschen oder ungenauen Darstellung der Quantengravitation und gab dem ganzen den Titel: »Die Grenzen überschreiten: Auf dem Weg zu einer transformativen Hermeneutik der Quantengravitation«. Als dieser Text tatsächlich erschien, hat Sokal seine Vorgehensweise öffentlich gemacht und dadurch eine weitreichende Debatte angeregt. Was er und sein Kollege Bricmont nun den französischen Autoren vorwerfen, ist, dass sie »wiederholt mit wissenschaftlichen Ideen und Begriffen Mißbrauch getrieben haben, indem sie wissenschaftliche Konzepte ohne jede Rechtfertigung völlig aus dem Zusammenhang rissen [...] oder indem sie gegenüber ihrer fachlich nicht vorgebildeten Leserschaft mit Wissenschaftsjargon um sich warfen, ohne sich um dessen Relevanz oder gar Bedeutung zu kümmern« (Sokal/Bricmont 1999, 10). Mit ihrem Buch wollen sie »den Nimbus zerstören, den einige Texte besitzen: Sie seien deshalb so schwierig zu verstehen, weil die darin vorgebrachten Gedanken so tiefgründig seien« (ebd., 22). Laut Sokal und Bricmont sind einige Texte nur deshalb schwer zu lesen und zu verstehen, »weil sie absolut nichts aussagen« (ebd.).

In ihrer akribisch-ironischen Polemik zitieren die beiden nun detailliert Textstellen ihrer Opfer, in denen Begriffe und Konzepte aus der Naturwissenschaft auftauchen, um ihnen dann Fehler, Ungenauigkeiten – oder eben schlichten Unsinn nachzuweisen. Von den Autoren, die wir in dieser Einführung hier behandelt haben, sind Baudrillard, Deleuze, Guattari, Irigaray, Lacan und Lyotard betroffen – oft jedoch mit Schriften, die im philosophischen Zusammenhang nicht von Bedeutung sind. Ihrer Kritik an der ungenauen Verwendung naturwissenschaftlicher Fachbegriffe kann man natürlich nur zustimmen – es fragt sich bloß, was daraus folgt. Die Autoren selbst schreiben dazu: »Wir behaupten nicht, daß ihre übrige Arbeit dadurch entwertet sei; darüber enthalten wir uns jeden Urteils« (ebd., 10). Wenn es sich so verhält, dann muss man den Missbrauch naturwissenschaftlicher Begriffe als eine rhetorische Strategie der Einschüchterung verstehen, bei der es darum geht, »die Namen berühmter Gewährsleute ins Spiel zu bringen« (ebd., 32) und sich als umfassend gebildet darzustellen. Dieses Vorgehen wird von Sokal und Bricmont aus fundiert naturwissenschaftlicher Perspektive zurecht als rein rhetorische Strategie entlarvt.

Für das gesamte Unternehmen der kritisierten Autoren wirkt sich der Missbrauch naturwissenschaftlicher Begriffe nur aus, wenn entscheidende Argumente darauf aufbauen. Dies ist der Fall zum Beispiel bei Luce Irigarays Thesen zur männlichen und weiblichen Wissenschaft des Festen bzw. Flüssigen, ebenso wie bei Lacans Versuchen, seine Version der Psychoanalyse mit Topologie und Mathematik in nicht-metaphorischer Weise in Verbindung zu bringen – betrifft jedoch nicht unmittelbar ihren Beitrag zur poststrukturalistischen Theoriebildung. Bei den anderen Autoren werden die Grundgedanken, die wir hier dargestellt haben, nicht davon berührt – mit einer Ausnahme.

Im 13. Kapitel seines Buches *Das postmoderne Wissen* geht es Lyotard um »die postmoderne Wissenschaft als Erforschung der Instabilitäten«. Um diese Einschätzung zu begründen, geht er auf zahlreiche Entwicklungen in den Naturwissenschaften ein:

»Man gewinnt aus diesen – und manchen anderen – Forschungen die Idee, daß die Überlegenheit der stetigen, ableitbaren Funktion als Paradigma der Erkenntnis und Prognose im Verschwinden begriffen ist. In ihrem Interesse für die Unentscheidbaren, für die Grenzen der Präzision der Kontrolle, die Quanten, die Konflikte unvollständiger Information, die ›Frakta‹, die Katastrophen und pragmatischen Paradoxa entwirft die postmoderne Wissenschaft die Theorie ihrer eigenen Evolution als diskontinuierlich, katastrophisch, nicht zu berichtigen, paradox. Sie verändert den Sinn des Wortes Wissen, und sie sagt, wie diese Veränderung stattfinden kann. Sie bringt nicht Bekanntes, sondern Unbekanntes hervor. Und sie legt eine Legitimationsmodell nahe, das keineswegs das der besten Performanz ist, sondern der als Paralogie verstandenen Differenz« (*Das postmoderne Wissen* 172f.).

Sokal und Bricmont weisen diesem Abschnitt nach, dass in ihm mindestens sechs Zweige der Mathematik und Physik durcheinandergebracht werden, dass nicht-differenzierbare Funktionen in wissenschaftlichen Modellen mit der »diskontinuierlichen« oder »paradoxen« Entwicklung der Wissenschaft selbst verwechselt werden, und dass Lyotard schließlich den Fehler begeht, von einem neuen »Legitimationsmodell« zu sprechen, das jedoch immer noch der Vergleich von Theorien mit Beobachtungen und Experimenten bleibt, also das klassische Vorgehen der Naturwissenschaften (Sokal/Bricmont 1999, 158f.). Lyotards Version einer postmodernen Wissenschaft, die er als Ergebnis seiner Diagnose aus jüngeren Entwicklungen der Wissenschaft postuliert, kann daher, so die Konsequenz, zumindest nicht die Naturwissenschaften meinen.

3.3 Der Poststrukturalismus jenseits des Poststrukturalismus

Michel Foucault hat einmal gesagt: »Ich bin nie Strukturalist gewesen« (in: Raulet 1983, 198). Auf eine entsprechende Frage hätten Derrida, Deleuze oder Lyotard wahrscheinlich auch erwidert, sie wären nie Poststrukturalisten gewesen. *Den* Poststrukturalismus, das haben wir bereits in der Einleitung gesagt, gibt es nicht: Der Begriff ›Poststrukturalismus‹ ist eine Erfindung seiner Leser (bzw. derer, die über ihn schreiben). Die philosophische Haltung, die er beschreibt, hat sich in keinem gemeinsamen Programm oder Manifest seiner Vertreter niedergeschlagen. Dennoch formuliert der Begriff eine treffende Beschreibung – und wir können im Rückblick hier die Gründe noch einmal zusammenfassen, die es erlauben, das Denken von Derrida, Deleuze und Guattari, von Lyotard, dem späten Barthes oder Foucault und, zumindest am Rande, Baudrillard mit einem gemeinsamen Begriff als poststrukturalistisch zu charakterisieren.

Drei Kriterien sind es, die zusammengenommen die Einordnung in das Paradigma des Poststrukturalismus rechtfertigen: Die kritische Abgrenzung vom Strukturalismus, die thematische Durchführung des Plädoyers für die Differenz und der jeweilige Versuch, dieses Plädoyer auch stilistisch zu reflektieren und in eine literarische Praxis umzusetzen. Dem Strukturalismus, so haben wir gesehen, bleiben seine philosophischen Kritiker bei aller Abgrenzung immer noch auf eine ambivalente Weise verbunden. Teilen sie doch mit ihren Vorgängern die These von der prinzipiellen Unhintergehbarkeit der (sprachlichen) Strukturen – jedoch nicht mehr die Überzeugung, dass eine methodische Untersuchung dieser Strukturen die Fragen nach Sinn und Bedeutung in den unterschiedlichsten Bereichen eindeutig beantworten könne: Die neu gewonnene Einsicht in die Unkontrollierbarkeit des Sinns aber ist mit der strukturalistischen Theorie gänzlich unvereinbar. Aufgrund dieses ambivalenten Verhältnisses zum Strukturalismus heißt der Poststrukturalismus zu recht *Post*strukturalismus; und deswegen sind eben auch Begriffe wie *Neo-* oder *Super*strukturalismus irreführend. Ebenso irreführend freilich ist auch die verbreitete Tendenz, die Philosophie des Poststrukturalismus pauschal als eine postmoderne Philosophie zu kennzeichnen. Zwar ist es mit Jean-François Lyotard ein Vertreter des Poststrukturalismus, der den Begriff der Postmoderne zu Beginn der 1980er Jahre nicht nur populär gemacht, sondern zugleich versucht hat, eine philosophische Antwort auf die Herausforderungen der

Postmoderne zu finden. Dennoch ist es gerade die von Lyotard ins Spiel gebrachte Verwendung des Begriffs ›postmodern‹, die eine vorschnelle Übertragung auf den Poststrukturalismus verbietet. Denn schließlich benutzt Lyotard, wie wir gesehen haben, den Begriff im Sinne einer zeitdiagnostischen Beschreibung des Zustands unserer Kultur. ›Postmoderne‹ bzw. ›postmodern‹ als Termini zur sozio-kulturellen Beschreibung eines historischen Zustandes einerseits und ›Poststrukturalismus‹ bzw. ›poststrukturalistisch‹ als Titel einer philosophischen Strömung andererseits sind damit Begriffe, die zwei gänzlich unterschiedlichen Kategorien angehören – sie als Synonyme zu verwenden ist nicht nur falsch, sondern sorgt auch für unnötige Verwirrung.

Wie verwirrend die pauschale Bezeichnung der Poststrukturalisten als postmoderne Philosophen ist, zeigt sich nicht nur daran, dass sich außer Lyotard keiner der Poststrukturalisten – wohl aber eine ganze Reihe anderer – zur Postmoderne bekannt hat. Es zeigt sich zugleich daran, dass zu dem Zeitpunkt, als Lyotard seinen Essay über *Das postmoderne Wissen* publiziert, der Poststrukturalismus im engeren Sinne (d.h. im Sinne der oben dargestellten Definition) zu Ende geht: Die Kritik am Strukturalismus ist getan, der Strukturalismus selber spielt längst keine zentrale Rolle mehr im geisteswissenschaftlichen Diskurs – und das poststrukturalistische Denken, das sich als Kritik am Strukturalismus im Laufe der 60er und 70er Jahre entwickelt hat, wird von seinen Vertretern immer weiter von seinen Ursprüngen fort und damit über das poststrukturalistische Paradigma hinaus getrieben.

Wir befinden uns am Anfang der 80er Jahre. Foucault hat mit den Bänden 2 und 3 seines Werkes über »Sexualität und Wahrheit« (*L'usage des plaisirs*, 1984; dt. *Der Gebrauch der Lüste*, 1986 und *Le souci de soi*, 1984; dt. *Die Sorge um sich*, 1986), eine Ethik der Existenz vorgelegt; Derridas Konzept der Dekonstruktion ist längst als literaturwissenschaftliche Methode etabliert, während der Meister selbst sich zunehmend Fragen der Gerechtigkeit zuwendet – von denen er zugleich ausdrücklich hofft, sie dem Zugriff der Dekonstruktion entziehen zu können: »Wenn es so etwas gibt wie die Gerechtigkeit als solche, eine Gerechtigkeit außerhalb oder jenseits des Rechts, so läßt sie sich nicht dekonstruieren« (*Force de loi. Le ›fondement mystique de l'autorité‹*, 1990; dt. *Gesetzeskraft. Der ›mystische Grund der Autorität‹*, 1991, 30; vgl. Critchley 1993). Lyotard schließlich, auch das haben wir bereits gesehen, legt mit dem Band *Der Widerstreit* eine Philosophie der Gerechtigkeit vor, die sich noch als poststrukturalistisch lesen lässt – zugleich jedoch auch seinen Schritt aus dem poststrukturalistischen Paradigma vorbereitet; er widmet sich bis zu seinem Tod fast ausschließlich Fragen der Ethik.

Aus dieser Perspektive erscheint der Poststrukturalismus mithin als ein abgeschlossenes Phänomen; ein Phänomen, das sich historisch über ziemlich genau zwanzig Jahre von der Publikation der Grammatologie Derridas im Jahre 1967 bis in die Mitte der 80er Jahre erstreckt – und jenseits dessen seine Vertreter sich auf jeweils andere Weise verstärkt Fragen einer philosophischen Ethik zugewandt, damit aber das eigentliche Feld des Poststrukturalismus im engeren Sinne velassen haben.

Als Kritik am Strukturalismus hat der Poststrukturalismus seine Aufgabe getan. Tot ist er deswegen natürlich nicht. Im Gegenteil. Das differenzlogische Unternehmen der Kritik am systematischen Ausschluss des Anderen ist mitsamt der Impulse, die es den Vertretern des poststrukturalistischen Denkens verdankt, äußerst lebendig. Und so kann eine im Jahr 2008 erschienene Anthologie zu Recht mit dem Satz beginnen: »Der Poststrukturalismus ist in den deutschen Sozialwissenschaften angekommen« (Moebius/Reckwitz 2008, 7). Der Poststrukturalismus *nach* dem Poststrukturalismus hat viele verschiedene Facetten. Die Werke von Derrida und Foucault, Deleuze und Lyotard haben in den unterschiedlichsten Gebieten der Wissenschaften und der Künste nicht nur unübersehbare Spuren hinterlassen – ihre Gedanken sind darüber hinaus bis heute der Anlass für immer wieder neue Formen der Theoriebildung auf der einen Seite, aber auch des künstlerischen und kulturellen Schaffens auf der anderen Seite. Aus der Fülle verschiedener Ansätze haben wir zum Abschluss vier Themenbereiche ausgewählt, welche die Bandbreite der virulenten Nachwirkung des Poststrukturalismus dokumentieren sollen. Am Beispiel der politischen Theorie, der Gender- und Queer-Theorie, des Postkolonialismus und schließlich der Medientheorie zeigt sich eindrücklich, wie zentrale Motive und Denkfiguren der Vertreter des Poststrukturalismus von nachfolgenden Denkern aufgenommen und weiterentwickelt wurden und immer noch werden.

3.3.1 Politische Theorie

Eine der Richtungen, die sich in der politischen Theorie herausgebildet hat und mittlerweile zu einem eigenen Forschungsfeld angewachsen ist, sind die **Gouvernementalitätsstudien**, die eine Idee von Foucault aufgreifen, die dieser selbst nur angedeutet und nicht weiter ausgearbeitet hat. In der Zeit zwischen dem ersten Band von *Se-*

xualität und Wahrheit und den beiden weiteren überdachte Foucault seine bisherigen Ansätze und suchte nach neuen Wegen. Als Professor am Collège de France, einer der angesehensten akademischen Einrichtungen in Frankreich, hatte er keinerlei Verpflichtung außer diejenige, eine wöchentliche Vorlesung zu halten, in der er aus seinen laufenden Arbeiten berichtet. Zunächst sind diese Vorlesungen Foucaults nicht veröffentlicht worden, weil sich seine Testamentvollstrecker an die Anweisung halten wollten, keine posthumen Schriften zuzulassen. Als jedoch Mitschriften in Italien auftauchten, die auf unzuverlässiger Quellenlage beruhten, entschlossen sie sich, diese Vorlesungen zu edieren und zugänglich zu machen. Im akademischen Jahr 1977/1978 hielt Foucault die Vorlesung über »Sicherheit, Territorium und Bevölkerung«, und in der Sitzung vom 1. Februar 1978 kommt er auf sein Konzept der »Gouvernementalität« zu sprechen. Diese eine Vorlesung ist im gleichen Jahr in der Zeitschrift *Aut-Aut* veröffentlicht worden und hat von dort aus ihre Wirkung entfalten können. Mittlerweile ist die gesamte Vorlesungsreihe veröffentlicht worden und auch auf Deutsch übersetzt (Foucault 2004a).

Zentrales Thema ist eine ›**Kunst des Regierens**‹, die ihre Entstehung nach Foucault im 16. Jahrhundert hat, in etwa bis zum Ende des 18. reicht und die ihren Niederschlag in einer besonderen Ratgeberliteratur findet, die sich zwischen den üblichen Ratschlägen für Fürsten und einer Wissenschaft von der Politik ansiedeln lässt. Ihre wesentlichen Fragen lauten: »Wie sich regieren, wie regiert werden, wie die anderen regieren, durch wen regiert zu werden muß man hinnehmen, was muß man tun, um der bestmögliche Führer [*gouverneur*] zu sein?« (Foucault 2004a, 135). Das Regieren betrifft also nicht das Verhältnis der ›Herrschenden‹ zu den ›Untertanen‹, sondern ist eine Beziehung, die sich auf vielfältige Weise in einer Gesellschaft und ihren Bereichen zeigt, vom Staat bis zur Familie oder z.B. einem Kloster. Drei Typen von Regierung gibt es nach Foucault, die alle mit einer bestimmten Form von Wissenschaft zusammenhängen: »die Leitung seiner selbst, die von der Moral abhängt; die Kunst, eine Familie vorbildlich zu führen, die von der Ökonomie abhängt; und schließlich die ›Wissenschaft der guten Regierung‹ des Staates, die von der Politik abhängt« (ebd., 142).

Zentral ist die Bedeutung, die der Ökonomie zukommt, denn es geht beim Regieren nach Foucault nicht mehr darum – wie exemplarisch bei Machiavelli formuliert –, das Fürstentum zu erhalten, zu stärken und zu schützen, wobei man unter ›Fürstentum‹ das Verhältnis des Fürsten zu dem, was er besitzt, verstehen muss, sondern darum, dass

»diese Dinge, deren die Regierung sich annehmen muß [...], die Menschen [sind], die Menschen jedoch in ihren Beziehungen, in ihren Bindungen und ihren Verflechtungen mit jenen Dingen, also den Reichtümern, Ressourcen und der Subsistenz, gewiß auch dem Territorium in seinen Grenzen, mit seiner Beschaffenheit, seinem Klima, seiner Trockenheit, seiner Fruchtbarkeit. Es sind die Menschen in ihren Beziehungen zu jenen anderen Dingen wie den Sitten, den Gepflogenheiten, den Handlungs- oder Denkweisen. Und es sind schließlich die Menschen in ihren Beziehungen zu jenen weiteren anderen Dingen, den möglichen Unfällen oder Unglücken wie Hungersnot, Epidemien und Tod« (ebd., 146).

Regieren wird damit zu einer Angelegenheit mit dem Ziel, angemessen Zwecke zu verfolgen, und besteht nicht mehr in einer Souveränität des Herrschers, die durch Recht und Gesetze gesichert werden kann. An die Stelle von Gesetzen treten Taktiken, mit denen die Regierung die Zwecke besser, intensiver oder vollkommener verfolgen kann. Ziel der Regierung wird es, »das Geschick der Bevölkerungen zu verbessern« (ebd., 158), wobei der wesentliche Mechanismus der Verbesserung die Sicherheitsdispositive sind (s. Kap. 2.3.1).

Auf diesem Hintergrund kommt Foucault dann am Ende der Vorlesung zu seiner Bestimmung der ›Gouvernementalität‹, einem Kunstwort, das aus den Begriffen *gouverner* (regieren) und *mentalité* (Denkweise, Geisteshaltung, Mentalität) zusammengesetzt ist:

»Ich verstehe unter ›Gouvernementalität‹ die aus den Institutionen, den Vorgängen, Analysen und Reflexionen, den Berechnungen und den Taktiken gebildete Gesamtheit, welche es erlauben, diese recht spezifische, wenn auch sehr komplexe Form der Macht auszuüben, die als Hauptzielscheibe die Bevölkerung, als wichtigste Wissensform die politische Ökonomie und als wesentliches technisches Instrument die Sicherheitsdispositive hat. Zweitens verstehe ich unter ›Gouvernementalität‹ die Tendenz oder die Kraftlinie, die im gesamten Abendland unablässig und seit sehr langer Zeit zur Vorrangstellung dieses Machttypus geführt hat, den man über alle anderen hinaus die ›Regierung‹ nennen kann: Souveränität, Disziplin, und die einerseits die Entwicklung einer ganzen Serie spezifischer Regierungsapparate [und andererseits] die Entwicklung einer ganzen Serie von Wissensarten nach sich gezogen hat. Schließlich denke ich, daß man unter ›Gouvernementalität‹ den Vorgang oder vielmehr das Ergebnis des Vorgangs verstehen sollte, durch den der mittelalterliche Staat der Gerichtsbarkeit, der im 15. und 16. Jahrhundert zum Verwaltungsstaat wurde, sich nach und nach ›gouvernementalisiert‹ hat« (ebd., 162f.).

An dieser Bestimmung sieht man, wie sehr Foucault versucht, sein Konzept der Macht zu erweitern und über deren Ansatzpunkt am Körper hinauszugehen. Die wesentlichen Begriffe der Machtanalyse aber – ›Strategie‹, ›Kräfteverhältnis‹ usw. – sind immer noch zentral, und damit erweist sich auch das Konzept der Gouvernementalität als poststrukturalistisch in dem Sinn, wie wir es für Foucaults Machtkonzeption in Kapitel 2.3.1 gezeigt haben.

Nachdem zunächst Schüler von Foucault das Konzept der Gouvernementalität aufgenommen und mit eigenen Studien weitergeführt haben, wie z.B. Foucaults Assistent François Ewald in seinem Buch *Der Vorsorgestaat* (1986; dt. 1993), wurde es in den 1990er Jahren zunächst besonders in den angelsächsischen Ländern vorangetrieben (Burchell u.a. 1991; Barry u.a. 1996; Dean 1999; Rose 1999). In Deutschland war es dann vor allem Thomas Lemke, der die Diskussion aufgenommen hat (Lemke 1997; Bröckling u.a. 2000), wobei es heute eine Vielzahl an Studien gibt, die mit diesem Begriff arbeiten (Reichert 2003; Gertenbach 2007; Junge 2008). Typisch für die Gouvernementalitätsstudien ist es, weniger die historische Linie auszuarbeiten, die Foucault gezogen hat, sondern sich mehr auf die Gegenwart zu beziehen und besonders die dominante Rolle des Neoliberalismus zu untersuchen. Durch die wichtige Position, welche die Ökonomie in Foucaults Konzept einnimmt, wird diese Vorgehensweise nahegelegt, aber auch dadurch, dass Foucault selbst sich in seiner Vorlesung zur Gegenwart äußert, indem er Liberalismuskonzeptionen des 20. Jahrhunderts diskutiert wie den deutschen Ordoliberalismus und die Chicagoer Schule.

Auch das Werk von **Giorgio Agamben** nimmt seinen Ausgang von Foucault und verwendet spezifisch poststrukturalistische Denkmuster, um zu einer Neubestimmung des Politischen zu gelangen. In seinem Buch *Homo sacer. Die souveräne Macht und das nackte Leben* von 1995 (dt. 2002) entfaltet er an der Figur des *Homo sacer* aus dem römischen Recht und unter Rückgriff auf Gedanken von Carl Schmitt zur Souveränität eine Diagnose der Politik, die bis in die Gegenwart reicht und zu zahlreichen Diskussionen geführt hat. Mittlerweile hat sich dieses Buch zu einem vielbändigen Werk entwickelt, das unterschiedlichen Aspekten dieser Denkfigur nachgeht und das noch nicht abgeschlossen ist.

Agamben beginnt seine Untersuchung mit der Erinnerung daran, dass die Griechen für den Begriff ›Leben‹ zwei unterschiedliche Wörter verwendet haben: *zoe* und *bios*. Während *zoe* das reine Leben meint, das allen Lebewesen zukommt, bezeichnet *bios* diejenige Form des Lebens, die einem Einzelnen oder einer Gruppe eignet und die damit diejenige Form ist, die der Politik zuzurechnen ist. In der Figur des **Homo sacer** aus dem römischen Recht werden diese beiden Aspekte zusammengefügt, denn der *Homo sacer* ist derjenige, den man straflos töten, aber nicht opfern darf. Sein Leben ist also nichts wert, da es aus jedem rechtlichen Zusammenhang ausge-

schlossen wird, ist aber durch das Opferverbot in eine sakrale Sphäre eingeschlossen, die in einem merkwürdigen Spannungsverhältnis
dazu steht. Damit ist der Begriff ›Homo sacer‹ strukturell solchen
Begriffen ähnlich, wie sie Derrida in seiner Dekonstruktion verwendet, z.B. *pharmakon*, was zugleich Heilmittel und Gift bedeutet.
Auch hierin zeigt sich die Nachwirkung poststrukturalistischer Motive bei Agamben.

Interessanterweise knüpft Agamben genau an der Vorlesung von
Foucault an, die auch Ausgangspunkt für die Gouvernementalitätsstudien sind: die Vorlesungsreihe »Sicherheit, Territorium, Bevölkerung« von 1978. Ein weiterer Bezugspunkt ist *Sexualität und Wahrheit Band 1: Der Wille zum Wissen*, an dessen Ende Foucault bereits
die Trennung erwähnt, um die es Agamben geht: »Jahrtausende hindurch ist der Mensch das geblieben, was er für Aristoteles war: ein
lebendes Tier, das auch einer politischen Existenz fähig ist. Der moderne Mensch ist ein Tier, in dessen Politik sein Leben als Lebens-
weise auf dem Spiel steht« (Foucault 1983, 171; Agamben 2002,
13). Nun, an der Schwelle zur Moderne, wird das natürliche Leben
in die Mechanismen und Kalküle der Staatsmacht einbezogen und
Politik verwandelt sich in Biopolitik.

Mit diesem Gedanken der **Biopolitik**, also der Idee, dass die
Macht am ›Körper der Bevölkerung‹ ansetzt und ihn durch zahlreiche
Dispositive zu regulieren versucht, verbindet Agamben eine Untersuchung des Begriffs der Souveränität, der nach Carl Schmitt darin besteht, dass der Souverän derjenige sei, der über den Ausnahmezustand
verfüge. Damit betrifft seine Untersuchung »genau diesen verborgenen Kreuzungspunkt zwischen dem juridisch-institutionellen Modell
und dem biopolitischen Modell der Macht. Und was sie als eine der
wahrscheinlichen Folgerungen hat festhalten müssen, besteht genau
darin, daß die beiden Analysen nicht getrennt werden können und
die Einbeziehung des nackten Lebens in den politischen Bereich den
ursprünglichen – wenn auch verborgenen – Kern der souveränen
Macht bildet. *Man kann sogar sagen, daß die Produktion eines biopolitischen Körpers die ursprüngliche Leistung der souveränen Macht ist*«
(ebd., 16).

Wenn nun bei Aristoteles, so Agamben, die Opposition von ›leben‹ und ›gut leben‹ für die Definition der *polis* wichtig ist, dann
»vollzieht die Opposition im selben Zug eine Einbeziehung des ersten in das zweite, des nackten Lebens in das politisch qualifizierte
Leben« (ebd., 17). Die zentrale Frage lautet daher, »warum die
abendländische Politik sich vor allem über eine Ausschließung (die
im selben Zug eine Einbeziehung ist) des nackten Lebens begründet« (ebd.) Entscheidend ist für Agamben,

»daß das nackte Leben, ursprünglich am Rand der Ordnung angesiedelt, im Gleichschritt mit dem Prozeß, durch den die Ausnahme überall zur Regel wird, immer mehr mit dem politischen Raum zusammenfällt und auf diesem Weg Ausschluß und Einschluß, Außen und Innen, zoe und bios, Recht und Faktum in eine Zone irreduzibler Ununterscheidbarkeit geraten. Der Ausnahmezustand, in dem das nackte Leben zugleich von der Ordnung ausgeschlossen und von ihr erfasst wurde, schuf gerade in seiner Abgetrenntheit das verborgene Fundament, auf dem das ganze politische System ruhte« (ebd., 19).

Diese Ununterscheidbarkeit von Begriffen, die doch eigentlich Gegensatzpaare sind, sowie die gleichzeitige Aus- und Einschließung des nackten Lebens aus der Ordnung sind poststrukturalistische Denkfiguren, die besonders im Werk von Derrida eine prominente Stellung einnehmen. Auch hierin knüpft Agamben an den Poststrukturalismus an.

Damit jedenfalls hat Agamben seine Schlüsselbegriffe beisammen, die er nun in ihrer komplexen Bedeutung und in ihren intrikaten Verhältnissen zueinander im Fortgang seines Buchs untersucht. Während der erste Teil die Logik der Souveränität entfaltet, der zweite die Figur des *Homo sacer* in den Mittelpunkt rückt, untersucht Agamben im dritten Teil die besondere politische Struktur des Lagers, denn es erscheint ihm als verborgenes Paradigma des politischen Raums der Moderne, »dessen Metamorphosen und Maskierungen« (ebd., 131) er in zahlreichen aktuellen politischen Vorgängen erkennt, von der Instrumentalisierung eines Ortes wie Guantánamo im US-amerikanischen »War on terror« bis zu den Lagern für afrikanische Flüchtlinge in Italien und anderswo. Genau dort werden, so Agamben, den Menschen jegliche Rechte zunächst abgesprochen und sie werden auf das rein nackte Leben reduziert. Damit sind sie moderne ›Homines sacri‹.

Innerhalb einer linken politischen Theoriebildung, die versucht, die Marx'sche Analyse weiterzuentwickeln oder zu modifizieren, gab es bereits Anschlüsse an strukturalistisches Gedankengut. Vor allem Louis Althusser, Lehrer unter anderem von Foucault und Derrida, hat in seinen Büchern *Für Marx* (1968) und *Das Kapital lesen* (1972) den Marxismus mit strukturalistisch inspirierten Gedanken in Verbindung gebracht. Der Argentinier **Ernesto Laclau** und die Belgierin **Chantal Mouffe** haben nun ihrerseits den Marxismus und die marxistische Theorie konsequenterweise aus einer poststrukturalistischen Perspektive in den Blick genommen. In ihrem Buch *Hegemonie und radikale Demokratie. Zur Dekonstruktion des Marxismus* (1985; dt. 1991) ist denn auch ihre Grundthese zutiefst Derrida verpflichtet: »Unser Buch lehnt durchweg jede Art von Essentialismus ab – den der Totalität und den der Elemente – und behauptet, daß das Sichzurückziehen des ›Grundes‹ sowohl die Totalität als auch die Fragmente jeder Art von fixierter, der kontingenten und pragmatischen Form ihrer Artikulation vorausgehenden Identität beraubt« (Laclau/Mouffe 1991, 28).

Die Konsequenzen folgen damit zunächst ganz der Dekonstruktion: Es gibt keinen ›vollen‹ Sinn, keine ›Präsenz‹, daher auch keine ›Objektivität‹ jenseits von Diskursen, kein Standpunkt jenseits der Macht, keine wahre und tiefere Essenz, keine völlige Repräsentierbarkeit. Angewendet auf die politische Theorie folgt allerdings daraus, dass viele der klassischen Begriffe ihre herkömmliche Bedeutung verlieren und ganz anders gedacht werden müssen. Macht z.B. ist dann nicht etwas, das der herrschenden Klasse entwunden werden muss, sie kann wie bei Foucault nicht als ein Außen verstanden werden, sondern befindet sich im Zentrum des Geschehens: »Jede soziale Objektivität [wird] durch Machthandlungen konstituiert. Dies bedeutet, daß jede soziale Objektivität letztlich politisch ist und die Spuren der Akte der Ausschließung, die ihre Konstitution regiert, zeigen muß – etwas, was wir im Anschluß an Derrida ihr ›konstitutives Äußeres‹ nennen« (ebd., 29).

Wenn oben vom »Zurückziehen des Grundes« die Rede war, dann bedeutet das im Kontext der Machttheorie, dass das Verhältnis zur Legitimität nicht mehr auf klassische marxistische Weise gedacht werden kann. Es gibt keine unüberbrückbare Kluft mehr zwischen Macht und Legitimität, sondern es gilt, »daß a) wenn irgendeine Macht sich durchsetzen konnte, dann deswegen, weil sie in einigen Bereichen als legitim anerkannt worden ist; und b) wenn Legitimität nicht in einem apriorischen Grund begründet ist, dann deswegen, weil sie in einer Form sich erfolgreich durchsetzender Macht gründet« (ebd., 30f.), Damit wird natürlich dem klassischen Verständnis eines gerechtfertigten Widerstandes der Boden entzogen, allerdings ergibt sich auch etwas Positives aus dieser Bestimmung: »Damit Demokratie existiert, sollte kein begrenzter sozialer Agent imstande sein, irgendeine Macht über die *Gründung* der Gesellschaft für sich in Anspruch zu nehmen. Das heißt, es muß anerkannt werden, daß es keinen sozialen Punkt gibt, wo Macht sich durch den Zusammenbruch der Unterscheidung zwischen Sein und Wissen selbst eliminieren kann« (ebd., 31). Es gibt, wie bei Foucault, könnte man sagen, Kräfteverhältnisse und Strategien, aber keinen übergeordneten Punkt, wo man jenseits dieser Machtverhältnisse wäre und gleichsam objektiv von oben die wirklichen und legitimen Verhältnisse wahrnehmen könnte. Deswegen das Adjektiv ›radikal‹ in Laclaus und Mouffes Verständnis von Demokratie: Die Erfahrung einer radikalen und pluralen Demokratie »kann nur aus der Anerkennung der Vielfalt sozialer Logiken und der Notwendigkeit ihrer Artikulation bestehen […]; es gibt keinen Endpunkt, an dem endgültig ein Gleichgewicht erreicht werden könnte. Demnach habe wir zu akzeptieren, daß die wahre Existenz der modernen Demokratie die Möglichkeit ihrer vollen Verwirklichung ausschließt« (ebd., 31f.).

›Die‹ Wahrheit ›der‹ Gesellschaft gibt es also nicht (ebd., 36), ebenso keine Universalgeschichte und auch keine privilegierte Klasse mehr, wie sie der Marxismus in der Arbeiterklasse gesehen hat, oder die entscheidende Rolle der Produktionsverhältnisse. Stattdessen wollen Laclau und Mouffe den Begriff der ›Hegemonie‹ stark machen, den sie von Antonio Gramsci aufnehmen und der für sie eine Logik des Sozialen einleitet. In ihrem Buch unternehmen sie daher zunächst eine genealogische Analyse dieses Begriffs im marxistischen Denken, u.a. bei Rosa Luxemburg, Karl Kautsky, Eduard Bernstein, Georges Sorel, unter der Prämisse, dass ›Hegemonie‹ die Antwort auf eine Krise in der Theorie war. In einem zweiten Schritt entwickeln sie dann eine Reihe von Begriffen, mit denen ihrer Meinung nach besser über die zugrundeliegenden Verhältnisse nachgedacht werden kann.

Einer dieser zentralen Begriffe ist die ›Artikulation‹. Wenn die Bedeutung innerhalb des Sozialen so unstet, unfixiert ist, wie man dies als Dekonstruktivist behaupten muss, dann hilft das in sozialen Auseinandersetzungen erst einmal nicht weiter, da man keinen Boden unter den Füßen hat. Man muss also versuchen, teilweise Bedeutungen zu fixieren, und das heißt artikulieren: »Die Praxis der Artikulation besteht deshalb in der Konstruktion von Knotenpunkten, die Bedeutung teilweise fixieren. Der partielle Charakter dieser Fixierung geht aus der Offenheit des Sozialen hervor, die ihrerseits wieder ein Resultat der beständigen Überflutung eines jeden Diskurses durch die Unendlichkeit des Feldes der Diskursivität ist« (ebd., 165). Soziale Praktik ist daher artikulatorisch.

Durch die Artikulation von Positionen, könnte man sagen, entsteht etwas, das Laclau und Mouffe ›Antagonismus‹ nennen. »Wir müssen uns jedoch fragen, ob es nicht gewisse ›Erfahrungen‹, gewisse diskursive Formationen gibt, in denen das, was manifestiert wird, nicht länger der kontinuierliche Aufschub des ›transzendentalen Signifikats‹ ist, sondern gerade die Nichtigkeit dieser Aufschiebung, die endgültige Unmöglichkeit einer stabilen Differenz und folglich jeglicher ›Objektivität‹. Die Antwort ist ja. Diese ›Erfahrung‹ der Grenze aller Objektivität hat eine Form präziser diskursiver Präsenz – den Antagonismus« (ebd., 176f.). Das unaufhörliche Gleiten der Bedeutung, so Laclau und Mouffe, muss angehalten werden, ohne gleich zu einer ›echten‹ Objektivität zu führen, sondern mit dem Ziel, könnte man interpretieren, überhaupt eine Sache vertreten zu können, eine Forderung zu artikulieren und sich politisch dafür einzusetzen. Antagonismus ist nun genau der Name dafür, er »konstituiert die Grenzen jeder Objektivität, die sich als partielle und prekäre *Objektivierung* enthüllt« (ebd., 188). Das Soziale ist eben, das betonen die beiden Autoren immer wieder, nur ein partieller Versuch, Gesellschaft zu konstruieren (ebd., 181).

Das führt nun zu dem Begriff der ›**Hegemonie**‹. Es gibt im Sozialen antagonistische Kräfte, weil es unterschiedliche Artikulationen gibt, also Versuche, Bedeutungen zu fixieren und Knotenpunkte zu konstruieren. Viele Elemente können prinzipiell auf alle möglichen Weisen in einer Artikulation zusammengefasst werden, weil es ja gerade nichts gibt, was ihr eine Schranke setzen würde, keine letzte Objektivität, keine privilegierte Klasse oder ein ›letzter Grund‹. »Nur die Präsenz eines weiten Bereichs flottierender Elemente und die Möglichkeit ihrer Artikulation zu entgegengesetzten Lagern – was eine beständige Neudefinition der letzteren impliziert – konstituiert das Terrain, das uns erlaubt, eine Praxis als hegemonial zu definieren« (ebd., 194). Hegemonie ist daher »ganz einfach ein politischer *Typus von Beziehung*, eine *Form*, wenn man so will, von Politik« (ebd., 198). Das Politische ist für Laclau und Mouffe »das Problem der Errichtung des Sozialen«, und das verstehen sie als »Definition und Artikulation sozialer Beziehungen auf einem kreuz und quer von Antagonismen durchzogenen Feld« (ebd., 212).

Im Jahr 2000 erschien *Empire*, ein gemeinsam verfasstes Buch des Philosophen **Antonio Negri** und des Literaturwissenschaftlers **Michael Hardt**. Darin lassen sie sich ebenfalls von Foucault, Deleuze und indirekt auch von Derrida inspirieren, um das marxistische Projekt unter den aktuellen weltpolitischen Bedingungen neu zu denken. Ihr Ziel ist eine Analyse der sich herausbildenden politischen Weltordnung, in der ihrer Meinung nach eine neue Form globaler Ordnung entsteht, die sich nicht länger als Imperialismus beschreiben lässt, sondern die als ›Netzwerkmacht‹ begriffen werden muss, als eine neue Form der Souveränität, die sich nicht mehr in den Nationalstaaten erschöpft, sondern gleichermaßen supranationale Institutionen, große kapitalistische Unternehmen und andere Machtfaktoren einschließt. »Diese neue globale Form der Souveränität ist es, die wir Empire nennen« (Hardt/Negri 2000, 10).

Unter ›**Empire**‹ verstehen sie keine Metapher, wie sie ausdrücklich betonen, sondern einen theoretischen Begriff, dessen Bestimmung unverkennbar poststrukturalistisch inspiriert ist:

»Den Begriff Empire charakterisiert maßgeblich das Fehlen von Grenzzie-hungen. [...] Keine territorialen Grenzziehungen beschränken seine Herr-schaft. Zum zweiten stellt sich im Begriff Empire kein historisches Regime dar, das aus Eroberungen hervorgegangen ist, sondern vielmehr eine Ord-nung, die Geschichte vollständig suspendiert und dadurch die bestehende Lage für die Ewigkeit festschreibt [...] als Regime ohne zeitliche Begren-zung und in diesem Sinn außerhalb oder am Ende der Geschichte. Zum dritten bearbeitet die Herrschaft des Empire alle Register der sozialen Ord-nung [...]. Das Empire organisiert nicht nur Territorium und Bevölkerung, sondern schafft genau die Welt, in der es lebt. Es lenkt nicht nur menschli-che Interaktion, sondern versucht außerdem direkt über die menschliche Natur zu herrschen. Das gesellschaftliche Leben in seiner Gesamtheit wird zum Gegenstand der Herrschaft. Das Empire stellt so die paradigmatische Form von Biomacht dar« (ebd., 12f.).

Die zentralen Elemente von Foucaults Machttheorie sind hier aufge-nommen und in das Konzept des Empire integriert: Es gibt kein räumliches Außen zur Macht, also keinen Ort, an dem sie nicht wirkt; es gibt kein zeitliches Außen, also eine Zukunft oder Vergan-genheit, die frei von ihr gewesen wäre oder sein könnte; sie durch-dringt die gesamte soziale Ordnung; sie ist produktiv und nicht bloß unterdrückend; sie verfolgt strategische Ziele; ihren stärksten Auftritt hat sie als Biomacht, also als diejenige Form der Macht, die am Leben ansetzt, am Körper, der Sexualität usw. Gleichwohl versu-chen Negri und Hardt, dem Foucault'schen Problem zu entkom-men, in einem derart skizzierten Machtfeld keinerlei Raum mehr für einen Widerstand oder für eine positive Veränderung der beste-henden Verhältnisse zu lassen. Ihrem marxistischen Projekt entspre-chend wollen sie die Möglichkeit einer Revolution denken, die die Lage wirklich verbessern wird; der entsprechende Gegenbegriff zum Empire ist daher die Menge, die ›**Multitude**‹.

Dennoch fallen sie nicht hinter Foucault zurück, denn Wider-stand verstehen sie als Umgestaltung und Lenkung von Prozessen auf anderer Ziele (ebd., 13). Auch die Multitude ist produktiv, »im schöpferischen Vermögen der *Multitude*, der Menge, die das Empire trägt, liegt gleichermaßen die Fähigkeit, ein Gegen-Empire aufzu-bauen, den weltweiten Strömen und Austauschverhältnissen eine an-dere politische Gestalt zu geben« (ebd., 13). Sie ist also nicht schlicht außerhalb des Empire und wirkt von dort verändernd, son-dern als Teil des Empire gestaltet sie aus ihm heraus neue Verhält-nisse. Die Multitude »ist die vielgestaltige Menge produktiver, krea-tiver Subjektivitäten in der Globalisierung [...] Ununterbrochen in Bewegung, bilden sie Konstellationen von Singularitäten und Ereig-nissen, die das System kontinuierlich und systematisch zwingen, sich neu zu konfigurieren« (ebd., 73). Die Menge besteht also aus

Subjektivitäten, die sich in immer neuen Zusammenhängen und Gestalten zur Menge verbinden. In den Kämpfen gegen und im Empire werden neue Gestalten und Subjektivitäten produziert, »weil die Kämpfe, obwohl sie als Kämpfe antisystemisch sind, *nicht bloß* gegen das imperiale System sind – sie sind nicht bloß negative Kräfte. Sie bringen ihre eigenen konstituierenden Projekte positiv zum Ausdruck, fördern und entwickeln sie« (ebd., 74). Die Menge ist keine starre Einheit, die geschlossen vorgeht, sondern »eine Vielfalt, ein Feld von Singularitäten, ein offenes Beziehungsgeflecht, das nicht homogen oder mit sich selbst identisch ist« (ebd., 116).

In ihrem zweiten Buch *Multitude*, das 2004 erschienen ist und das sie der weiteren Ausarbeitung dieses Begriffs widmen, verwenden sie zur genaueren Charakterisierung die Bezeichnung »ein offenes und breit angelegtes Netzwerk, das es zulässt, jegliche Differenz frei und gleich auszudrücken, ein Netzwerk, das die Mittel der Begegnung bereitstellt, um gemeinsam arbeiten und leben zu können« (Hardt/Negri 2004, 9). Dabei ist es genau die Differenz, die den Motor darstellt, um gemeinsam auf Veränderung hinzuwirken: »Da die Menge sich weder durch Identität (wie das Volk) noch durch Uniformität (wie die Masse) auszeichnet, muss die Multitude, angetrieben durch die Differenz, das Gemeinsame entdecken, das es erlaubt, miteinander in Beziehung zu treten und gemeinsam zu handeln. Das Gemeinsame, das *Kommune*, wird dabei allerdings weniger entdeckt als vielmehr produziert« (ebd., 11). Dem Gemeinsamen ist dann der dritte Band gewidmet, der unter dem Titel *Common Wealth – Das Ende des Eigentums* 2010 erschienen ist und auf den wir hier nicht mehr eingehen können. Wichtig bleibt, dass das Gemeinsame »keinerlei Vereinigung bzw. Vereinheitlichung der Multitude oder Unterdrückung von Differenzen« (ebd., 391) impliziert; auch daran erkennt man das poststrukturalistische Erbe, dem die Differenz immer wichtiger war als die Einheit.

3.3.2 Gender- und Queer-Theorie

Die feministische Debatte hat, wie wir in Kapitel 3.1.2 gesehen haben, von der Dekonstruktion entscheidende Impulse erhalten. Einen Schritt weiter allerdings ist **Judith Butler** gegangen, die in der Verbindung von Elementen aus Foucaults Macht- und Diskurstheorie mit Denkfiguren Derridas (und Lacans, worauf wir hier nicht eingehen können) eine ganz eigene und neue Perspektive für den Feminismus entworfen hat. Dementsprechend groß war die Wirkung, die ihr Buch *Das Unbehagen der Geschlechter* (engl. 1990; dt.

1991) sowie *Körper von Gewicht* (engl. 1993; dt. 1995) entfaltet hat, wobei sie allerdings auch einige Kritik hat einstecken müssen.

Das ist nicht verwunderlich, denn ihre Ausgangsthese ist sehr provokant: **Die Trennung zwischen Gender (Geschlechtsidentität) und Sex (als biologisches Geschlecht verstanden) existiert nicht**; das biologische Geschlecht wird vielmehr »durch eine ritualisierte Wiederholung von Normen konstruiert« (Butler 1995, 15) und ist nichts, was gewissermaßen selbstverständlich und als Tatsache der kulturell beeinflussten Geschlechtsidentität vorhergeht. Die Begründung dieser These zeigt, wie sehr sie aus dem Geist des Poststrukturalismus gedacht ist.

Butler macht sich nämlich letztlich das Diktum von Derrida zunutze, dass es »nichts außerhalb des Textes« gebe. Das Grundproblem formuliert sie folgendermaßen, »Eine außerhalb der Sprache gelegene Materialität zu postulieren bedeutet indes, jene Materialität noch zu postulieren, und die so postulierte Materialität wird das Postulieren als ihre konstitutive Bedingung beibehalten« (ebd., 104). Die Tatsache also, dass man eine dem Diskurs vorgängige Materialität als vorgängig postulieren und dies natürlich im Diskurs stattfinden muss, macht die Materialität vom Postulat abhängig. Unabhängig von der Sprache hat man keinen Zugriff darauf. »Das bedeutet, daß jeder Rekurs auf den Körper vor dem Symbolischen nur im Symbolischen stattfinden kann, was anscheinend impliziert, daß es keinen Körper vor seiner Markierung gibt« (ebd., 143).

Die Idee eines Geschlechts, das unabhängig vom Symbolischen existiert, eines Körpers, der einfach ›da‹ ist, wird damit unmöglich. In einem zweiten Schritt kann sie dann Foucault ins Spiel bringen, der Subjekte ja als Produkte und Macht-Effekte des Diskurses verstanden hat. Die Frau als Subjekt, das »feministische Subjekt«, das noch in den Theorien etwa von Simone de Beauvoir oder Monique Wittig angesprochen wird, erweist sich als Produkt der Macht, als eine bestimmte Weise, in der Frauen repräsentiert werden: »Wenn diese Analyse richtig ist, ist jene Rechtsformation von Sprache und Politik, die die Frauen als ›Subjekt‹ des Feminismus repräsentiert, selbst eine Diskursformation und der Effekt einer gegebenen Variante der Repräsentationspolitik« (Butler 1991, 16f.). Vom Körper und seinen Geschlechtsmerkmalen kann keine Rettung kommen, denn sie lassen sich nicht vom Zugriff des Symbolischen, des Diskurses trennen.

Die Unterscheidung zwischen Sex und Gender ist damit zusammengebrochen, in bester Manier dekonstruiert. Daher trägt auch die Geschlechtsidentität (Gender) die typischen Merkmale der Dekonstruktion: »Die Geschlechtsidentität ist ein komplexer Sachverhalt, dessen Totalität ständig aufgeschoben ist, d.h., sie ist an keinem gegebenen Zeitpunkt das, was sie ist« (ebd., 36). Sie ist der Effekt einer ständigen Wiederholung von Normen, was Butler mit dem Begriff ›Performativität‹ benennt: »Das ›Geschlecht‹ wird immer als eine unentwegte Widerholung vorherrschender Normen hergestellt. Diese produktive Wiederholung kann als eine Art Performativität gedeutet werden« (Butler 1995, 154).

Das gesamte Programm Butlers besteht zusammengefasst aus fünf Punkten:

»1. Die Materie der Körper wird neu gefaßt als Wirkung einer Machtdynamik, so daß die Materie der Körper nicht zu trennen sein wird von den regulierenden Nomen, die ihrer Materialisierung beherrschen, und von der Signifikation dieser materiellen Wirkungen. 2. Performativität wird nicht als der Akt verstanden, durch den ein Subjekt dem Existenz verschafft, was sie/er benennt, sondern vielmehr als jene ständig wiederholende Macht des Diskurses, diejenigen Phänomene hervorzubringen, welche sie reguliert und restringiert. 3. Das ›biologische Geschlecht‹ wird nicht mehr als ein körperlich Gegebenes ausgelegt, dem das Konstrukt des sozialen Geschlechts künstlich auferlegt wird, sondern als eine kulturelle Norm, die die Materialisierung von Körpern regiert« (Butler 1995, 22).

Soweit hatten wir das oben erläutert. Butler fährt fort: »4. Der Prozeß, in dem eine körperliche Norm angenommen, angeeignet oder aufgenommen wird, wird neu gedacht als etwas, was im strengen Sinne nicht *von einem Subjekt* durchgemacht wird, sondern als etwas, durch das das Subjekt, das sprechende ›Ich‹, gebildet wird, nämlich dadurch, daß ein solcher Prozeß der Annahme eines Geschlechts durchlaufen worden ist« (ebd., 22f.). – Das Subjekt wird also nicht mit einem vorgängigen, außerdiskursiven materiellen Geschlecht konfrontiert (›als Mann/Frau geboren‹) und muss dieses Geschlecht dann in einem Subjektivierungsprozess annehmen, sondern das Subjekt wird zu einem »Ich« dadurch, dass es in der beständigen performativen Wiederholung der kulturellen Normen sein Geschlecht erhält, und zwar sowohl die Geschlechtsidentität (Gender) wie auch das biologische Geschlecht (Sex), da beide sowieso nicht unterscheidbar sind. – Butler weiterhin:

»5. Dieser Prozeß der ›Annahme‹ eines Geschlechts wird mit der Frage nach der Identifizierung und den diskursiven Mitteln verbunden, durch die der heterosexuelle Imperativ bestimmte sexuierte Identifizierungen ermöglicht und andere Identifizierungen verwirft und/oder leugnet.« Jenseits der ›normalen‹ geschlechtlichen Zuschreibungen, die der Diskurs gewissermaßen zulässt, müssen andere Subjektivitäten ausgeschlossen werden, aus dem (dekonstruktiven) Grund, dass das ›Normale‹ nicht existieren kann ohne Ausschluss des ›Unnormalen‹: Diese Matrix mit Ausschlußcharakter, durch die

Subjekte gebildet werden, verlangt somit gleichzeitig, einen Bereich verworfener Wesen hervorzubringen, die noch nicht ›Subjekte‹ sind, sondern das konstitutive Außen zum Bereich des Subjekts abgeben. Das Verworfenen [*the abject*] bezeichnet hier genau jene ›nicht lebbaren‹ und ›unbewohnbaren‹ Zonen des sozialen Lebens, die dennoch dicht bevölkert sind von denjenigen, die nicht den Status des Subjekts genießen, deren Leben im Zeichen des ›Nicht-Lebbaren‹ jedoch benötigt wird, um den Bereich des Subjekts einzugrenzen« (ebd., 23f.).

Mit ihrer These von der Konstruktion des Geschlechts hat Judith Butler eine wichtige theoretische Grundlage für die **Queer-Studies** gelegt. Der zugrundeliegende Begriff *queer* ist im 16. Jahrhundert aus dem deutschen ›verquer‹ ins Englische gewandert, wo er als umgangssprachlicher Ausdruck für ›schwul‹ und ›lesbisch‹ verwendet wird. Die Queer-Studies sind eine Forschungsrichtung, die sich nicht nur auf Butler beziehen, sondern die auch Foucault entscheidende Impulse verdanken, vor allem seinem Buch *Sexualität und Wahrheit*, wo es um die Diskursivierung des Sexes als Machteffekt geht. Den Queer-Studies geht es vor allem darum, die heterosexuellen Normierungen in der Kultur, die den Diskursen meist implizit zugrundeliegen, aufzudecken, und gleichzeitig zu untersuchen, wie und in welchen Diskursen Zuschreibungen wie ›Homosexualität‹, ›Sodomie‹, ›lesbisch‹ usw. erfolgen. Das Verfahren, Texte einer kritischen, ›queeren‹ Lektüre zu unterziehen, wird auch als ›queer reading‹ bezeichnet (beispielhaft Sedgwick in Kraß 2003, 113-143); wichtige Vertreter/innen sind z.B. Eve Kosovsky Sedgwick (1985, 1991), Teresa di Laurentis (1984, 1999) sowie David Halperin (1990, 1993; vgl. auch Kraß 2003).

3.3.3 Postkolonialismus

Derrida hat in seinem Werk immer wieder darauf hingewiesen, dass einfache Oppositionen und klare Trennungen bei genauem Hinsehen nicht so klar und einfach sind, wie sie scheinen. Zum Beispiel versuche Austin in seiner Sprechakttheorie immer wieder, ›Unglücksfälle‹ auszuschließen, die jedoch, wie Derrida zeigt, sich nicht ausschließen lassen, sondern die gesamte Theorie bedrängen und letztlich erschüttern oder inkonsistent werden lassen.

Diese Denkfigur und die Diskursanalyse von Foucault hat der palästinensisch-britische Literaturwissenschaftler **Edward W. Said** verbunden, um die westlichen Vorstellungen des Orients zu untersuchen. Mit seinem bis heute umstrittenen Werk *Orientalismus* (1978;

dt. 2009) hat er einer ganzen Disziplin zum akademischen Durchbruch verholfen, die sich ›**Postcolonial Studies**‹ nennt und die ganz allgemein die Repräsentation marginalisierter Gruppen und Kulturen untersucht, die sich in der Beziehung zwischen den Kolonialmächten und ihren Kolonien offenbart. Mit den Mitteln der Diskursanalyse will Said zeigen, wie sich der ›Okzident‹ sein Bild des ›Orient‹ als eines ›Anderen‹ geschaffen hat und wie dieses Bild die Sichtweise und das politische Handeln der verschiedenen Mächte bis heute bestimmt.

Unter ›**Orientalismus**‹ versteht Said Dreierlei: zunächst die akademische Disziplin der Orientalistik, wie sie in »akademischen Lehrsätzen und Theorien über den Orient und das Orientalische« fortlebt (Said 2009, 11). Sodann »jene Denkweise, die sich auf eine ontologische und epistemologische Unterscheidung zwischen ›dem Orient‹ und (in den meisten Fällen zumindest) ›dem Okzident‹ stützt. In diesem Geiste verwenden eine Vielzahl von Schriftstellern – darunter Dichter, Romanciers, Philosophen, Politologen, Ökonomen und Juristen – diese Ost-West-Polarisierung als Ausgangspunkt für ihre weitläufigen Darstellungen des Orients, also von Land und Leuten, Sitten und Gebräuchen, von ›Mentalitäten‹, Schicksalen und so weiter. *Diesen* Orientalismus teilen etwa Aischylos und Victor Hugo, Dante und Karl Marx« (ebd.). Drittens schließlich stellt »sich der Orientalismus als institutioneller Rahmen für den Umgang mit dem Orient dar, das heißt für die Legitimation von Ansichten, Aussagen, Lehrmeinungen und Richtlinien zum Thema sowie für ordnende und regulierende Maßnahmen. Kurz, der Orientalismus ist seither ein westlicher Stil, den Orient zu beherrschen, zu gestalten und zu unterdrücken« (ebd.). Für Said ist der Orientalismus ein Diskurs im Foucault'schen Sinn, der den Orient vereinnahmt und auf eine bestimmte Weise überhaupt erst erschafft. Die Werke der Gelehrten sowie die der Schriftsteller und Künstler haben eine Sichtweise des Orients geschaffen, die als ein Deutungsklischee die Fülle der vorhandenen Kultur auf einen gemeinsamen Nenner brachte und einer Beherrschung durch den Westen Vorschub leistete: »Die Beziehung zwischen Okzident und Orient ist ein hegemoniales Macht- und Herrschaftsverhältnis« (ebd., 14).

Für Said ist dieses Verhältnis jedoch nicht das der simplen Unterdrückung. Der Orient eignete sich und bot sich gewissermaßen für seine Orientalisierung an. Davon zeuge zum Beispiel die Tatsache,

»dass Flauberts Verhältnis mit einer ägyptischen Kurtisane ein weithin einflussreiches Modell der orientalischen Frau schuf, denn sie sprach nie für sich, drückte weder ihre Gefühle noch ihre Gegenwart oder Vergangenheit aus: *Er* sprach für sie und repräsentierte sie zugleich. Er war ein relativ wohlhabender ausländischer Mann, und die historisch gefestigten Herrschaftsverhältnisse erlaubten es ihm, sie, Ruschiuk Hânem, nicht nur körperlich zu besitzen, sondern auch in ihrem Namen zu sprechen und schließlich seinen Lesern mitzuteilen, was an ihr ›typisch orientalisch‹ war. Meiner Ansicht nach war Flauberts Machtposition gegenüber Ruschiuk Hânem kein Einzelfall, sondern charakteristisch für das zwischen Westen und Osten bestehende Muster der Dominanz und den daraus resultierenden Orient-Diskurs« (ebd., 14f.).

Es ist jedoch nicht so, dass es eine reine Wahrheit über den Orient gebe, die man lediglich herausfinden müsse, um den Orientalismus zu Fall zu bringen – das hätte Foucault nicht anders ausgedrückt. Die Verhältnisse sind komplizierter, der Orientalismus ist nicht bloß eine Ansammlung von falschen Behauptungen oder Hirngespinsten, sondern »ein Symbol der europäisch-atlantischen Macht über den Orient« (ebd., 15). Der Westen nimmt in ihm durchgängig eine unhinterfragte Position der Überlegenheit ein, die es ihm erlaubt, überall und immer die Oberhand zu behalten. Die westliche imaginäre Erforschung des Orientalischen beruht nach Said »mehr oder weniger ausschließlich auf einem Bewusstsein der westlichen Souveränität, aus dessen unangefochten zentraler Stellung erst eine orientalische Welt resultierte – zunächst aufgrund allgemeiner Prinzipien darüber, wer oder was als orientalisch zu gelten hatte, und dann nach einer speziellen Logik, die indes nicht einfach der empirischen Realität folgte, sondern einem ganzen Bündel von Bedürfnissen, Verdrängungen, Unterstellungen und Projektionen« (ebd., 17). Indem er den orientalistischen Diskurs untersucht, d.h. die wissenschaftlichen und literarischen Texte, durch die der Orient konstituiert wird, will Said zur politischen Aufklärung beitragen und letztlich generalisierende Zuschreibungen wie ›der Westen‹ oder ›der Orient‹ überwinden. Erst dann könne sich ein neuer Umgang mit dem ergeben, was jenseits solcher Begriffe zu finden ist.

Am Beispiel von Flaubert, der im Namen seiner Geliebten Ruschiuk Hânem sprach, hat Said auf ein Problem hingewiesen, das im Werk von **Gayatri Chakravorty Spivak** aufgenommen und in ihrem Aufsatz »Can the Subaltern Speak?« [Kann der/die Subalterne sprechen?] behandelt worden ist. Wie ist eine Repräsentation von Marginalisierten und Ausgeschlossenen möglich, wie können sie selbst dies leisten, ohne auf die vom kolonialen Diskurs vorgegebenen Möglichkeiten angewiesen und damit in den Kategorien gefangen zu sein, die dieser vorgibt? Um den Schluss ihres Aufsatzes vorwegzunehmen: »**Die Subalterne kann nicht sprechen**« (Spivak 2008, 104).

Spivak beginnt ihren Text mit einer Kritik an Foucault und Deleuze, die in einem Gespräch über die Intellektuellen (»Die Intellektuellen und die Macht«, in: Foucault: *Dits et écrits. Schriften, Bd. 2*, 2002, 382-393) zwar die Problematik erkennen, dass die Handelnden und Kämpfenden nicht von einem Intellektuellen repräsentiert werden können (Spivak 2008, 29), führen dadurch aber ein konstitutives Subjekt wieder ein, das problematisch sei:

»Im Gespräch zwischen Foucault und Deleuze scheint es darum zu gehen, dass es keine Repräsentation, keinen Signifikanten gibt. [...] Die Theorie ist eine Schaltstelle der Praxis (womit Probleme der theoretischen Praxis verabschiedet werden), und die Unterdrückten können für sich selbst wissen und sprechen. Dadurch wird das konstitutive Subjekt auf zumindest zwei Ebenen wieder eingeführt: als Subjekt des Begehrens und der Macht im Sinne einer unhintergehbaren methodologischen Voraussetzung; sowie als Subjekt der Unterdrückten, das sich selbst am nächsten, wenn nicht sogar mit sich selbst identisch ist« (ebd., 38f.).

Damit fallen sie aber, so der implizite Vorwurf, hinter die Errungenschaften ihres eigenen Subjekt-Verständnisses zurück, denn in ihrem Gespräch verstecke sich »hinter einem postrepräsentationalistischen Vokabular eine essenzialistische Programmatik« (ebd., 51).

In diesem Sinn sind Foucault und Deleuze für Spivak nicht poststrukturalistisch genug. An Derrida geschult, weist sie darauf hin, dass sogar noch im Bemühen, über vom Kolonialismus unterdrückte Gruppen zu berichten, die versteckte Annahme und Konstruktion eines Bewusstseins oder Subjekt versteckt ist und »sich auf lange Sicht mit dem Werk der imperialistischen Subjektkonstitution verbinden« wird: »Und die subalterne Frau wird so stumm bleiben wie eh und je« (ebd., 75).

Ziel ist es vielmehr, *zu* dem subalternen Subjekt zu sprechen, anstatt ihm zuzuhören oder für es zu sprechen, wobei man dann bestimmte Privilegierungen *systematisch verlernen* würde (ebd., 75). Der postkoloniale Diskurs selbst muss kritisiert, die eigene Positionalität als Subjekt, das eine Untersuchung durchführt, gekennzeichnet werden (ebd., 77f.). »Ein Teil unseres Projekts des ›Verlernens‹ besteht darin, diese ideologische Formation [dasjenige, wodurch man selbst geprägt worden ist; SM u. AR] in den *Gegenstand* der Untersuchung einzugliedern – wenn nötig, indem wir das Schweigen *vermessen*« (ebd., 78). Anstatt also entweder für die Unterdrückten zu sprechen, oder – wie Deleuze und Foucault dies tun – zu sagen, dass man für sie nicht zu sprechen brauche, geht es darum, im

Sprechen zu den Subalternen die eigene Position mitzureflektieren und nicht das Schweigen zu brechen und ihm zum Reden zu verhelfen, sondern vielleicht auch einfach nur das Schweigen zu konstatieren und zu umreißen.

Wie das konkret aussehen könnte, macht Spivak an dem Selbstmord einer jungen Inderin deutlich, die für die indische Unabhängigkeit kämpfte und einen politischen Mord ausführen sollte, dem sie sich nicht gewachsen sah. Da sie aber wusste, dass sie ganz im Zwang des satī-Denkens von der guten Ehefrau gefangen war, das den Hintergrund der Deutung ihres Selbstmords abgeben würde, tötete sie sich in der Zeit ihrer Menstruation, um den Fall einer ungewollten Schwangerschaft als Ursache auszuschließen. Damit, so Spivak, schrieb sie »den sozialen Text des satī-Selbstmordes vielleicht auf interventionistische Weise um« (ebd., 104).

Spivak hat ihren Text ursprünglich 1988 veröffentlicht, als er dann aber in einen Sammelband mit ihren Aufsätzen aufgenommen werden sollte, überarbeitete sie ihn und veröffentlichte die zweite Version 1999 in ihrem Buch *A Critique of Postcolonial Reason*. In einem Interview, das sie gewissermaßen zwischen beiden Versionen gab und das teilweise in der deutschen Ausgabe der ersten Fassung übersetzt worden ist, benennt sie ihr Vorhaben noch einmal deutlicher: »Subalterner Aufstand [...] *ist* ein Bemühen, sich selbst in die Repräsentation einzubringen, und zwar nicht entlang der Linien, die von den offiziellen institutionellen Repräsentationsstrukturen vorgegeben werden. Zumeist erreicht er nichts. Das ist das Moment, das ich ›nicht sprechen‹ nenne« (ebd., 144f.).

Homi Bhabha, wie Spivak indischer Herkunft, unterwirft, könnte man sagen, auch den postkolonialen Diskurs noch dem Differenzdenken, nämlich den Derrida'schen Kategorien des Aufschubs, der Nicht-Präsenz, des Supplements usw. Das Verhältnis der Kolonialmacht zu den Kolonisierten fasst er nicht als eine feststehende Beziehung z.B. die einer Unterdrückung mit klaren Fronten auf; das sei der Fehler, den noch Said begehe, und der für den postkolonialen Diskurs bestimmend wäre: »Ein wichtiges Merkmal des kolonialen Diskurses besteht in seiner Abhängigkeit vom Konzept der ›Festgestelltheit‹ in der ideologischen Konstruktion der Andersheit« (Bhabha 2000, 97).

Diese Festgestelltheit will Bhabha überwinden, und zwar indem er den kolonialen Diskurs selbst dekonstruiert und ihn mit psychoanalytischen Begriffen von Freud, Lacan und Frantz Fanon, mit dekonstruktiven Begriffen von Derrida und mit diskurs- und machttheoretischen Begriffen von Foucault zu bestimmen versucht.

Wichtig sind dabei einige zentrale theoretische Konzepte, die er vor allem in seiner Aufsatzsammlung *The Location of Culture* von 1994 (dt. *Die Verortung der Kultur*, 2000) umreißt, wovon besonders die Begriffe ›Hybridität‹ und ›Dritter Raum‹ nachhaltigen Einfluss ausgeübt haben.

Die Autorität der kolonialen Macht ist für Bhabha nicht einfach gegeben (wie z.B. für Said), sondern gewinnt ihre Beherrschungsfunktion durch einen Prozess der Verleugnung; ihr Eingreifen im kolonialisierten Land sei immer chaotisch und würde Verwerfungen hervorrufen, die auf der anderen Seite negiert werden müssten, »um die Autorität in ihrer Identität in den teleologischen Narrativen des historischen und politischen Evolutionismus zu bewahren« (ebd., 163f.). Man kann diese Stelle so verstehen, dass das Chaotische im Eingreifen der Kolonialmacht von dieser kaschiert werden muss, indem sie eine Erzählung konstruiert, die aus dem Chaotischen eine Notwendigkeit macht. Das eigene Eingreifen wird z.B. dadurch begründet, dass es bei der weiteren und besseren Entwicklung der ›Naturvölker‹ oder der ›zurückgebliebenen‹ Nationen helfen würde.

Nach Bhabha aber produziert die kolonialistische Macht Differenzierungen, Individuationen und Identitätseffekte, um durch Diskriminierung ihre Untertanen zu definieren (z.B. indem man sagt, es handele sich um ›Wilde‹, ›Ungebildete‹, ›der Natur Näherstehende‹ usw.). Allerdings würde genau diese Diskriminierung »die stabile, einheitsstiftende Annahme einer Kollektivgröße gar nicht zulassen. Der ›Teil‹ (der immer der kolonialistische Fremdkörper [*foreign body*] sein muß), muß das ›Ganze‹ (erobertes Land) repräsentieren, aber dieses Repräsentationsrecht basiert auf der radikalen Differenz des Teils« (ebd., 164). Das kann nur funktionieren, so Bhabha, indem die Kolonialmacht eine Strategie der Verleugnung verfolgt.

Hier nun kommt die **Hybridität** ins Spiel: »Hybridität ist das Zeichen der Produktivität der kolonialen Macht, ihrer flottierenden Kräfte und Fixpunkte; sie ist der Name für die strategische Umkehrung des Prozesses der Beherrschung durch Verleugnung (das heißt, der Produktion diskriminatorischer Identitäten, durch die die ›reine‹ und ursprüngliche Identität der Autorität sichergestellt wird). Hybridität ist die Umwertung des Ausgangspunktes kolonialer Identitätsstiftung durch Wiederholung der diskriminatorischen Identitätseffekte. Sie offenbart die notwendige Deformation und De-plazierung sämtlicher Orte von Diskriminierung und Beherrschung« (ebd., 165). Sie wirkt dadurch subversiv, könnte man sagen, dass sie die Wirkung der Verleugnung umkehrt und das gesamte Machtgefüge durcheinanderbringt. Durch die Differenzierungen, die sie produziert, verändert sie ihre eigene Sicht auf die Unterdrückten und macht aus ihnen Gestalten, die zur Bedrohung werden können: »Hybridität repräsentiert jene ambivalente ›Verwandlung‹ des Untertanen/Subjektes in das schreckenerregende, entstellte Objekt paranoider Klassifikation – eine beunruhigende Infragestellung der Bilder und Präsenzformen der Autorität« (ebd., 168). Aus schwarzen Einheimischen können so bedrohliche, nicht zu verstehende, mit außergewöhnlicher Sexualität begabte ›Neger‹ entstehen, die die eigene Macht in Frage stellen und herausfordern. Daran zeigt sich, dass die Beziehung Kolonialherr/ Kolonisierter nicht mit den eindeutigen Machtverhältnissen adäquat beschrieben werden kann, die noch den Diskurs von Said bestimmen. »Wenn wir die Wirkung der kolonialen Macht in der Produktion von Hybridisierung sehen statt in der lautstarken Ausübung der kolonialistischen Autorität oder der stillschweigenden Unterdrückung einheimischer Traditionen, so hat das eine wichtige Veränderung der Perspektive zur Folge« (ebd., 166).

Ein weiteres theoretisches Konzept von Bhabha ist der ›Dritte Raum‹ (*third space*, manchmal auch als ›Dritter Ort‹ übersetzt). Hier macht er sich explizit Derridas Verständnis der *différance* zunutze, um zu einer Bestimmung kultureller Bedeutungssysteme zu gelangen, die jenseits der »Festgestelltheit« die Bedeutung und die Symbole von Kultur als »nicht von allem Anfang an einheitlich und festgelegt« (ebd., 57) erweisen, sondern die Möglichkeit eröffnet, »daß selbst ein und dieselben Zeichen neu belegt, übersetzt, rehistorisiert und gelesen werden können« (ebd., 57). Die Begründung dafür lehnt sich stark an Derrida an:

»Dieser Raum repräsentiert sowohl die allgemeinen Bedingungen der Sprache als auch die spezifischen Implikationen der Äußerung innerhalb einer performativen und institutionellen Strategie, derer sich die Äußerung nicht ›in sich‹ bewußt sein kann. Durch diese unbewußte Beziehung kommt es zu einer Ambivalenz im Akt der Interpretation. Es ist dem pronominalen Ich der Proposition nicht möglich, sich – in seinen eigenen Worten – an das Subjekt der Äußerung zu wenden, da dieses nicht personifizierbar ist, sondern eine räumliche Relation innerhalb der Schemata und Strategien des Diskurses bleibt. Die Bedeutung der Äußerung ist ganz wortwörtlich weder das eine noch das andere« (ebd., 55).

Das ist, kann man sagen, klassische Dekonstruktion, wobei jedoch die Begründungsaspekte etwas verschoben sind, das Ergebnis aber gleich bleibt. Allerdings wird es von Bhabha auf die Identität von Kulturen umgemünzt: »Die Einführung dieses Raumes stellt unsere Auffassung von der historischen Identität von Kultur als einer homogenisierenden, vereinheitlichenden Kraft, die aus der originären Vergangenheit ihre Authentizität bezieht und in der nationalen Tradition des Volkes am Leben gehalten wurde, sehr zu Recht in Frage« (ebd., 56).

Für Bhabha ist dieser Raum die »Vorbedingung für die Artikulation kultureller Differenz« (ebd., 58), und darin kann man auch die Hauptstoßrichtung seiner Theorie sehen: Es geht ihm um ein Verständnis von Kultur, das nicht fest umrissen ist, sondern sich immer neu konstituiert, verändert und im Fluss ist. Seine Theorie will bewusst machen, »daß unsere politischen Bezugspunkte und Prioritäten – das Volk, die Gemeinschaft, der Klassenkampf, der Antirassismus, die Geschlechterdifferenz, das Einnehmen einer antiimperialistischen, schwarzen oder dritten Perspektive – nicht in irgendeinem ursprünglichen, naturalisierten Sinn gegeben sind und auch kein einheitliches oder homogenes politisches Objekt widerspiegeln« (ebd., 40).

3.3.4 Medientheorie nach dem Poststrukturalismus

Der digitale Wandel, der bereits Ende der 1970er Jahre Jean-François Lyotards Studie über die Postmoderne maßgeblich motiviert hatte (s. Kap. 2.3.3), hat in den seither vergangenen Jahrzehnten zu einer immer noch wachsenden wissenschaftlichen Beschäftigung mit Fragen der Medien und des Medialen geführt. Im Kontext der Ausdifferenzierung der noch jungen Disziplin der Medienwissenschaften spielen poststrukturalistische Denker und ihre theoretischen Impulse eine wichtige, in Teilbereichen geradezu paradigmatische Rolle. Überraschend ist das nicht, denn nahezu jeder Denker aus dem Umkreis des Poststrukturalismus hat auch über Medien und ihre Bedeutung nachgedacht, und die Analyse medialer Strukturen ist, mehr oder weniger stark ausgeprägt, immer schon Teil des poststrukturalistischen Diskurses (für einen alternativen Überblick vgl. Pias 2003).

Besonders deutlich ist dies bei **Jean Baudrillard**, der seine Philosophie der Simulation (s. Kap. 2.3.2) von Anfang an auch am Beispiel einer Analyse der Massenmedien und ihrer Theorie entwickelt und exemplarisch ausführt. Prominent ist Baudrillards Auseinandersetzung mit dem Plädoyer für einen emanzipatorischen Gebrauch von Massenmedien, das Hans Magnus Enzensberger 1970 im Rückgriff auf Bertolt Brechts sog. »Radiotheorie« aus den 1930er Jahren vorgestellt hatte (ein Dreierschritt, der mittlerweile zu einer historischen Debatte kanonisiert wurde; vgl. Engell u.a. 1999, 254ff.). In seinem Text »Requiem pour les media« (dt. »Requiem für die Medien«. In: *Kool Killer oder Der Aufstand der Zeichen*, 1978) kritisiert Baudrillard 1972 die Vorstellung, man könne durch einen anderen

Gebrauch ihrer Technik die Medien zu Mitteln der gesellschaftlichen Partizipation umgestalten. Tatsächlich, so Baudrillard, kommt es im Blick auf Medien weder auf die vermittelten Inhalte noch auf die verwandte Technik – sondern auf die Art und Weise an, wie der jeweilige mediale Code die gesellschaftlichen Diskurse prägt. Weil bis dato eine entsprechende Perspektive fehlt, lässt Baudrillard seinen Text entsprechend mit der These beginnen: »**Es gibt keine Medientheorie**« (*Kool Killer*, 83).

Das Missverständnis beginnt für Baudrillard schon bei der Beschreibung von Massenmedien als Kommunikationsmedien. Kommunikation nämlich setzt voraus, dass es einen Sender und einen Empfänger gibt, die wechselseitig miteinander interagieren können. Massenmedien jedoch, so Baudrillard zu Recht, sind strukturell nur darauf ausgerichtet zu senden. Das aber heißt für ihn: »**die Medien sind dasjenige, welches die Antwort für immer untersagt**« (ebd., 91: Eine Feststellung, die Baudrillard übrigens mit Jürgen Habermas verbindet, der in seiner Arbeit über den *Strukturwandel der Öffentlichkeit* bereits genau ein Jahrzehnt zuvor den massenmedialen Zwang des »Don't talk back« beschrieben hatte; Habermas 1962/ 1990, 261). Das System der Massenmedien lässt eine demokratische Nutzung mithin per definitionem nicht zu. Zugleich befinden wir uns nach Baudrillard in einer Kultur, deren Weltverhältnis von Zeichenprozessen derart geprägt ist, dass wir jeden Zugriff auf eine nicht vermittelte und d.h. auch nicht medial codierte Wirklichkeit verloren haben. Seine im Jahr 1978 postulierte und bereits oben zitierte These, dass wir im Zeitalter der Simulation »die Substituierung des Realen durch Zeichen des Realen« (*Agonie des Realen*, 9) erlebten, spitzt Baudrillard im Laufe der Jahre immer weiter zu – so beispielsweise 1996, als er unter dem Titel *Das perfekte Verbrechen* den vermeintlichen ›Mord‹ an der Realität u.a. durch die virtuellen Welten der digitalen Netze beschreibt.

So pointiert sie auch formuliert wurde, blieb Jean Baudrillards düstere Theorie doch ein Solitär; ihrer relativen Bekanntheit auch außerhalb des akademischen Kontextes folgte keine entsprechende Nachwirkung im (medien-)wissenschaftlichen Bereich – ein Schicksal, das Baudrillard übrigens mit Paul Virilio teilt, der gerne (wenn auch, wie wir finden, zu Unrecht) dem weiteren Umfeld des Poststrukturalismus zugerechnet wird und in seinen kulturkritischen Arbeiten zu ähnlichen Resultaten kommt. Umso größer ist bis heute der grundsätzliche Einfluss, den andere poststrukturalistische Autoren auf Teile der medienwissenschaftlichen Theoriebildung haben. Das gilt zum Beispiel für Jacques Derrida, der bereits 1967 die beginnende digitale **Transformation des Mediums** ›Schrift‹ vorher-

sieht und im Zusammenhang mit Überlegungen zum »Ende des Buches« (*Grammatologie*, 154) über Möglichkeiten elektronischer Spei-
cherverfahren, die eine nicht-lineare Präsentation von Texten erlauben
könnten, spekuliert – Möglichkeiten, in denen Derrida dann auch das
Potential für »längerfristige Konsequenzen für die Formen des Denkens« sieht (ebd.). Derridas kursorische Überlegungen ähneln unübersehbar dem Konzept des digitalen Hypertexts als einem medialen Verfahren, Texte durch Verknüpfungen beliebig miteinander zu vernetzen
und damit sowohl alternative Lektüremöglichkeiten zu eröffnen als
auch neue Wissensressourcen zu erschließen. Den Namen ›Hypertext‹
prägte der US-amerikanische Soziologe Ted Nelson im Jahr 1963 im
Rückgriff auf Visionen, die Vannevar Bush 1945 in seinem epochalen
Text »As We May Think« entwickelt hatte – und die gleichfalls in den
60er Jahren der Computerpionier Douglas Engelbart wieder aufnehmen sollte (zum Hypertext allgemein vgl. Porombka 2001). Im Jahr
1990 dann entwickelt Tim Berners-Lee die Programmiersprache Hypertext MarkUp Language, kurz: HTML, die das World Wide Web
(WWW) ins Leben ruft – und als bislang wirkungsvollste Realisierung von Hypertextualität zugleich Derridas Überlegungen auf populäre Weise zu konkretisieren scheint. Tatsächlich wird in der Folge der
hypermedial organisierte Datenraum des WWW verschiedentlich als
technische Implementierung von Derridas Textmodell beschrieben
(vgl. Bolter 1991; 1997 oder Poster 1995) – oder, umgekehrt, Derridas eigene Schreibpraxis als hypertextuelles Verfahren ›avant la lettre‹
apostrophiert (so Bolz 1993; ähnlich Landow 1991 am Beispiel von
Derridas Buch *Glas*). Die Bedeutung der Philosophie Derridas für ein
philosophisches Verständnis von Medien reicht dabei weit über einzelne Beispiele hinaus.

Der grundsätzliche Impuls, den die junge Disziplin der Medientheorie der Dekonstruktion verdankt, besteht zweifellos im Hinweis
auf die **irreduzible Materialität medialer Kommunikation**, die Derrida am Beispiel des Eigensinns der Schrift aufgedeckt hatte (s. Kap.
2.1.1). Es gibt kein Signifikat ohne Signifikanten, das bedeutet eben
auch: Es gibt keinen Sinn ohne mediale Manifestation. Und die differenzlogische Einsicht, dass Signifikat und Signifikant in systematische Verweisungszusammenhänge eingebunden sind, deren Verschiebungen keine letztgültige Bestimmung des Sinns erlauben, heißt in
der entsprechenden Reformulierung dann, dass Bedeutung, die medial kommuniziert wird, nie eindeutig ist, weil sich ihr Sinn, im
Sinne der differ*a*nce, mit jeder medialen Aktualisierung ebenfalls
verschiebt.

Während die Feststellung der bedeutungskonstitutiven Funktion
von Medien innerhalb der Medientheorie mittlerweile ein Gemein-

platz ist, der sich historisch schon mit Marshall McLuhans berühmter These »The medium is the message« verbindet, stellen die differenzlogischen Konsequenzen das wirkungsmächtige Erbe poststrukturalistischen Denkens dar, das besonders die philosophische Medientheorie in Deutschland nachhaltig beeinflusst hat. Namen wie Georg Christoph Tholen, Sybille Krämer oder Dieter Mersch stehen exemplarisch für aktuelle Versuche, unser Verständnis von Medien und ihrer Medialität zu schärfen vor dem Hintergrund der **Differenz, welche Medien nicht nur darstellen, sondern sind**: Eben diese Differenz ist Gegenstand von Tholens eng an Derrida und Lacan angelehnter »Metaphorologie der Medien« (Tholen 2002), die »Sinnvorbehalt und Sinnaufschub der Medien« als »grundlegende Bestimmung von Medialität als Mit-Teilbarkeit zu begründen versucht« (ebd., 8), während Krämer, die immer wieder auf Derridas Philosophie der Schrift zurückgreift, u.a. sein Konzept der »Spur« mobilisiert, um gegen McLuhan deutlich zu machen, dass ein Medium »nicht einfach die Botschaft [ist]; vielmehr bewahrt sich an der Botschaft die Spur des Mediums« (Krämer 1998, 81). Dieter Mersch wiederum entwirft ebenfalls im Rückgriff auf Derrida (und Heidegger) das »Programm einer negativen Medientheorie«, die auf »*Strategien der Differenz*« beruht und »Medialität [...] als jene Unbestimmbarkeit, von der immer nur neue Skizzen gemacht werden können« beschreibt (Mersch 2006, 224).

Weniger auf die Differenz als auf die Materialität der Medien fokussiert, ist die ebenso prominente wie originelle Fortschreibung der Philosophie des Poststrukturalismus durch die Medientheorie des Literaturwissenschaftlers **Friedrich A. Kittler** (1943-2011). Kittler hatte im Jahr 1980 mit der Herausgabe des Bandes *Austreibung des Geistes aus den Geisteswissenschaften. Programme des Poststrukturalismus* (Kittler 1980) als einer der ersten maßgeblich dazu beigetragen, die Gedanken der französischen Philosophen in Deutschland bekanntzumachen. Seine zweite große Monographie, das Buch *Grammophon Film Typewriter*, lässt Kittler sechs Jahre später mit den programmatischen Worten beginnen: »**Medien bestimmen unsere Lage**« (Kittler 1986, 3). Weniger von Derrida als von Foucaults Diskursanalyse, Lacans Psychoanalyse und der Philosophie Martin Heideggers geprägt, beginnt Kittler in den 1980er Jahren mit Arbeiten zur Geschichte der Medien, die zeigen wollen, wie sehr die technische Verfassheit von Medien den kulturellen Praktiken einer jeweiligen Epoche immer schon strukturell zugrunde liegen – und es in Konsequenz Medientechniken sind, die bestimmen, was gewusst und gedacht werden kann (zur Theorie Kittlers vgl. Winthrop-Young 2005 und 2011).

Kittlers Technodeterminismus propagiert durchgängig **die Idee eines medientechnischen Aprioris**, das er zugleich geschichtsphilosophisch weiterspinnt: Wie viele sieht Kittler im Aufkommen digitaler Rechner eine Zäsur – von der er anders als die meisten zugleich vermutet, dass mit ihr »die Geschichte der Kommunikationstechniken buchstäblich abgeschlossen [wird]« (Kittler 1993, 187). Wollte Foucault seinerzeit wetten, »daß der Mensch verschwindet wie am Meeresufer ein Gesicht im Strand« (*Die Ordnung der Dinge*, 462), so orakelt Kittler, dass sich die weitere Geschichte der Medien *nach* ihrem Abschluss »[o]hne Referenz auf den oder die Menschen« (Kittler 1993, 187) entwickeln werde. Kittlers Einfluss auf die im Lauf der 1980er/90er Jahre gerade erst entstehende deutsche Medientheorie lässt sich schwer überschätzen; zahlreiche Wissenschaftler/innen der nachfolgenden Generation haben seinen poststrukturalistisch geprägten Ansatz, wenn auch unterschiedlich modifiziert, übernommen und weiterentwickelt. Beispiele hierfür sind diskursanalytische Arbeiten von Bernhard Siegert oder Bernhard Dotzler zur Vorgeschichte der Computer (Siegert 2003; Dotzler 2006) ebenso wie das medienarchäologische Projekt von Wolfgang Ernst (vgl. Ernst 2007). Beeinflusst hat Kittler nicht nur deutschsprachige Autoren, wie sich exemplarisch an Alexander Galloways Internet-Studie *Protocol. How Control Exists after Decentralization* (Galloway 2004) zeigt, die zugleich wesentlich von Foucault und Deleuze geprägt ist.

Gerade **Gilles Deleuze** verdankt die nachfolgende Medientheorie wichtige Impulse – und das auf mehreren Ebenen. So ist beispielsweise sein gemeinsam mit Felix Guattari entwickeltes Modell eines Denkens der Vielheiten, das beide unter dem **Begriff des Rhizoms** entwickelt hatten (s. Kap. 2.2.1), einigen Zeitgenossen als ein ideales Werkzeug zur Beschreibung und Erforschung der Struktur des immer unüberschaubarer werdenden digitalen Netzes und seiner Strukturen der vielfältigen Verweisungen erschienen (so z.B. bei Galloway 2004), auch wenn andere die metaphorische Übertragung des Rhizombegriffs mit seinen biologischen Implikationen auf die unbelebte Technik des Internet als ideologisch zumindest fragwürdig kritisiert haben (Stingelin 2000, 21ff.). Unproblematischer, aber ungleich komplexer ist die Wirkung, die Deleuze durch seine eigenen Arbeiten zum Film und zum Kino auf die Filmwissenschaft, aber auch auf Teile der allgemeinen Medienwissenschaft hat. 1983 erscheint *Cinéma 1: L'image-mouvement* (dt. *Das Bewegungs-Bild. Kino 1*, 1989), 1985 der Folgeband *Cinéma 2: L'image-temps* (dt. *Das Zeit-Bild. Kino 2*, 1991). Zwei Bände, in denen Deleuze die Geschichte des Kinos als medialem Dispositiv anhand der detaillier-

ten Interpretation einer sehr subjektiven Auswahl von Filmen rekonstruiert. Im Gewand der Kinogeschichte legt Deleuze dabei eine
Philosophie des Films als eines Mediums der Zeit- und der Bildlich-
keit vor, die zugleich Konturen einer Philosophie des Medialen
überhaupt skizziert (zu Deleuze und dem Film vgl. als Überblick
Engell/Fahle 1997; für einen genuin philosophischen Zugang vgl.
Schaub 2003): Das Aufkommen des kinematographischen Films, so
die Ausgangsthese, setzt Bilder und Zeichen in die Welt, die
zunächst nach einer neuen Klassifizierung verlangen. Natürlich geht
es Deleuze um mehr. Zum Beispiel um das »Wesen des Kinos, das
nicht die Allgemeinheit der Filme ist« – sondern »als oberstes Ziel
das Denken und nichts anderes als das Denken und seine Funkti-
onsweise« hat (*Das Zeitbild*, 220). Diesem Ziel nähert sich das filmi-
sche Bild nur indirekt, aber präzise durch »eine *Suspension der Welt*
oder eine *Trübung* des Sichtbaren: beide Effekte **machen das Denken nicht sichtbar [...] sondern beziehen sich auf das, was sich im
Denken nicht denken läßt«** (ebd.). Das Kino leistet dies mit den
intelligiblen Mitteln vorsprachlicher Bilder. Wenn Deleuze später
vom Film schreibt, dass er »den filmischen Vorgang in der Weise
auf[zeichnet], dass er einen zerebralen Vorgang projiziert«, und mit
der These anschließt: »Ein Gehirn, das flackert, neu verkettet oder
Schleifen durchläuft: das ist Kino« (ebd., 277), so knüpft er hier
nicht nur an frühere Konzepte des körperlosen Denkens an (s. Kap.
2.2.1) – er legt auch den Grund für spätere Theorien des Kinos, die
Filme selber denken lassen (wie in Daniel Framptons originellem
Konzept der *filmosophy*; Frampton 2006) ebenso wie Modelle, die
mediale Apparaturen überhaupt gleich zu theorietreibenden Akteu-
ren ihrer eigenen Philosophie ernennen (so Engell 2003 in deleuzia-
nischem Geist am Beispiel des Fernsehens).

Die Liste der Beispiele ließe sich mühelos fortsetzen. Dabei zeigt die
Vielzahl von einschlägigen Sammelbänden, Monographien und Aufsätzen vor allem eines – bis heute ist zumindest die philosophisch geprägte
Medientheorie von Motiven und Impulsen des Poststrukturalismus
durchdrungen, die sie am Leben erhält und weiterentwickelt.

3.3.5 Das Erbe der Poststrukturalisten

Was bleibt nun vom poststrukturalistischen Denken, von seinen
Thesen und Ideen? – Sie leben selbstverständlich fort, wenn auch
außerhalb der ambivalenten Beziehung zur Kritik am Strukturalismus: Argumentationsfiguren und Konzepte des Poststrukturalismus
lassen sich weiterhin zur Kritik an Theorien mobilisieren, die mit

dem Anspruch auf eindeutige Wahrheit auftreten und sich systematisch gegen das ihren Begriffen inkommensurable »Andere« abzuschotten versuchen. Innerhalb der Philosophie sind Resultate des poststrukturalistischen Denkens längst in andere Kontexte eingewandert und dort fruchtbar gemacht worden (wie wir beispielhaft in Kapitel 3.3 gezeigt haben). Nicht anders als die Konzepte der älteren und jüngeren Philosophiegeschichte wie Platons Ideenlehre, Hegels Dialektik oder Heideggers Kritik der Ontologie besetzt der Poststrukturalismus jenseits des Poststrukturalismus einen Platz innerhalb des philosophischen Denkens und Arbeitens. Die von ihm entwickelten Strategien einer kritischen Lektüre – wie die Methode der Dekonstruktion – werden mit Sicherheit auch weiterhin immer wieder neue und kritische Einsichten ermöglichen. Inspiriert von Foucault, drückt Deleuze diesen Gedanken so aus: »Ein Philosophiebuch ist ein schwieriges Buch, aber gleichzeitig auch ein vollkommen zugängliches Objekt, eine wunderbar offene Werkzeugkiste, vorausgesetzt, daß man es im Moment braucht, daß man Lust darauf hat« (*Unterhandlungen 1972-1990*, 1993, 42).

Zugleich ist der Poststrukturalismus immer eine Philosophie gewesen, die über die Grenzen der Philosophie hinausgereicht hat. Das gilt für die Texte seiner Vertreter insofern, als sie sich einerseits immer wieder (darin noch einmal den Strukturalisten verwandt) nicht-philosophischer Themen angenommen haben – und andererseits ihre Werke zum Teil auch als literarische Texte geschrieben haben. Über die Grenzen der Philosophie reicht der Poststrukturalismus auch durch die direkte und indirekte Aufnahme oder Wirkung seiner Ideen in nicht-philosophische Bereiche hinein. Die Dekonstruktion, deren Aufnahme in Literaturwissenschaft, Feminismus und Architektur wir diskutiert haben, ist für diese Wirkung nur ein Beispiel – keineswegs jedoch das einzige. So haben sich bis in die Gegenwart des 21. Jahrhunderts immer wieder Künstler und Schriftsteller von poststrukturalistischen Gedanken anregen und inspirieren lassen: Der Einfluss reicht von der direkten Zusammenarbeit etwa des Malers Jacques Monory mit Lyotard über Arbeiten beispielsweise von Valerie Adami, der sich in einer Serie von Gemälden unmittelbar auf Derridas Buch *Glas* bezieht (worauf Derrida wiederum in einem Kapitel seines Buchs über *Die Wahrheit in der Malerei* reagiert) bis hin zu einem Roman wie Marcel Beyers *Menschenfleisch* (1991), an dessen Ende sich eine Bibliographie von Werken u.a. poststrukturalistischer Autoren findet, die er als Referenz angibt. Direkte Verweise auf Derrida, Deleuze, Foucault oder Lyotard finden sich bis heute in unzähligen weiteren Stellungnahmen, Interviews und Texten von Künstlern, Künstlerinnen, Autoren und Autorinnen.

Die größte Wirkung aber hat der Poststrukturalismus auf indirektem Wege dadurch entfaltet, dass seine Ideen und Konzepte von Journalisten, Kritikern und Rezensenten zur Beschreibung von Phänomenen aus Kultur und Gesellschaft verwendet werden. Sie sind auch heutzutage aus dem Feuilleton nicht mehr wegzudenken und haben zudem manifeste Spuren in der kulturellen Praxis hinterlassen. Ein Bauwerk wie das Pariser Museum Centre Georges Pompidou, bei dem die Architekten Richard Rogers und Renzo Piano das normalerweise versteckte Innenleben komplett nach außen verlegt und damit auf ihre Weise die traditionelle Hierarchie von innen und außen ›dekonstruiert‹ haben, ist dafür ein populäres und frühes Beispiel, genauso wie die ›poststrukturalistischen‹ Erzählhaltungen eines Filmregisseurs wie Peter Greenaway oder eines Autors wie Italo Calvino.

Dem Poststrukturalismus erging es im Zuge seiner überaus erfolgreichen Karriere nicht anders als vielen anderen theoretischen Modellen: Nicht immer ist die Übertragung seiner philosophisch motivierten Begriffe und Ideen in Bereiche außerhalb der Philosophie sinnvoll gewesen. Oftmals hat sich der Versuch einzelner Autoren, Künstler oder Kritiker, mit theoretischen Versatzstücken von Derrida, Deleuze, Foucault oder Lyotard zu spielen, auch als barer Unsinn erwiesen. Das gleiche gilt für eine ganze Reihe von Texten der Epigonen des Poststrukturalismus innerhalb der Philosophie. Dabei spiegelt diese Wirkung des Poststrukturalismus jenseits des Poststrukturalismus ironischerweise eine der Grundüberzeugungen des Poststrukturalismus wider: Ein Begriff kann aus seinem ursprünglichen Kontext isoliert und prinzipiell auf jeden anderen Kontext »gepfropft« (Derrida) werden. Seine Bedeutung verschiebt sich dadurch, wird angereichert oder umbesetzt, sie muss am Ende mit dem ersten Auftreten des Begriffs nichts mehr gemeinsam haben – und kann diesem zugleich im Extremfall sogar widersprechen. Gegen eine solche Verschiebung des ursprünglichen Sinns in sein Gegenteil jedoch lässt sich kein Begriff und keine Idee immunisieren.

Bibliographie

Die Bibliographie strebt keine Vollständigkeit an. Wir haben uns bei der Sekundärliteratur im Wesentlichen auf Monographien und Textsammlungen beschränkt, in denen leicht Verweise auf Literatur zu Spezialfragen zu finden sind.

1.　Primärliteratur

Roland Barthes
- : *Am Nullpunkt der Literatur*. Frankfurt a.M. 1982.
- : *Cy Twombly*. Berlin 1983.
- : *Das semiologische Abenteuer*. Frankfurt a.M. 1988.
- : *Die helle Kammer. Bemerkungen zur Photographie*. Frankfurt a.M. 1985.
- : *Die Lust am Text*. Frankfurt a.M. 1984.
- : *Die Sprache der Mode*. Frankfurt a.M. 1985.
- : »Die strukturalistische Tätigkeit«. In: *Kursbuch* 5 (1966), S. 190-196.
- : *Elemente der Semiologie*. Frankfurt a.M. 1983.
- : *Fragmente einer Sprache der Liebe*. Frankfurt a.M. 1988.
- : *Kritik und Wahrheit*. Frankfurt a.M. 1967.
- : *Leçon/Lektion*. Frankfurt a.M. 1980.
- : *Literatur oder Geschichte*. Frankfurt a.M. 1969.
- : *Mythen des Alltags*. Frankfurt a.M. 1964 (neu übersetzt von Horst Brühmann Frankfurt a.M. 2010).
- : *S/Z*. Frankfurt a.M. 1987.
- : *Sade, Fourier, Loyola*. Frankfurt a.M. 1974.
- : *Über mich selbst*. München 1978.

Jean Baudrillard
- : *Agonie des Realen*. Berlin 1978.
- : *Amerika*. München 1987.
- : *Cool Memories. 1980-1985*. München 1989.
- : *Das Jahr 2000 findet nicht statt*. Berlin 1990.
- : *Das perfekte Verbrechen*. München 1996.
- : *Das System der Dinge. Über unser Verhältnis zu den alltäglichen Gegenständen*. Frankfurt a.M. [3]2007.
- : *Der symbolische Tausch und der Tod*. München 1991.
- : *Die fatalen Strategien*. München 1985.
- : *Die göttliche Linke*. München 1986.
- : *Kool Killer oder Der Aufstand der Zeichen*. Berlin 1978.

– : *Laßt euch nicht verführen!* Berlin 1983.
– : *Oublier Foucault.* München 1983.
– : *Transparenz des Bösen.* Berlin 1992.
– : *Von der Verführung.* München 1992.
– : *Der Geist des Terrorismus.* Wien ²2011

Harold Bloom
– : *Agon: Towards a Theory of Revisionism.* Oxford 1982.
– : *Der Bruch der Gefäße.* Basel/Frankfurt a.M. 1995.
– : *Die heiligen Wahrheiten stürzen. Dichtung und Glauben von der Bibel bis zur Gegenwart.* Frankfurt a.M. 1991.
– : *Eine Topographie des Fehllesens.* Frankfurt a.M. 1997.
– : *Einflußangst. Eine Theorie der Dichtung.* Basel/Frankfurt a.M. 1995.
– : *Poetry and Repression: Revisionism from Blake to Stevens.* New Haven/London 1976.
– / u.a. (Hg.): *Deconstruction and Criticism.* London 1979.

Hélène Cixous
– : *Angst.* Paris 1977.
– : *Das Buch von Promethea.* Wien 1990.
– : *Die unendliche Zirkulation des Begehrens. Weiblichkeit in der Schrift.* Berlin 1977.
– : *L'Histoire terrible mais inachevée de Norodom Sihanouk, Roi du Cambodge.* Théâtre du Soleil 1985.
– : *La jeune née.* Paris 1975.
– : *LA.* Paris 1976.
– : »Le rire de la méduse«. In: *L'arc* (1975), S. 39-54.
– : *Messie.* Paris 1996.
– : *On ne part pas, on ne revient pas.* Paris 1991.
– : *Potrait de Dora.* Paris 1976.
– : *Weiblichkeit in der Schrift.* Berlin 1980.

Gilles Deleuze
– : *Das Bewegungs-Bild. Kino 1.* Frankfurt a.M. 1997.
– : *Das Zeit-Bild. Kino 2.* Frankfurt a.M. 1997.
– : *Die Falte. Leibniz und der Barock.* Frankfurt a.M. 1995.
– : *Differenz und Wiederholung.* München 1997.
– : *Foucault.* Frankfurt a.M. 1987.
– : *Kants kritische Philosophie.* Berlin 1990.
– : *Kleine Schriften.* Berlin 1980.
– : *Logik des Sinns.* Frankfurt a.M. 1993.
– : *Nietzsche und die Philosophie.* Frankfurt a.M. 1985.
– : *Nietzsche. Ein Lesebuch von Gilles Deleuze.* Berlin 1979.
– : *Spinoza. Praktische Philosophie.* Berlin 1988.
– : *Unterhandlungen 1972-1990.* Frankfurt a.M. 1993.
– : *Woran erkennt man den Strukturalismus?* Berlin 1992.

Gilles Deleuze und Félix Guattari
– : *Anti-Ödipus. Kapitalismus und Schizophrenie I.* Frankfurt a.M. 1977.
– : *Rhizom.* Berlin 1977.
– : *Tausend Plateaus. Kapitalismus und Schizophrenie.* Berlin 1992.
– : *Was ist Philosophie?* Frankfurt a.M. 1996.

Paul de Man
– : *Allegorien des Lesens.* Frankfurt a.M. 1988.
– : *Blindness and Insight.* 2., erw. Aufl. Minneapolis 1983.
– : *Die Ideologie des Ästhetischen.* Hg. von Christoph Menke. Frankfurt a.M. 1993.
– : »Der Widerstand gegen die Theorie«. In: Bohn, Volker (Hg.): *Romantik: Literatur und Philosophie.* Frankfurt a.M. 1987.

Jacques Derrida
– : *Aufzeichnungen eines Blinden. Das Selbstporträt und andere Ruinen.* München 1997.
– : *Auslassungspunkte. Gespräche.* Wien 1998.
– : *Das andere Kap. Die vertagte Demokratie. Zwei Essays zu Europa.* Frankfurt a.M. 1992.
– : *Die Postkarte. Von Sokrates bis Freud und jenseits.* 2 Bände. Berlin 1982-87.
– : *Die Schrift und die Differenz.* Frankfurt a.M. 1976.
– : *Die Stimme und das Phänomen.* Frankfurt a.M. 1979 (neu übersetzt von Hans-Dieter Gondek. Frankfurt a.M. 2003).
– : *Die Wahrheit in der Malerei.* Wien 1992.
– : *Gesetzeskraft. Der ›mystische Grund der Autorität‹.* Frankfurt a.M. 1991.
– : *Glas.* Paris 1974 (dt. *Glas.* Paderborn 2006).
– : *Grammatologie.* Frankfurt a.M. 1983.
– : *La dissémination.* Paris 1972.
– : *Limited inc.* Evanston ²1990 (dt. *Limited Inc.* Wien 2001).
– : *Marx' Gespenster.* Frankfurt a.M. 1995.
– : *Positionen.* Wien/Graz 1986.
– : *Randgänge der Philosophie.* Wien 1988.
– : *Recht auf Einsicht.* Wien 1997.
– : *Schibboleth. Für Paul Celan.* Wien 1986.
– : *Sporen. Die Stile Nietzsches.* In: Hamacher, Werner (Hg.): *Nietzsche aus Frankreich.* Frankfurt a.M./Berlin 1986.
– : *Ulysses Grammophon. Zwei Deut für Joyce.* Berlin 1988.
– : *Marx & Sons.* Frankfurt a.M. 2004.
– / Thévenin, Paule: *Antonin Artaud. Zeichnungen und Porträts.* München 1986.
– / Habermas, Jürgen: *Philosophie im Zeichen des Terrors.* Hamburg 2006.

Michel Foucault
– : *Der Gebrauch der Lüste. Sexualität und Wahrheit, Band 2.* Frankfurt a.M. 1986.

– : *Der Mut zur Wahrheit. Die Regierung des Selbst und der anderen II.* Aus dem Französischen von Jürgen Schröder. Frankfurt a.M. 2010.
– : *Der Wille zum Wissen. Sexualität und Wahrheit, Band 1.* Frankfurt a.M. 1983.
– : *Die Anormalen.* Aus dem Französischen von Michaela Ott. Frankfurt a.M. 2003.
– : *Die Archäologie des Wissens.* Frankfurt a.M. 1981.
– : *Die Geburt der Klinik. Eine Archäologie des ärztlichen Blicks.* Frankfurt a.M. 1988.
– : *Die Macht der Psychiatrie.* Frankfurt a.M. 2005.
– : *Die Ordnung der Dinge.* Frankfurt a.M. 1974.
– : *Die Ordnung des Diskurses.* München 1974.
– : *Die Regierung des Selbst und der anderen.* Frankfurt a.M. 2009.
– : *Die Sorge um sich. Sexualität und Wahrheit, Band 3.* Frankfurt a.M. 1986.
– : *Dispositive der Macht. Michel Foucault über Sexualität, Wissen und Wahrheit.* Berlin 1978.
– : *Dits et écrits. Schriften, Band 1-4.* Frankfurt a.M. 2001ff.
– : *Geschichte der Gouvernementalität I: Sicherheit, Territorium, Bevölkerung.* Frankfurt a.M. 2004a.
– : *Geschichte der Gouvernementalität II: Die Geburt der Biopolitik.* Frankfurt a.M. 2004b.
– : *Hermeneutik des Subjekts.* Frankfurt a.M. 2009.
– : *In Verteidigung der Gesellschaft.* Frankfurt a.M. 1999.
– : *Mikrophysik der Macht. Michel Foucault über Strafjustiz, Psychiatrie und Medizin.* Berlin 1976.
– : *Psychologie und Geisteskrankheit.* Frankfurt a.M. 1968.
– : *Raymond Roussel.* Frankfurt a.M. 1989.
– : *Schriften zur Literatur.* Frankfurt a.M. 1988.
– : *Überwachen und Strafen. Die Geburt des Gefängnisses.* Frankfurt a.M. 1989.
– : *Vom Licht des Krieges zur Geburt der Geschichte.* Berlin 1986.
– : *Von der Subversion des Wissens.* Frankfurt a.M. 1987.
– : *Wahnsinn und Gesellschaft. Eine Geschichte des Wahns im Zeitalter der Vernunft.* Frankfurt a.M. 1973.
– : *Was ist Kritik?* Berlin 1992.

Geoffrey H. Hartman
– : *Criticism in the Wilderness: The Study of Literature Today.* New Haven/London 1980.
– : *Saving the Text: Literature/Derrida/Philosophy.* Baltimore 1981.
– : *The Fate of Reading and Other Essays.* Chicago 1975.

Luce Irigaray
– : *Das Geschlecht, das nicht eins ist.* Berlin 1979.
– : *Ethik der sexuellen Differenz.* Frankfurt a.M. 1991.
– : *Speculum. Spiegel des anderen Geschlechts.* Frankfurt a.M. 1980

Pierre Klossowski
– : *Nietzsche und der Circulus vitiosus dei*. München 1986.

Jacques Lacan
– : *Das Ich in der Theorie Freuds und in der Technik der Psychoanalyse. Das Seminar Buch II*. Weinheim/Berlin 1980.
– : *Die vier Grundbegriffe der Psychoanalyse. Das Seminar Buch XI*. Weinheim/Berlin 1978.
– : *Encore. Das Seminar Buch XX*. Weinheim/Berlin 1986.
– : *Freuds technische Schriften. Das Seminar Buch I*. Weinheim/Berlin 1978.
– : *Radiophonie, Television*. Weinheim/Berlin 1988.
– : *Schriften I*. Olten/Freiburg 1973.
– : *Schriften II*. Olten/Freiburg 1975.
– : *Schriften III*. Olten/Freiburg 1980.

Claude Lévi-Strauss
– : *Das wilde Denken*. Frankfurt a.M. 1979.
– : *Die elementaren Strukturen der Verwandtschaft*. Frankfurt a.M. 1993.
– : *Mythologica I: Das Rohe und das Gekochte*. Frankfurt a.M. 1976.
– : *Mythologica II: Vom Honig zur Asche*. Frankfurt a.M. 1976.
– : *Mythologica III: Der Ursprung der Tischsitten*. Frankfurt a.M. 1976.
– : *Mythologica IV: Der nackte Mensch*. 2 Bände. Frankfurt a.M. 1976.
– : *Mythos und Bedeutung. Vorträge*. Frankfurt a.M. 1980.
– : *Strukturale Anthropologie I*. Frankfurt a.M. 1977.
– : *Traurige Tropen*. Frankfurt a.M. 1978.

Jean-François Lyotard
– : *Apathie in der Theorie*. Berlin 1979.
– : *Das Inhumane. Plaudereien über die Zeit*. Wien 1985.
– : *Das Patchwork der Minderheiten*. Berlin 1977.
– : *Das postmoderne Wissen*. Wien 1986.
– : *Der Enthusiasmus. Kants Kritik der Geschichte*. Wien 1988.
– : *Der Widerstreit*. München 1987.
– : *Des dispositifs pulsionels*. Paris 1980.
– : *Die Mauer des Pazifik. Eine Erzählung*. Graz, Wien 1985.
– : *Discours, figure*. Paris 1971.
– : *Essays zu einer affirmativen Ästhetik*. Berlin 1982.
– : *Gezeichnet: Malraux*. Wien 1999.
– : *Grabmal des Intellektuellen*. Wien 1985.
– : *Heidegger und ›die Juden‹*. Wien 1988.
– : *Intensitäten*. Berlin 1978.
– : *Libidinöse Ökonomie*. Berlin 2007; erste dt. Ausgabe: *Ökonomie des Wunsches*. Bremen 1984.
– : *Philosophie und Kunst im Zeitalter ihres Experimentierens*. Berlin 1986.
– : *Postmoderne für Kinder. Briefe aus den Jahren 1982-1985*. Wien 1987.
– : *Streifzüge. Gesetz, Form, Ereignis*. Wien 1989.
– / Jean-Loup Thébaud: *Au juste*. Paris 1979.
– / u.a.: *Immaterialität und Postmoderne*. Berlin 1985.

Joseph Hillis Miller
– : *Ariadne's Thread. Story Lines*. New Haven/London 1992.
– : *The Ethics of Reading: Kant, de Man, Eliot, Trollope, James and Benjamin*. New York 1987.
– : *The Linguistic Moment: From Wordsworth to Stevens*. Princeton 1985.
– : *Theory Now and Then*. New York u.a. 1991.

Ferdinand de Saussure
– : *Grundfragen der allgemeinen Sprachwissenschaft*. Berlin 1967.

2.   Zitierte Literatur

Adorno, Theodor W.: *Ästhetische Theorie*. Frankfurt a.M. 1970.
Agamben, Giorgio: *Homo sacer. Die souveräne Macht und das Leben*. Frankfurt a.M. 2002.
al-Azm, Sadiq: »Orientalism and Orientalism in Reverse«. In: *Khamsin* 8 (1981), S. 5-26; wieder abgedruckt in: Alexander Lyon Macfie (Hg.): *Orientalism: A Reader*. New York 2000, S. 217-238.
Althusser, Louis: *Für Marx*. Frankfurt a.M. 1968.
–   /Balibar, Etienne: *Das Kapital lesen*. Reinbek 1972.
Altwegg, Jürg/Schmidt, Aurel: *Französische Denker der Gegenwart*. München 1987.
Angermüller, Johannes: *Nach dem Strukturalismus. Theoriediskurs und intellektuelles Feld in Frankreich*. Bielefeld 2007.
Aristoteles: (*de interpretatione* =) *Lehre vom Satz (peri Hermeneias. Organon II)*. Hamburg 1958.
Barry, Andrew/Osborne, Thomas/Rose, Nikolas (Hg.): *Foucault and Political Reason. Liberalism, Neo-Liberalism and Rationalities of Government*. London 1996.
Benhabib, Seyla/Butler, Judith/Cornell, Drucilla, Nancy Fraser: *Der Streit um Differenz. Feminismus und Postmoderne in der Gegenwart*. Frankfurt a.M. 1995.
Benjamin, Andrew (Hg.): *Post-structuralist Classics*. London/New York 1988.
Beyer, Marcel: *Menschenfleisch*. Frankfurt a.M. 1991.
Bhabha, Homi: *Die Verortung der Kultur*. Tübingen 2000.
Bierwisch, Manfred: »Strukturalismus. Geschichte, Probleme und Methoden«. In: *Kursbuch* 5 (1966), S. 77-152.
Bolter, Jay D.: *Writing Space. The Computer, Hypertext, and the History of Writing*. Hillsdale 1991.
– : »Das Internet in der Geschichte der Technologien des Schreibens«. In: Münker, Stefan/Roesler Alexander (Hg.): *Mythos Internet*. Frankfurt a.M. 1997, S. 37-55.
Bolz, Norbert: »Zur Theorie der Hypermedien«. In: Huber, Jörg/Müller, Alois Martin (Hg.): *Raum und Verfahren*. Basel/Frankfurt a.M. 1993, S. 17-28.
Bonz, Jochen/Stricve, Karen: »Homi K. Bhabha: Auf der Innenseite kultureller Differenz: ›in the middle of differences‹«. In: Moebius, Stephan/

Quadflieg, Dirk (Hg.): *Kultur. Theorien der Gegenwart*. Wiesbaden 2006, S. 140-156.

Bouveresse, Jacques: *Rationalité et cynisme*. Paris 1984.

Braun, Christina von/Stephan, Inge (Hg.): *Gender@Wissen. Ein Handbuch der Gender-Theorien*. Stuttgart ²2009.

Bröckling, Ulrich/Krasmann, Susanne/Lemke, Thomas (Hg.): *Gouvernementalität der Gegenwart. Studien zur Ökonomisierung des Sozialen*. Frankfurt a.M. 2000.

Bublitz, Hannelore: *Judith Butler zur Einführung*. Hamburg ³2010.

Burchell, Graham/Gordon, Colin/Miller, Peter (Hg.): *The Foucault Effect. Studies in Governmentality*. Hemel Hempstead 1991.

Burke, Edmund: *Philosophische Untersuchung über den Ursprung unserer Ideen vom Erhabenen und Schönen*. Hamburg 1989.

Butler, Judith: *Das Unbehagen der Geschlechter*. Frankfurt a.M. 1991.

– : *Körper von Gewicht. Die diskursiven Grenzen des Geschlechts*. Frankfurt a.M. 1995.

Carroll, David: *Paraesthetics. Foucault. Lyotard. Derrida*. New York/London 1987.

Dean, Mitchell: *Governmentality. Power and Rule in Modern Society*. London/Thousand Oaks/New Dehli 1999.

Degele, Nina: *Gender/Queer-Studies: eine Ein*führung. München 2008.

Deleuze, Gilles: *Woran erkennt man den Strukturalismus?* Berlin 1992.

Descombes, Vincent: *Das Selbe und das Andere. Fünfundvierzig Jahre Philosophie in Frankreich 1933-1978*. Frankfurt a.M. 1981.

– : *Philosophie par gros temps*. Paris 1989.

Dews, Peter: *Logics of Disintegration. Post-Structuralist Thought and the Claims of Critical Theory*. London/New York 1987.

di Lauretis, Teresa: *Alice Doesn't: Feminism, Semiotics, Cinema*. London 1984.

– : *Die andere Szene: Psychoanalyse und lesbische Sexualität*. Frankfurt a.M. 1999.

Distelhorst, Lars: *Judith Butler*. Stuttgart 2009.

Dosse, François: *Geschichte des Strukturalismus. Band 1: Das Feld des Zeichens, 1945-1966*. Hamburg 1996.

– : *Geschichte des Strukturalismus. Band 2: Die Zeichen der Zeit, 1967-1991*. Hamburg 1997.

Dotzler, Bernhard: *Diskurs und Medium. Zur Archäologie der Computerkultur*. München 2006.

Eagleton, Terry: *Die Illusionen der Postmoderne. Ein Essay*. Stuttgart/Weimar 1997.

Engell, Lorenz: »Tasten, Wählen, Denken. Genese und Funktion einer philosophischen Apparatur«. In: Münker, Stefan/Roesler, Alexander: *Medienphilosophie. Beiträge zur Klärung eines Begriffs*. Frankfurt a.M. 2003, S. 53-77.

– / Fahle, Oliver/Neitzel, Britta/Pias, Claus/Vogl, Joseph (Hg.): *Kursbuch Medienkultur. Die maßgeblichen Theorien von Brecht bis Baudrillard*. Stuttgart 1999.

Engelmann, Peter (Hg.): *Philosophien. Gespräche mit Foucault, Derrida, Lyotard etc.* Graz/Wien 1985.

Ernst, Wolfgang: *Das Gesetz des Gedächtnisses. Medien und Archive am Ende (des 20. Jahrhunderts).* Berlin 2007.

Ewald, François: *Der Vorsorgestaat.* Frankfurt a.M. 1993.

Ferry, Luc/Renaut, Alain: *Antihumanistisches Denken. Gegen die französischen Meisterphilosophen.* München 1987.

Fietz, Lothar: *Strukturalismus. Eine Einführung.* Tübingen ²1992.

Flügel, Oliver/Heil, Reinhard/Hetzel, Andreas (Hg.): *Die Rückkehr des Politischen. Demokratietheorien heute.* Darmstadt 2004.

Frampton, Daniel: *Filmosophy.* London 2006.

Frank, Manfred: *Was ist Neostrukturalismus?* Frankfurt a.M. 1984.

– : *Das Sagbare und das Unsagbare. Studien zur deutsch-französischen Hermeneutik und Texttheorie.* Frankfurt a.M. 1989.

Fukuyama, Francis: *Das Ende der Geschichte. Wo stehen wir?* München 1992.

Galloway, Alexander R.: *Protocol. How Control Exists After Decentralization.* Cambridge, Mass. 2004.

Gertenbach, Lars: *Die Kultivierung des Marktes. Foucault und die Gouvernementalität des Neoliberalismus.* Berlin 2007.

Geulen, Eva: *Giorgio Agamben zur Einführung.* Hamburg ²2009.

Gödel, Kurt: »Über formal unentscheidbare Sätze der Principia Mathematica und verwandter Systeme«. In: *Monatshefte für Mathematik und Physik* 38 (1931), S. 173-198.

Habermas, Jürgen: *Theorie des kommunikativen Handelns.* Frankfurt a.M. 1981.

– : *Der philosophische Diskurs der Moderne. Zwölf Vorlesungen.* Frankfurt a.M. 1988.

– : *Strukturwandel der Öffentlichkeit* [1962]. Frankfurt a.M. 1990.

Halperin, David *One Hundred Years of Homosexuality and other essays on Greek Love.* New York 1990.

– : u.a. (Hg.): *The Lesbian and Gay Studies Reader.* New York 1993.

Hardt, Michael/Negri, Antonio: *Empire. Die neue Weltordnung.* Frankfurt a.M./ New York 2002.

– : *Common Wealth: das Ende des Eigentums.* Frankfurt a.M./New York 2010.

– : *Multitude. Krieg und Demokratie im Empire.* Frankfurt a.M./New York 2004.

Harland, Richard: *Superstructuralism. The Philosophy of Structuralism and Post-Structuralism.* London/New York 1987.

Heidegger, Martin: »Der Ursprung des Kunstwerkes«. In: Ders.: *Holzwege.* Frankfurt a.M. 1980.

Jameson, Fredric: *The Prison House of Language.* Princeton 1972.

Junge, Torsten: *Gouvernementalität der Wissensgesellschaft. Politik und Subjektivität unter dem Regime des Wissens.* Bielefeld 2008.

Kant, Immanuel: *Kritik der Urteilskraft.* Hamburg 1974.

Kearney, Richard: *Dialogues with Contemporary Continental Thinkers.* Manchester 1982.

Kern, Andrea/Menke, Christoph (Hg.): *Philosophie der Dekonstruktion.* Frankfurt a.M. 2002.

Kittler, Friedrich A. (Hg.): *Austreibung des Geistes aus den Geisteswissenschaften.* Paderborn u.a. 1980.

– : *Aufschreibesysteme 1800 1900.* München 1985.

– : *Grammophon Film Typewriter*. Berlin 1986.

– : »Geschichte der Kommunikationsmedien«. In: Huber, Jörg/Müller, Alois Martin (Hg.): *Raum und Verfahren*. Basel/Frankfurt a.M. 1993, S. 169-188.

Krämer, Sybille: »Das Medium als Spur und Apparat«. In: Dies.: *Medien Computer Realität. Wirklichkeitsvorstellungen und neue Medien*. Frankfurt a.M. 1998, S.73-94.

Kraß, Andreas (Hg.): *Queer Denken. Gegen die Ordnung der Sexualität (Queer Studies)*. Frankfurt a.M. 2003.

Kroker, Arthur: *Das besessene Individuum. Technologie und französische Postmoderne*. Wien 1998.

Kuhn, Gabriel: *Tier-Werden, Schwarz-Werden, Frau-Werden. Eine Einführung in die politische Philosophie des Poststrukturalismus*. Münster 2005.

Laclau, Ernesto/Mouffe, Chantal: *Hegemonie und radikale Demokratie. Zur Dekonstruktion des Marxismus*. Wien 1991.

Laermann, Klaus: »Lacancan und Derridada«. In: *Kursbuch* 84 (1986): *Sprachlose Intelligenz?*, S. 34-43.

Landow, George P.: *Hypertext: The Convergence of Conteporary Critical Theory and Technology*. Baltimore 1991.

Lash, Scott (Hg.): *Post-Structuralist and Post-Modernist Sociology*. Cambridge 1991.

Lauermann, Manfred: »Michael Hardt & Antonio Negri: Kulturrevolution durch Multitudo«. In: Moebius, Stephan/Quadflieg, Dirk (Hg.): *Kultur. Theorien der Gegenwart*. Wiesbaden 2006, S. 309-321.

Lemke, Thomas: *Eine Kritik der politischen Vernunft. Foucaults Analyse der modernen Gouvernementalität*. Hamburg/Berlin 1997.

Lepper, Marcel/Siegel, Steffen/Wennerscheid, Sophie (Hg.): *Jenseits des Poststrukturalismus? Eine Sondierung*. Frankfurt a.M. 2005.

Lewis, Bernard: »The Question of Orientalism«. In: Ders.: *Islam and the West*. Oxford 1993.

Loick, Daniel (Hg): *Der Nomos der Moderne. Die politische Philosophie Giorgio Agambens*. Baden-Baden 2011.

Lorey, Isabell: *Immer Ärger mit dem Subjekt. Theoretische und politische Konsequenzen eines juridischen Machtmodells: Judith Butler*. Tübingen 1996.

Lummerding, Susanne: *agency@? Cyber-Diskurse. Subjektkonstituierung und Handlungsfähigkeit im Feld des Politischen*. Wien u.a. 2005.

Maihofer, Andrea: *Geschlecht als Existenzweise. Macht, Moral, Recht und Geschlechterdifferenz*. Frankfurt a.M. 1995.

Marchard, Oliver: (Hg.): *Das Undarstellbare der Politik. Zur Hegemonietheorie Ernesto Laclaus*. Wien 1998.

– : *Die politische Differenz: zum Denken des Politischen bei Nancy, Lefort, Badiou, Laclau und Agamben*. Berlin 2010.

Megill, Allan: *Prophets of Extremity. Nietzsche, Heidegger, Foucault, Derrida*. Berkeley u.a. 1985.

Merquior, J.G.: *From Prague to Paris. A Critique of Structuralist and Post-Structuralist Thought*. London/New York ²1988.

Mersch, Dieter: *Medientheorien*. Hamburg 2006.

Moebius, Stephan/Reckwitz, Andreas (Hg.): *Poststrukturalistische Sozialwissenschaften*. Frankfurt a.M. 2008.

Münster, Arno: *Pariser philosophisches Journal. Von Sartre bis Derrida.* Frankfurt a.M. 1987.

Nandi, Miriam: »Gayatri Chakravorty Spivak: Übersetzungen aus Anderen Welten«. In: Moebius, Stephan/Quadflieg, Dirk (Hg.): *Kultur. Theorien der Gegenwart.* Wiesbaden 2006, S. 129-139.

Nonhoff, Martin (Hg.): *Diskurs, radikale Demokratie, Hegemonie. Zum politischen Denken von Ernesto Laclau und Chantal Mouffe.* Bielefeld 2007.

Pefanis, Julian: *Heterology and the Postmodern. Bataille, Baudrillard, and Lyotard.* Durham/London 1991.

Piaget, Jean: *Der Strukturalismus.* Olten/Freiburg 1973.

Pias, Claus: »Poststrukturalistische Medientheorien«. In: Weber, Stefan (Hg.): *Theorien der Medien.* Konstanz 2003, S. 277-293.

Pieper, Marianne/Gutiérrez Rodríguez, Encarnación (Hg.): *Gouvernementalität: Ein sozialwissenschaftliches Konzept in Anschluss an Foucault.* Frankfurt a.M./New York 2003.

Porombka, Stephan: *Hypertext. Zur Kritik eines digitalen Mythos.* München 2001.

Poster, Mark: *The Second Media Age.* Cambridge 1995.

Reichert, Ramón (Hg.): *Governmentality Studies.* Hamburg 2003.

Rorty, Richard: *The Linguistic Turn. Recent Essays in Philosophical Method.* Chicago 1967.

Rose, Nikolas: *Powers of Freedom. Reframing Political Thought.* Cambridge 1999.

Said, Edward: *Orientalismus.* Frankfurt a.M. 2009

Sartre, Jean-Paul: »Jean-Paul Sartre répond«. In: *L' Arc* 30 (1966), S. 87-96 (dt. in: Schiwy 1984, S. 212ff.).

Sarup, Madan: *An Introductory Guide to Post-Structuralism and Postmodernism.* New York u.a. 1988.

Schaff, Adam: *Strukturalismus und Marxismus.* Wien u.a. 1974.

Schiwy, Günther: *Der französische Strukturalismus.* Reinbek bei Hamburg. 1984.

Schößler, Franziska: *Einführung in die Gender-Studies.* München 2008.

Schreber, Daniel Paul: *Denkwürdigkeiten eines Nervenkranken.* Berlin 1995.

Searle, John R.: »Reiterating the Differences: A Reply to Derrida«. In: *Glyph* 1 (1977), S. 198-208.

– : »The World Turned Upside Down«. In: *The New York Review of Books,* 27.10.1983 (wieder abgedruckt in: Madison, Gary B. (Hg.): *Working through Derrida.* Evanston 1993, S. 170-183).

– : »Reply to Mackey«. In: *The New York Review of Books* 2.2.1984 (wieder abgedruckt in: Madison, Gary B. (Hg.): *Working through Derrida.* Evanston 1993, S. 184-188).

Sedgwick, Eve: *Between Men: English Literature and Male Homosocial Desire.* New York 1985.

– : *Epistemology of the Closet.* Berkeley 1991.

Siegert, Bernhard: *Passage des Digitalen. Zeichenpraktiken der neuzeitlichen Wissenschaften 1500-1900.* Berlin 2003.

Sim, Stuart: *Beyond Aesthetics. Confrontations with Poststructuralism and Postmodernism.* New York u.a. 1992.

Sokal, Alan/Bricmont, Jean: *Eleganter Unsinn. Wie die Denker der Postmoderne die Wissenschaften mißbrauchen.* München 1999.

Spanos, William V.: *The Legacy of Eward W. Said.* Urbana, Chicago 2009.

Spivak, Gayatri Chakravorty: *Can the Subaltern speak? Postkolonialität und subalterne Artikulation.* Wien/Berlin 2008.

Sprinker, Michael (Hg.): *Edward Said, A Critical Reader.* Oxford 1992.

Steinhauer, Fabian: »Gestaltung des Rechts. Giorgio Agamben«. In: Buckel, S./Christensen, R./Fischer-Lescano, A. (Hg.): *Neue Theorien des Rechts.* Stuttgart 2006, S. 124-133.

Sylvester, David: *Gespräche mit Francis Bacon.* München 1982.

Tallis, Raymond: *Not Saussure. A Critique of Post-Sausserean Literary Theory.* Houndmills u.a. 1988.

Taureck, Bernard H.F.: *Französische Philosophie im 20. Jahrhundert.* Reinbek bei Hamburg 1988.

Tavor Bannet, Eve: *Structuralism and the Logic of Dissent. Barthes, Derrida, Foucault, Lacan.* Houndmills u.a. 1989.

Tepe, Peter: *Postmoderne. Poststrukturalismus.* Wien 1992.

Tholen, Georg Christoph: *Die Zäsur der Medien. Kulturphilosophische Konturen.* Frankfurt a.M. 2002.

Turkle, Sherry: *Leben im Netz. Identität in Zeiten des Internet.* Reinbek 1998.

Villa, Paula-Irene: *Judith Butler.* Frankfurt a.M./New York 2003.

Wahl, François (Hg.): *Einführung in den Strukturalismus.* Frankfurt a.M. 1973.

Warraq, Ibn: *Defending the West: A Critique of Edward Said's Orientalism.* Amherst 2007.

Wellmer, Albrecht: »Zur Dialektik von Moderne und Postmoderne: Vernunftkritik nach Adorno« (Titelaufsatz). In: Ders. Frankfurt a.M. 1985, S. 48-114.

Welsch, Wolfgang: *Unsere postmoderne Moderne.* Weinheim 1987.

Winthrop-Young, Geoffrey: *Friedrich Kittler zur Einführung.* Hamburg 2005.

–: *Kittler and the Media.* Cambridge 2011.

Ziegler, Marc: »Das Empire und der Republikanismus der Menge«. In: Flügel, Oliver/Heil, Reinhard/Hetzel, Andreas (Hg.): *Die Rückkehr des Politischen. Demokratietheorien heute.* Darmstadt 2004, S. 293-307.

Zima, Peter V.: *Ästhetische Negation. Das Subjekt, das Schöne und das Erhabene von Mallarmé und Valéry zu Adorno und Lyotard.* Würzburg 2005.

3. Sekundärliteratur zu einzelnen Autoren

Zu Roland Barthes

Altwegg, Jürg: »Roland Barthes oder Die Lust am Zeichen«. In: Ders./Schmidt, Aurel (Hg.): *Französische Denker der Gegenwart.* München 1987, S. 36-47.

Brown, Andrew: *Roland Barthes. The Figures of Writing.* Oxford 1992.

Calvet, Louis-Jean: *Roland Barthes. Eine Biographie.* Frankfurt a.M. 1993.

Culler, Jonathan: *Roland Barthes*. New York 1983.
Ette, Ottmar: *Roland Barthes zur Einführung*. Hamburg 2011.
Henschen, Hans-Horst (Hg.): *Roland Barthes*. München 1988.
Kolesch, Doris: *Roland Barthes*. Frankfurt a.M./New York 1997.
Moriarty, Michael: *Roland Barthes*. Cambridge 1991.
Neumann, Gerhard: »Barthes«. In: Turk, Horst (Hg.): *Klassiker der Literaturtheorie*. München 1979, S. 298-310.
Rylance, Rick: *Roland Barthes*. New York 1994.

Zu Jean Baudrillard
Blask, Falko: *Baudrillard zur Einführung*. Hamburg 1995.
Gane, Mike: *Baudrillard. Critical and Fatal Theory*. London 1991.
Kellner, Douglas: *Jean Baudrillard. From Marxism to Postmodernism and Beyond*. Cambridge 1991.
Levin, Charles: *Jean Baudrillard. A Study in Cultural Metaphysics*. London 1996.
Schmidt, Aurel: »Jean Baudrillard oder Das Denken der Verführung«. In: Ders./Altwegg, Jürg (Hg.): *Französische Denker der Gegenwart*. München 1987, S. 48-55.
Strehle, Samuel: *Zur Aktualität von Jean Baudrillard: Einleitung in sein Werk*. Wiesbaden 2012.
Venus, Jochen: *Referenzlose Simulation? Argumentationsstrukturen postmoderner Medientheorien am Beispiel von Jean Baudrillard*. Würzburg 1997.

Zu Gilles Deleuze
Ansell-Pearson, Keith (Hg.): *Deleuze and Philosophy. The Difference Engineer*. London/New York 1997.
– : *Germinal Life. The Difference and Repetition of Deleuze*. London 1999.
Badiou, Alain: *Deleuze. »La clameur de l'être«*. Paris 1997.
Balke, Friedrich: *Gilles Deleuze*. Frankfurt a.M./New York 1998.
– / Rölli, Marc (Hg.): *Philosophie und Nicht-Philosophie. Gilles Deleuze – Aktuelle Diskussionen*. Bielefeld 2011.
– / Vogl, Joseph (Hg.): *Gilles Deleuze – Fluchtlinien der Philosophie*. München 1996.
Bogue, Ronald: *Deleuze and Guattari*. London 1989.
Boundas, Constantin V./Olkowski, Dorothea (Hg.): *Gilles Deleuze and the Theater of Philosophy*. New York, London 1994.
Chassequet-Smirgel, J. (Hg.): *Wege des Anti-Ödipus*. Frankfurt a.M./Berlin/Wien 1978.
Engell, Lorenz/Fahle, Oliver (Hg.): *Der Film bei Deleuze. Le cinéma selon Deleuze*. Weimar 1997.
Günzel, Stephan: *Immanenz. Zum Philosophiebegriff von Gilles Deleuze*. Essen 1998.
Hardt, Michael: *Gilles Deleuze. An Apprenticeship in Philosophy*. Minneapolis 1993.
Jäger, Christian: *Gilles Deleuze. Eine Einführung*. München 1997.
Krause, Ralf/Rölli, Marc: Mikropolitik. *Eine Einführung in die politische Philosophie von Gilles Deleuze und Félix Guattari*. Wien 2010.

Massumi, Brian: *A user's Guide to Capitalism and Schizophrenia. Deviations from Deleuze and Guattari.* Cambridge, Mass. 1992.
Mengue, Philippe: *Gilles Deleuze ou Le système du multiple.* Paris 1994.
Ott, Michaela: *Gilles Deleuze zur Einführung.* Hamburg 2010.
Ruf, Simon: *Fluchtlinien der Kunst. Ästhetik, Macht, Leben bei Gilles Deleuze.* Würzburg 2003.
Schaub, Mirjam: *Gilles Deleuze im Kino. Das Sichtbare und das Sagbare.* München 2003.
Schmidgen, Henning: *Das Unbewußte der Maschinen. Konzeptionen des Psychischen bei Guattari, Deleuze und Lacan.* München 1997.
Schmidt, Aurel: »Gilles Deleuze und Félix Guattari oder Der Anti-Ödipus und die molekulare Revolution«. In: Ders./Altwegg, Jürg (Hg.): *Französische Denker der Gegenwart.* München 1987, S. 62-70.
Stingelin, Martin: *Das Netzwerk von Deleuze. Immanenz im Internet und auf Video.* Berlin 2000.
Verdiglione, Armando (Hg.): *Gilles Deleuze. Antipsychiatrie und Wunschökonomie.* Berlin 1976.
Zechner, Ingo: *Deleuze: Der Gesang des Werdens.* München 2003.
Zourabichvili, François: *Deleuze, une philosophie de l'évènement.* Paris 1994.

Zu Jacques Derrida (s.a. Dekonstruktion)
Behler, Ernst: *Derrida-Nietzsche, Nietzsche-Derrida.* München 1988.
Bennington, Geoffrey/Derrida, Jacques: *Jacques Derrida.* Frankfurt a.M. 1994.
Boyne, Roy: *Foucault and Derrida. The other Side of Reason.* London 1990.
Colloque de Cérisy (Hg.): *Le passage des frontières. Autour du travail de Jacques Derrida.* Paris 1994.
Critchley, Simon: *The Ethics of Deconstruction. Derrida and Levinas.* Oxford 1993.
Englert, Klaus: *Frivolität und Sprache. Zur Zeichentheorie bei Jacques Derrida.* Essen 1987.
– : *Jacques Derrida.* Stuttgart 2009.
García Düttmann, Alexander: *Derrida und ich. Das Problem der Dekonstruktion.* Bielefeld 2008.
Gasché, Rodolphe: *The Tain of the Mirror. Derrida and the Philosophy of Reflection.* Cambridge 1986.
Gondek, Hans-Dieter/Waldenfels, Bernhard (Hg.): *Einsätze des Denkens. Zur Philosophie von Jacques Derrida.* Frankfurt a.M. 1997.
Haverkamp, Anselm (Hg.): *Gewalt und Gerechtigkeit. Derrida – Benjamin.* Frankfurt a.M. 1994.
Kimmerle, Heinz: *Derrida zur Einführung.* Hamburg 1988.
Kofman, Sarah: *Derrida lesen.* Wien 1987.
L.-Waniek, Eva/Vogt, Erik M.: *Derrida. Zur Aktualität von Dekonstruktion und Frankfurter Schule.* Wien 2008.
Lacoue-Labarthe, Philippe/Nancy, Jean-Luc (Hg.): *Les fins de l'homme. A partir du travail de Jacques Derrida.* Paris 1981.
Lenger, Hans-Joachim/Tholen, Georg Christoph: *Mnema. Derrida zum Andenken.* Bielefeld 2007.
Lüdemann, Susanne: *Jacques Derrida zur Einführung.* Hamburg 2011.

Menke, Christoph: *Die Souveränität der Kunst. Ästhetische Erfahrung nach Adorno und Derrida*. Frankfurt a.M. 1988.

Norris, Christopher: *Derrida*. London 1987.

Rorty, Richard: »Von der ironistischen Theorie zur privaten Anspielung: Derrida«. In: Ders.: *Kontingenz, Ironie und Solidarität*. Frankfurt a.M. 1992, S. 202-206.

– : »Philosophy as a Kind of Writing: An Essay on Derrida«. In: Ders.: *Consequences of Pragmatism*. Minnesota 1991, S. 90-109.

Staten, Henry: *Wittgenstein and Derrida*. Lincoln 1984.

Thiel, Detlef: *Über die Genese philosophischer Texte. Studien zu Jacques Derrida*. Freiburg i.Br./München 1990.

Ulmer, Gregory L.: *Applied Grammatology. Post(e)-Pedagogy from Jacques Derrida to Joseph Beuys*. Baltimore, London 1992.

Wetzel, Michael: »›Ein Auge zuviel‹ Derridas Urszenen des Ästhetischen«. In: Jacques Derrida: *Aufzeichnungen eines Blinden*. München 1997, S. 129-155.

– : *Derrida*. Stuttgart 2010.

Zu Michel Foucault

Arac, Jonathan (Hg.): *After Foucault. Humanistic Knowledge, Postmodern Challanges*. London 1988.

Brieler, Ulrich: *Die Unerbittlichkeit der Historizität. Foucault als Historiker*. Wien 1998.

Deleuze, Gilles: *Foucault*. Frankfurt a.M. 1987.

Dreyfus, Hubert L./Rabinow, Paul: *Michel Foucault. Jenseits von Strukturalismus und Hermeneutik*. Frankfurt a.M. 1987.

Erdmann, Eva/Forst, Rainer/Honneth, Axel (Hg.): *Ethos der Moderne. Foucaults Kritik der Aufklärung*. Frankfurt a.M. 1990.

Éribon, Didier: *Michel Foucault. Eine Biographie*. Frankfurt a.M. 1993.

Ewald, François/Waldenfels, Bernhard (Hg.): *Michel Foucaults Denken*. Frankfurt a.M. 1991.

Fink-Eitel, Hinrich: »Michel Foucaults Analytik der Macht«. In: Kittler, Friedrich A. (Hg.): *Die Austreibung des Geistes aus den Geisteswissenschaften*. Paderborn 1980, S. 38-78.

– : *Foucault zur Einführung*. Hamburg 1992.

Gauchet, Marcel/Swain, Gladys: *La pratique de l'esprit humain. L'institution asilaire et la révolution démocratique*. Paris 1980.

Geiss, Karl-Heinz: *Foucault – Nietzsche – Foucault*. Pfaffenweiler 1993.

Gutting, Gary (Hg.): *The Cambridge Companion to Foucault*. Cambridge 1994.

Hoy, David C. (Hg.): *Foucault: A Critical Reader*. Oxford/New York 1986.

Jäger, Christian: *Michel Foucault: Das Ungedachte Denken*. München 1994.

Kammler, Clemens: *Michel Foucault. Eine kritische Analyse seines Werkes*. Bonn 1986.

– / Parr, Rolf/Schneider Ulrich Johannes (Hg.): *Foucault-Handbuch. Leben – Werk – Wirkung*. Stuttgart/Weimar 2008.

Kelly, Michael (Hg.): *Critique and Power. Recasting the Foucault/Habermas Debate*. Cambridge 1994.

Kögler, Hans-Herbert: *Michel Foucault*. Stuttgart/Weimar ²2004.

Kremer-Marietti, Angèle: *Michel Foucault. Der Archäologe der Wissens.* Frankfurt a.M./Berlin/Wien 1976.

Künzel, Werner: *Foucault liest Hegel. Versuch einer polemischen Dekonstruktion dialektischen Denkens.* Frankfurt a.M. 1985.

Marti, Urs: *Michel Foucault.* München 1988.

Miller, James: *The Passion of Michel Foucault.* Hammersmith/London 1994.

Münster, Arno: »Zur Kritik des strukturalistischen Ansatzes in den Humanwissenschaften am Beispiel von Michel Foucaults Archäologie des Wissens«. In: Ders.: *Pariser philosophisches Journal. Von Sartre bis Derrida.* Frankfurt a.M. 1987.

Poster, Mark: *Foucault, Marxism and History. Mode of Production versus Mode of Information.* Cambridge 1987.

Rajchman, John: *Michel Foucault. The Freedom of Philosophy.* New York 1985.

Raulet, Gérard: »Structuralism and Post-Structuralism: An Interview with Michel Foucault«. In: *Telos* 55 (1983), S. 195-211.

Ruoff, Michael (Hg.): *Foucault-Lexikon: Entwicklung – Kernbegriffe – Zusammenhänge.* Stuttgart 2009.

Said, Edward W.: »An Ethics of Language«. In: *diacritics* 4/2 (1974), S. 28-37.

Sarasin, Philipp: *Michel Foucault zur Einführung.* Hamburg 2010.

Schäfer, Thomas: *Reflektierte Vernunft. Michel Foucaults philosophisches Projekt einer anti-totalitären Macht- und Wahrheitskritik.* Frankfurt a.M. 1995.

Schmid, Wilhelm (Hg.): *Denken und Existenz bei Michel Foucault.* Frankfurt a.M. 1991.

Sloterdijk, Peter: »Michel Foucaults strukturale Theorie der Geschichte«. In: *Philosophisches Jahrbuch* 79 (1972), S. 161ff.

Veyne, Paul: *Foucault. Die Revolutionierung der Geschichte.* Frankfurt a.M. 1992.

Zu Jacques Lacan

Altwegg, Jürg: »Jacques Lacan oder Die fröhliche Psychoanalyse«. In: Ders./Schmidt, Aurel (Hg.): *Französische Denker der Gegenwart.* München 1987, S. 116-124.

Borch-Jacobsen, Mikkel: *Lacan. Der absolute Herr und Meister.* München 1999.

Bowie, Malcolm: *Lacan.* Göttingen 1994.

Bracher, Mark/Ragland-Sullivan, Ellie (Hg.): *Lacan and the Subject of Language.* New York/London 1991.

Danis, Juana: *Einführung in Jacques Lacan.* München 1996.

Dor, Joel: *Introduction à la lecture de Lacan.* Paris 1992.

Gekle, Hanna: *Tod im Spiegel. Zu Lacans Theorie des Imaginären.* Frankfurt a.M. 1996.

Haas, Norbert u.a. (Hg.): *Lacan lesen. Ein Symposion.* Berlin 1978.

Hammermeister, Kai: *Jacques Lacan.* München 2008.

Juranville, Alain: *Lacan und die Philosophie.* München 1990.

– : *Der psychoanalytische Diskurs nach Lacan.* Zürich 1994.

Lang, Hermann: *Die Sprache und das Unbewußte. Jacques Lacans Grundlegung der Psychoanalyse.* Frankfurt a.M. 1986.

Leupin, Alexandre (Hg.): *Lacan and the Human Science.* Nebraska 1991.

Pagel, Gerda: *Lacan zur Einführung.* Hamburg 1991.
Roudinesco, Elisabeth: *Jacques Lacan. Bericht über ein Leben, Geschichte eines Denksystems.* Köln 1996.
Sarup, Madan: *Jacques Lacan.* New York 1992.
Seitter, Walter: *Jacques Lacan und.* Berlin 1984.
Taureck, Bernhard H. F. (Hg.): *Psychoanalyse und Philosophie. Lacan in der Diskussion.* Frankfurt a.M. 1992.
Weber, Samuel: *Rückkehr zu Freud. Lacans Ent-Stellung der Psychoanalyse.* Wien 1990.
Widmer, Peter: *Subversion des Begehrens. Jacques Lacan oder Die zweite Revolution der Psychoanalyse.* Frankfurt a.M. 1990.
Žižek, Slavoj: *Lacan. Eine Einführung.* Frankfurt a.M. 2008

Zu Claude Lévi-Strauss
Backès-Clément, Cathérine: *Lévi-Strauss.* Paris 1970.
Clarke, Simon: *The Foundations of Structuralism. A Critique of Lévi-Strauss and the Structuralist Mouvement.* Brighton 1981.
Cressant, Pierre: *Lévi-Strauss.* Paris 1970.
Dumasy, Annegret: *Restloses Erkennen. Die Diskussion über den Strukturalismus des Claude Lévi-Strauss in Frankreich.* Berlin 1972.
Fleischmann, Eugène: »Claude Lévi-Strauss über den menschlichen Geist«. In: Lepenies/Ritter 1970, S. 77-109.
Gasché, Rodolphe: »Das Wilde Denken und die Ökonomie der Repräsentation. Zum Verhältnis von Férdinand de Saussure und Claude Lévi-Strauss«. In: Lepenies/Ritter 1970, S. 306-384.
Lepenies, Wolf/Ritter, Hans H. (Hg.): *Orte des Wilden Denkens. Zur Anthropologie von Claude Lévi-Strauss.* Frankfurt a.M. 1970.
Lévi-Strauss, Claude/Éribon, Didier: *Das Nahe und das Ferne. Eine Autobiographie in Gesprächen.* Frankfurt a.M. 1996.
Nagel, Herbert: »Lévi-Strauss als Leser Freuds«. In: Lepenies/Ritter 1970, S. 225-305.
Oppitz, Michael: *Notwendige Beziehungen. Abriß der strukturalen Anthropologie.* Frankfurt a.M. 1975.
Pace, David: *Claude Lévi-Strauss. The Bearer of Ashes.* London 1983.
Reinhardt, Thomas: *Lévi-Strauss zur Einführung.* Hamburg 2008.
de Ruijter, Arie: *Claude Lévi-Strauss.* Frankfurt a.M. u.a. 1991.
Schmidt, Aurel: »Claude Lévi-Strauss oder Die strukturale Anthropologie«. In: Ders./Altwegg, Jürg (Hg.): *Französische Denker der Gegenwart.* München 1987, S. 131-141.
Sperber, Dan: »Der Strukturalismus in der Anthropologie«. In: Wahl, François (Hg.): *Einführung in den Strukturalismus.* Frankfurt a.M. 1973, S. 183-258.
Walitschke, Michael: *Im Wald der Zeichen. Linguistik und Anthropologie. Das Werk von Claude Lévi-Strauss.* Tübingen 1995.

Zu Jean-François Lyotard
Bennington, Geoffrey: *Lyotard. Writing the Event.* Manchester 1988.
Frank, Manfred: *Die Grenzen der Verständigung. Ein Geistergespräch zwischen Lyotard und Habermas.* Frankfurt a.M. 1988.

Jean-François Lyotard. Réécrire la modernité. Les Cahiers de Philosophie No. 5. Lille 1988.

Melchior, Josef: *Postmoderne Konflikte um den Konsensus-Begriff. Zum ›Wider-streit‹ zwischen Lyotard und Habermas*. Wien 1992.

Pries, Christine (Hg.): *Das Erhabene. Zwischen Grenzerfahrung und Größen-wahn*. Weinheim 1989.

Readings, Bill: *Introducing Lyotard. Art and Politics*. London 1991.

Reese-Schäfer, Walter: *Lyotard zur Einführung*. Hamburg 1988.

– / Taureck, Bernhard H.F. (Hg.): *Jean-François Lyotard*. Cuxhaven 1989.

Schmidt, Aurel: »Jean-François Lyotard oder Die Postmoderne«. In: Ders./ Altwegg, Jürg (Hg.): *Französische Denker der Gegenwart*. München 1987, S. 142-150.

Sim, Stuart: *Jean-François Lyotard*. London 1996.

Tholen, Georg Christoph: »Jean-François Lyotard«. In: Majetschak, Stefan (Hg.): *Klassiker der Kunstphilosophie*. München 2005, S. 307-326.

Warmer, Gerhard/Gloy, Klaus: *Lyotard. Darstellung und Kritik seines Sprach-begriffs*. Aachen 1995.

Zur Dekonstruktion

Literaturwissenschaft und bildende Kunst:

Allen, Graham: *Harold Bloom. A Poetics of Conflict*. New York, 1994.

Arac, Jonathan u.a. (Hg.): *The Yale Critics. Harold Bloom, Geoffrey Hartman, Paul de Man, J. Hillis Miller. Deconstruction in America*. Minneapolis 1983.

Atkins, George D.: *Geoffrey Hartman. Criticism as Answerable Style*. London 1990.

Bohrer, Karl Heinz (Hg.): *Ästhetik und Rhetorik. Lektüren zu Paul de Man*. Frankfurt a.M. 1993.

Bossinade, Johanna: *Poststrukturalistische Literaturtheorie*. Stuttgart/Weimar 2000.

Brunette, Peter/Wils, David: *Deconstruction and the Visual Arts. Art, Media, Architecture*. Cambridge 1994.

Culler, Jonathan: *Dekonstruktion*. Reinbek bei Hamburg 1988.

Derrida, Jacques: *Mémoires. Für Paul de Man*. Wien 1988.

– : *Wie Meeresrauschen auf dem Grund einer Muschel ... Paul de Mans Krieg. Mémoires II*. Wien 1988.

Eagleton, Terry: *Einführung in die Literaturtheorie* [1984]. Stuttgart/Weimar ⁵2012.

Fite, David: *Harold Bloom. The Rhetoric of Romantic Vision*. Amherst 1985.

Horstmann, Ulrich: *Parakritik und Dekonstruktion. Eine Einführung in den amerikanischen Poststrukturalismus*. Würzburg 1983.

Lehman, David: *Signs of the Times. Deconstruction and the Fall of Paul de Man*. London 1991.

Norris, Christopher: *Deconstruction. Theory and Practice*. London/New York 1992.

– : *Paul de Man. Deconstruction and the Critique of Aesthetic Ideology*. New York 1988.

Zima, Peter V.: *Die Dekonstruktion*. Tübingen/Basel 1994.

Architektur:
Johnson, Philip/Wigley, Mark (Hg.): *Dekonstruktivistische Architektur.* Stuttgart 1988.
Kähler, Gert (Hg.): *Dekonstruktion? Dekonstruktivismus? Aufbruch ins Chaos oder neues Bild der Welt?* Braunschweig/Wiesbaden 1990.
Növer, Peter (Hg.): *Architektur im Aufbruch: Architecture in Transition. Neun Positionen zum Dekonstruktivismus.* München 1991.
Papadakis, Andreas (Hg.): *Deconstruction in Architecture.* London 1994.
Wigley, Mark: *Architektur und Dekonstruktion. Derridas Phantom.* Basel u.a. 1994.

Feminismus:
Andermatt Conley, Verena: *Hélène Cixous.* New York 1992.
Feder, Ellen K. u.a. (Hg.): *Derrida and Feminism. Recasting the Question of Woman.* New York 1997.
Lindhoff, Lena: *Einführung in die feministische Literaturtheorie* [1995]. Stuttgart/Weimar ²2003.
Moi, Toril: *Sexus, Text, Herrschaft. Feministische Literaturtheorie.* Bremen 1989.
Osinski, Jutta: *Einführung in die feministische Literaturwissenschaft.* Berlin 1998.
Penrod, Lynn: *Hélène Cixous.* New York 1996.
Schällibaum, Urs: *Geschlechterdifferenz und Ambivalenz. Ein Vergleich zwischen Luce Irigaray und Jacques Derrida.* Wien 1991.
Sellers, Susan: *Hélène Cixous. Autorship, Autobiography and Love.* Cambridge 1996.
Shiach, Morag: *Hélène Cixous. A Politics of Writing.* London 1991.
Vinken, Barbara (Hg.): *Dekonstruktiver Feminismus. Literaturwissenschaft in Amerika.* Frankfurt a.M. 1995.
Whitford, Margaret: *Luce Irigaray. Philosophy in the Feminine.* London 1991.

Zu Ferdinand de Saussure
Culler, Jonathan: *Saussure.* Harvester 1976.
Gadet, Françoise: *Saussure. Une Science de la Langue.* Paris 1990.
Garcia, Silvia B.: *Zum Arbitraritätsbegriff bei Ferdinand de Saussure. Eine exegetisch-philologische Untersuchung.* Münster 1997.
Harris, Roy: *Reading Saussure.* London 1987.
– : *Language, Saussure and Wittgenstein. How to Play Games with Words.* London 1988.
Holdcroft, David: *Saussure. Signs, Systems, and Arbitrariness.* Cambridge 1991.
Jäger, Ludwig: *Saussure zur Einführung.* Hamburg 2007.
Raggiunti, Renzo: *Philosophische Probleme in der Sprachtheorie Ferdinand de Saussures.* Aachen 1990.
Scheerer, Thomas M.: *Ferdinand de Saussure. Rezeption und Kritik.* Darmstadt 1980.

Personenregister

Sammlung Metzler

Printed in the United States
By Bookmasters